UNTERNEHMEN KARNEVAL

UNTERNEHMEN KARNEVAL

Der Werwolf-Mord an Aachens Oberbürgermeister Oppenhoff

Wolfgang Trees
Charles Whiting

TRIANGEL

CIP-Kurztitelaufnahme der Deutschen Bibliothek

Trees, Wolfgang:
Unternehmen Karneval: d. Werwolf-Mord an
Aachens Oberbürgermeister Oppenhoff/Wolfgang
Trees; Charles Whiting. — 1. Aufl. — Aachen:
TRIANGEL, 1982.
ISBN 3-922974-02-3
NE: Whiting, Charles

ISBN 3-922974-02-3

1. Auflage, September 1982

TRIANGEL Verlag — Triangulum Europae
Aachen—Maastricht—Lüttich
Anschrift: Purweiderweg 5, D-5100 Aachen 1.

Satz: Dürener Druckerei Carl Hamel
Druck und Verarbeitung: Becher Druck Brühl

Bedeutung und Verdienste Franz Oppenhoffs für und um unsere Stadt Aachen kurzgefaßt für dieses ihm gewidmete Buch festzuhalten, ist sicherlich schwierig. Angesichts des vorliegenden Werkes, das Franz Oppenhoff ein weiteres Denkmal setzt, diesmal ein gedrucktes, ist dies eigentlich auch überflüssig.

Dennoch kann ich hier nicht unerwähnt lassen, welche bleibende Verpflichtung für das Wohl der Stadt Aachen mit der Person von Franz Oppenhoff verbunden ist. Sein Engagement als Bürger und als erster Oberbürgermeister Aachens nach dem Zweiten Weltkrieg hat diese unsere Stadt unabänderlich mitgeprägt. Die »Oppenhoffallee« und das dort stehende Denkmal in Stein sind nur bescheidene Versuche, der Dankbarkeit der Stadt Ausdruck zu verleihen.

Dieses Buch aus der Feder des bereits bewährten Autorengespannes Wolfgang Trees und Charles Whiting wird nun zu einem weiteren Zeichen der Verbundenheit Aachens mit seinem ehemaligen ersten Bürger. Die Autoren vermitteln umfassend Einblick in Leben und Werk von Franz Oppenhoff — einen Einblick, der gewiß von bleibendem Wert sein wird.

Kurt Malangré
Oberbürgermeister
Mitglied des Europäischen Parlaments

Inhalt

Franz Oppenhoff in seinem Garten, in dem er am Palmsonntag 1945 erschossen wurde. Links Tochter Monika, drei Jahre alt, rechts Christa, zwei Jahre. Das Bild entstand 1939.

In der Jugend meinen wir, das Geringste,
das die Menschen uns gewähren könnten,
sei Gerechtigkeit.
Im Alter erfahren wir, daß es das Höchste ist.

Marie von Ebner-Eschenbach

I

Der Absprung

Sie müssen Vertrauen haben. Ich habe immer noch Mittel und Wege, den Krieg zu einem siegreichen Ende zu führen.

Adolf Hitler zu
SS-General Kaltenbrunner, März 1945

Die »Fliegende Festung« kurvt ein von der Nordsee im Bogen auf Antwerpen zu, den belgischen Hafen. Um ihr Ziel zu finden, geht die B 17 tiefer. Während das Flugzeug über Antwerpen an Höhe verliert, wird es im Innern des Cockpits wärmer. Der Copilot öffnet den Reißverschluß am Kragen seines dickgefütterten Overalls und blickt durch die Scheibe nach unten.

Da ist nichts, kein Lichtchen zu sehen! Die Belgier halten sich noch immer strikt an die Verdunkelung, obwohl Antwerpen jetzt schon seit sechs Monaten in der Hand der Alliierten ist.

Der Copilot fühlt einen Stoß in den Rippen. Es ist der Pilot der Maschine, sein Chef. Mit der freien Hand deutet er auf seine Fliegeruhr. Der Copilot rappelt sich hoch und tastet sich durch den engen Korridor am Navigator vorbei nach hinten, wo die sieben Passagiere hocken.

Er beugt sich nieder und bringt seinen Mund dicht an das Ohr des dort hockenden Belgiers. Durch den Lärm der dröhnenden Motoren ruft er ihm zu: »Noch fünfzehn Minuten bis Brüssel!« Der Belgier nickt verstehend.

Die Fliegende Festung gewinnt erneut an Schnelligkeit. Der große Bogen um die Stadt ist geflogen, die Gefahr vorüber. Die vier Motoren bringen das Flugzeug schnell wieder auf die Reisegeschwindigkeit von 490 Stundenkilometern.

*

Ilse Hirsch ist die einzige Frau an Bord. Sie fühlt, wie die Kälte aus dem Metall in ihren Körper kriecht. Sie fröstelt und blickt über den Korridor hinweg zu dem Belgier. Der preßt den Reservefallschirm fest gegen seinen Magen. Vielleicht ist es auch für ihn sein allererster Sprung? Egal. Er ist jedenfalls der erste, der springen muß, wenn sie Brüssel erreicht haben.

Zwei Wochen lang waren sie zusammen in dem kleinen Hotel am Platz gegenüber dem Bahnhof in Hildesheim gewesen, bevor sie zum letzten Mal hinaus zum Flugplatz gefahren waren[1]) — und doch wußte sie überhaupt nichts von diesem Mann. Außer vielleicht, daß er derselben Organisation angehört wie sie.

Und das galt ja für alle, die im Hotel untergebracht waren. Aber anders als die anderen war der Unbekannte allem und jedem aus dem Weg gegangen. Seine einzigen Worte waren ein kurzes »Guten Morgen« oder »Gute Nacht« gewesen.

Jetzt nähern sie sich dem Ziel. Einer der Unteroffiziere von den hinteren MG's der Maschine taumelt durch die heftig rüttelnde Maschine, die durch die Wolken rumpelt, bis er bei dem Belgier ankommt. Wortlos gibt er ihm das Zeichen, aufzustehen. Einen Augenblick zögert der Mann. Dann erhebt er sich und folgt dem Flieger gehorsam bis zur Tür, wo er sich fertig zum Sprung aufstellt — ganz so, wie sie es gelernt haben.

Die Fliegende Festung taucht nieder. Sie sind über Brüssel. Schon einmal sind sie an diesem Abend unter Flak-Beschuß geraten. Aber der Chefpilot ist diesmal schlauer. Er läßt kurz die Positionslichter aufblinken. Ilse Hirsch sieht von drinnen die sich spiegelnden Lampen.

Die List verfängt. Diesmal gibt es keine der gefährlichen Feuerbahnen, denen sie eine gute Stunde zuvor nur durch einen glücklichen Zufall entkommen sind. Die Belgier, die Engländer oder wer immer da unten hinter den Flugabwehrkanonen stehen mag, halten die Maschine für eine der ihren.

Der Unteroffizier beginnt, die Türverriegelung zu lösen. Jetzt schiebt er die Luke zurück. Ein eisig-kalter Luftzug zischt in die Maschine. Das Dröhnen der Moto-

---

[1]) Am 19. März 1945. Der Flug findet am 20. März 1945 statt.

ren ist unerträglich laut. Der Belgier federt nach vorn, fertig zum Sprung. Der Unteroffizier beugt sich vor, greift die Fallschirmleine und hängt sie oben ein, direkt vor der Luke. Oben in der Kabine zählt der Copilot die einzelnen Sekunden ab.

Dann ist durchgezählt. Der Unteroffizier gibt dem Belgier einen Schlag auf die Schulter, und der springt hinaus in das Dunkel. Sofort schließt der Unteroffizier die Luke. Während er noch mit den Schnüren hantiert, gewinnt die Fliegende Festung wieder schnell an Höhe und Geschwindigkeit.

*

Ilse Hirsch sieht auf ihr Zifferblatt. Es ist gerade elf Uhr abends. Bald werden sie am Dreiländerpunkt bei Aachen sein, wo sie abspringen müssen[2]).

Sie schaut hinüber zu den anderen. Leutnant Wenzel, der Führer der Gruppe, sitzt mit geschlossenen Augen da. Aber sie weiß, daß er keineswegs schläft. Seine Hand hält die Pistole im ledernen Halfter fest umschlossen. Seine Knöchel sind weiß vom Greifen. Er scheint nervös zu sein.

Ihr Blick geht weiter zu Hennemann und Heidorn, den beiden Ortskundigen. Sie starren vor sich hin ins Leere, merken nicht, daß sie beobachtet werden. Und neben ihnen sitzt Morgenschweiß. Der Junge ist erst sechzehn Jahre alt. Kurz vor dem Start hatte er sich noch so laut und großspurig wie immer aufgeführt. Er fuchtelte mit der Pistole herum, als ob er »die Sache« ganz allein durchzuführen habe. Jetzt auf einmal ist er ganz still. Nervös geworden wie Wenzel.

---

2) Bis auf Leutnant Wenzel ist noch keiner der Partisanen mit dem Fallschirm abgesprungen.

Der einzige, den nicht zu rühren scheint, was auf sie zukommen wird, ist Leitgeb, der Funker. Den Fallschirmspringer-Helm hat er abgelegt. Sein Kopft hängt vornüber. Er schläft. Er ist der einzige wirkliche Mann in der Gruppe, denkt Ilse.

Denn Morgenschweiß ist ein armer kleiner Junge. Die beiden ortskundigen Führer sind Profis, die zwar genau das tun werden, was man von ihnen erwartet, aber auch keinen Deut mehr oder weniger. Und Wenzel? Er ist noch immer ein Rätsel. Sie weiß nicht, was sie von ihm halten soll. Nur Leitgeb, so glaubt sie, ist einer, auf den man sich verlassen kann. Auch wenn er ein miserabler Funker ist, wie sie alle beim Training auf Schloß Hülchrath gemerkt haben.

Ilse ist müde. Sie lehnt ihren Kopf zurück gegen das Metall und schließt die Augen.

*

Wieder verliert die Fliegende Festung an Höhe. Wieder stolpert der Unteroffizier durch die Maschine zu ihnen nach hinten und gibt das Zeichen, daß sie sich zum Absprung fertig machen sollen. Wenzel öffnet die Augen sofort. Elastisch erhebt er sich und geht an die Luke, um den Abwurf ihrer Versorgungsbombe zu überwachen. Sie soll kurz vor ihrem Sprung als erstes niedergehen[3]).

---

[3]) Ein Gurt zum Ziehen und eine kleine Achse mit zwei Rädern macht sie leicht transportierbar. Die Versorgungsbombe wird vierzehn Tage bis drei Wochen nach dem Absprung von Männern aus dem Vaalser Ortsteil Raeren an einem Sonntagvormittag unter einer Tanne unweit des Meelenbroeker Weges gefunden, wie Herr Pelzer aus Raeren (Ortsteil von Vaals, nicht zu verwechseln mit dem ostbelgischen Raeren) uns mitteilte. Er verwahrt bis heute ein Original-Verbandspäckchen aus der Versorgungsbombe. Er berichtet: »Wir zogen vorsichtig mit einem langen Seil aus gebührender Entfernung, weil wir das Ding für eine Bombe hielten.« Niederländerinnen aus Vijlen, die wir interviewten, nähten sich aus den in Tarnfarben gefertigten Fallschirmen des Werwolf-Trupps Blusen und Unterröcke.

Jetzt sind sie alle aufgestanden. Heidorn, der als erster springen soll, blickt nach hinten, als ihm der eisige Wind aus der geöffneten Luke ins Gesicht schneidet. Der Unteroffizier ruft ihm etwas zu. Aber der Fahrtwind reißt ihm die Worte vom Mund weg. Heidorn schaut wieder nach hinten, wo Hennemann, sein Kamerad, einen Fluch vor sich hinmurmelt. Die beiden stekken immer zusammen.

Sie nähern sich dem Punkt zum Absprung. Der Pilot drosselt die Motoren. Der Unteroffizier stellt den Fuß an den Metallcontainer mit dem Versorgungsmaterial und schaut zu seinem Kameraden, der wie eben sorgfältig die Sekunden abzählt. Jetzt ist er bei Null. Der Unteroffizier gibt der Versorgungsbombe einen Tritt. Der Behälter kippt aus der Luke in die Tiefe. Heidorn ist an der Reihe. Der Unteroffizier tippt ihm auf die Schulter. Ohne Zögern wirft er sich nach draußen und verschwindet augenblicklich im Dunkel der Nacht.

Hennemann folgt. Dann Wenzel. Morgenschweiß scheint zu zögern. Ilse denkt: »Wie großartig der in seiner Kluft aussieht — aber nix dahinter!« Da fällt die klobige Hand des Unteroffiziers auf die Schulter des Jungen und schiebt ihn durch die Luke. Instinktiv suchen seine Hände im Sprung einen Halt, den es nicht mehr gibt.

Jetzt wendet sich der Unteroffizier zu ihr. Mit der Hand winkt er sie heran. Gehorsam folgt sie, und bevor sie es weiß, ist auch sie mit einem leichten Schubs aus der Luke und fällt in die Tiefe. Irgendwo da unten liegen Vaals und Gemmenich, genau wie im Absprungplan vorgesehen[4]).

---

[4]) Die Werwölfe landen zwischen »Malensbos« und dem »Schimperbos« in Vaals, zwei Waldstücken unweit des heutigen touristischen Weges der »Mergelland-Route« von Vaals nach Epen. Die Höhenrücken von Malenswald und Schimperwald liegen mitten auf der niederländisch-belgischen Grenze und trennen den Vaalser Ortsteil Wolfhaag vom belgischen Grenzort Gemmenich.

Der Wind heult ihr um die Ohren, reißt ihr den Atem weg. Sie fühlt, daß sie wie ein Stein auf die Erde zurast. Dann öffnet sich der Fallschirm mit einem Knall. Die Gurte reißen ihr fast die Arme vom Leib. Sie fühlt, wie ihr Fall sich verlangsamt. Jetzt sinkt sie sanfter nach unten. Während sie am Himmel hin- und herpendelt, riskiert sie einen Blick auf die mondbeschienene Erde.

An einer Seite ist ein Höhenrücken, mit Tannen bewachsen. Rechts und links vom Hügel ist es ziemlich eben, vielleicht Wiesen. Matt glänzt der gefrorene Schnee.

Langsam greift sie über sich und beginnt an den straffen Leinen zu ziehen, wie sie es beim Training gelernt hat. Die Pendelbewegung läßt nach. Jetzt sinkt sie in relativ geradem Fall auf das Zielgebiet nieder. Der dichte Wald auf der Höhe, links, kommt näher.

Sie hat noch ein paar Augenblicke Zeit, den Boden zu betrachten. So weit sie schauen kann, ist da unten weder Licht noch ein Gebäude, nicht einmal ein Bauernhof zu sehen. Die winterliche Landschaft scheint völlig verlassen.

»Natürlich!«, denkt sie bei sich selbst. Die Besatzungstruppen werden schon dafür sorgen, daß zu dieser Zeit niemand mehr unterwegs ist. Aber was ist mit den Streifen? Ängstlich sucht sie die Erde ab, kann aber nichts entdecken.

Jetzt plötzlich wünscht sie, sie hätte doch die Pistole genommen, anstatt sie im Trainingslager abzulehnen. Die anderen sind alle bewaffnet. Sie ist das einzige Mitglied der Gruppe, das keine Waffe besitzt. Aber sie kann sich nicht lange deswegen sorgen. Der Erdboden kommt näher, der Wald wird größer und größer. Die flacheren Wiesenstücke sind in die Ferne gerückt — sie ist genau über dem Hügel. Sie kämpft dagegen an, ihre Muskeln zu spannen, bleibt locker und preßt die Beine kurz vor der Landung zusammen, ganz so, wie man es ihr beigebracht hat.

Dann hat sie Kontakt. Tannenäste brechen. Ein harter Schlag, und sie ist unten. Regungslos liegt sie da, einen Augenblick lang innerlich aufgewühlt. Über ihr hängt der Fallschirm wie ein riesiger Sack. Sie ringt nach Luft. Nichts um sie her rührt sich. Nur ihren Atem und das leise Rauschen der Tannen hört sie. Sie ist völlig allein. Unternehmen Karneval hat begonnen!

Hastig löst sie die Gurte, rafft den Fallschirm notdürftig zusammen, rollt ihn ein und versteckt ihn unter ein paar Tannenzweigen. Mit der blauen Lampe an der Vorderseite ihrer Springerkombination prüft sie ihr Werk. Sehr ordentlich ist es nicht. Aber es wird gehen. Sie richtet die Lampe auf ihre Uhr. Kurz nach 23 Uhr, also pünktlich. Bis hierher ist alles nach Plan verlaufen. Aber wo ist sie? Und noch wichtiger: wo stecken die anderen?

Sie wendet den Kopf und horcht, um vielleicht ein leises Geräusch aufzufangen, das ihr den Standort der Kameraden anzeigen könnte. Aber alles, was sie hört, ist das leichte Rauschen des Windes in den Wipfeln der Tannen. Und ganz in der Ferne das Rumpeln von Geschützen. Es ist die ewige Begleitmusik des Krieges, an die sie sich in den letzten Monaten allmählich gewöhnt hat.

Sie holt tief Luft und faßt einen Entschluß. Sie muß verschwinden! Sie kann nicht einfach darauf warten, bis eine Ami-Patrouille sie hier schnappt. Sie nimmt einen kleinen Pfad, wohl ein Wildwechsel, und macht sich auf den Weg durch den Wald. Alle zehn bis zwanzig Sekunden läßt sie ihre blaue Lampe für drei Sekunden aufleuchten.

Vorsicht! Die feindlichen Patrouillen müssen ja nicht gerade angelockt werden! Andererseits weiß sie, daß die Amerikaner und Engländer schon längst weiter sind, unterwegs zum Rhein — vielleicht sogar schon drüben auf der rechtsrheinischen Seite. Soldaten, die noch hier sind, müssen Männer der Etappe sein. Und das sind nicht gerade die Kerle, die zu dieser Zeit im pechschwarzen Wald herumkriechen!

Ungefähr zehn Minuten wird sie gegangen sein, da entdeckt sie ein huschendes blaues Licht, das ihrem Zeichen antwortet. Einen Augenblick traut sie ihren Augen nicht. Aber es ist tatsächlich so! An und aus, an und aus! Sie wagt nicht, zu rufen. Aber sie läßt die eigene Lampe brennen und rennt auf das blaue Lichtchen zu. Als sie näher kommt, fällt ihr ein Stein vom Herzen. Da und daneben flackern noch andere kleine blaue Lichter auf!

Ein paar Minuten später stößt sie zur Gruppe. Wenzel ist am nächsten. Er faßt sie am Arm und wispert, als stünde der Feind hinter dem nächsten Baum: »Gut so, Ilse, du hast es geschafft!«

»Ja«, antwortet sie überflüssigerweise und stellt mit einem Rundblick fest, daß auch alle anderen da sind.

»Wir müssen die Verpflegungsbombe finden«, sagt Wenzel.

Mit angeknipsten blauen Lampen und schußbereiten Pistolen — außer Ilse und Hennemann, der seine Waffe während des Absprungs verloren hat — schwärmen sie aus, um den Container zu finden. Einmal gibt es ein Geräusch in den Tannen, vielleicht aufgeschrecktes Wild. Ilse fühlt, wie ihr Herz zu hämmern beginnt.

»Schon herausgefunden, wo wir sind?«, fragt sie Heidorn, der neben ihr geht.

»Nein, noch nicht«, antwortet der ortskundige Führer der Gruppe. »Aber wir sind ganz in der Nähe der Grenze, glaube ich.«

Sie stolpern weiter durch den dunklen Wald. Die Zeit kommt ihnen lange vor. Ilse gerät fast in Panik darüber, daß sie soviel Geräusche machen. Aber die Männer kümmert das nicht. Obwohl sie wahrscheinlich längst im eigenen Land sind (wenn die Berechnung des Piloten gestimmt hat), so ist es doch feindbesetzt. Sie macht sich keine Illusionen darüber, was passiert, wenn man sie alle gefangen nimmt: sie würden an die nächste Wand gestellt und erschossen werden![5])

Aber dann endlich finden sie den Container. Er liegt zwischen ein paar Bäumen und ist unversehrt. Wenzel gibt kurze Befehle. Jeder nimmt sich eine Ration und packt sie in seinen Rucksack. Etwas Schwarzbrot, Fliegerschokolade, ein Verbandspäckchen, zwei Flaschen Wasser pro Person, eine Ersatzbatterie.

Heidorn hustet rauh, während er seine Sachen einpackt. »Hat er immer noch die Grippe, wie im Hotel?«, fragt sich Ilse. Wenzel schaut ihn an: »Hör' endlich mit dem verdammten Husten auf! Du reißt uns noch alle rein damit!« Heidorn murmelt etwas vor sich hin, hört aber zu husten auf.

Als jeder seine Sachen eingepackt hat, machen sie sich ans Werk. Die Versorgungsbombe muß versteckt werden. Ihr Umfang und ihre Größe würden sie sicherlich verraten. Also muß sie verschwinden. Alle arbeiten mit. Sie kratzen eine Mulde unter einer Tanne und legen das Ding hinein. Dann kommt lockere Erde darauf, schließsich ein paar Tannenzweige.

Erleichtert holen sie Luft. Wenzel zeigt auf eine Gruppe Tannen rund zwanzig Meter entfernt und befiehlt: »Für den Rest der Nacht bleiben wir hier. Bei Tagesanbruch brechen wir wieder auf.«

*

---

[5]) So geschieht es mit Angehörigen der Kampfgruppe Skorzeny, die während der Ardennenoffensive in erbeuteten amerikanischen Uniformen Verwirrung hinter den amerikanischen Linien stifteten, gefangen genommen und in Henri Chapelle standrechtlich erschossen werden. Fotos dazu in: »Wolfgang Trees/ Charles Whiting: Entscheidung in St. Vith. Der Untergang der 106. US-Infanteriedivision in der Winterschlacht in den Ardennen. Eupen 1979.

Josef Saive aus Vijlen oder einfach »Jos«, wie ihn seine Kameraden bei der niederländischen Grenzpolizei nennen, schultert sein englisches Gewehr »Mark IV« und geht aus dem Zollgebäude des Grenzüberganges »Wolfhaag« zwischen Vaals und Gemmenich hinaus in die kalte Nacht.

»Komm gegen Mitternacht zu einer Kaffeepause zurück!« ruft ihm sein Chef, Sergeant Finders, nach[6]).

»Danke, Chef«, antwortet Jos über die Schulter. Bis zum Abend hat er am Grenzposten selbst Dienst getan. Jetzt hat er den Auftrag, bis zum Grenzstein vier einen Patrouillengang zu machen, um nach dem rechten zu sehen.

Irgendjemand hat gemeldet, ein Flugzeug sei sehr tief über den Dreiländerpunkt geflogen — ungewöhnlich zu dieser Nachtzeit und in dieser Gegend, weil die alliierten Truppen doch längst weitergezogen sind! Immerhin kamen die Amerikaner schon im letzten September, und heute ist der 20. März 1945.

Im letzten Herbst ist Jos Saive zum niederländischen »orde dienst«[7]) gegangen und dann zur Grenzpolizei übergewechselt. Weil der Weg zum Ortsteil Vijlen noch ziemlich viele Bombentrichter hat — die Amerikaner sind Anfang September 1944 gerade hier über diesen Grenzübergang von Belgien her nach Vaals gekommen und haben Orsbach und den Aachener Schneeberg beschossen, von wo aus die Erdflak zurückschoß — übernachtet er häufiger hier im Ortsteil Wolfhaag, um sich den Fußmarsch von vier Kilometern nach Vijlen zu er-

---

[6]) Finders lebte später in Maastricht.

[7]) Niederländische Nachkriegspolizei, die im eigenen Land für Ordnung sorgen sollte und den alliierten Truppen beigegeben war.

sparen. Schlafen kann er am Schuttebergsweg 10 bei Bekannten, Karl und Joep Mommers[8]).

Finders hat seine Leute gewarnt. Sie müssen in den Wäldern an der Grenze vorsichtig sein. Die nahe Moresneter Brücke — die Bahnlinie kommt von Aachen her, und bei Gemmenich führt ein strategisch wichtiger Tunnel durch den Berg — sowie andere Eisenbahnlinien sind die Hauptnachschublinien der Amerikaner vom Hafen Antwerpen aus an die Front im Rheinland. Es ist gut möglich, daß die Deutschen Sabotagetrupps einsetzen, die hier noch Sprengungen durchführen sollen.
Die Amerikaner jedenfalls haben mehrfach auf diesen Punkt hingewiesen. Und der kleine Grenzposten mit der weiß getünchten Wand liegt tatsächlich nur einen Steinwurf vom dichten Baumbestand des Schimperbos entfernt.

Aber Jos ist guten Mutes. Die Deutschen sind am Ende. Der Krieg wird bald aus sein. Sie haben gar keine Zeit mehr, an eine Eisenbahnlinie im Tal unterhalb von Gemmenich im belgischen Teil des Aachener Dreiländerecks zu denken! Die einzigen Leute, die hin und wieder versuchen, hier über die Grenze zu kommen, sind Schmuggler. Und in einer mondhellen Nacht wie dieser werden sie wohl kaum unterwegs sein.

Der Grenzübergang Wolfhaag liegt mitten im Dreiländereck, dessen dicht bewaldete Hügel sich auf belgischem, deutschem und niederländischem Gebiet hinziehen. Jetzt, während die Kampfhandlungen praktisch beendet sind[9]), kann das Dreiländereck nach und nach

---

[8]) Vergleiche die Schilderung zu Anfang unseres Buches »Die Amis sind da! Wie Aachen 1944 erobert wurde« (Aachen, 1975). Familie Mommers stellt den anrückenden Amerikanern je einen Korb mit Birnen und Äpfeln an den Straßenrand des Schuttebergsweges. Joep Mommers lebt mit seiner Schwester Berta noch heute in diesem Haus.

[9]) Am 21. Oktober 1944 fällt Aachen als erste deutsche Großstadt im Westen in die Hand der Alliierten. Vgl. Fußnote 8.

wieder seine alte, traditionelle Rolle als ideales Schmugglergebiet übernehmen. Ganze Kolonnen und Banden von Aachenern gehen nach Belgien und Holland hinüber, um alle möglichen Waren gegen Kaffee und Zigaretten vor allem aus Belgien einzutauschen. Und in den Niederlanden holt man sich die Butter. Sogar kleine gepanzerte Fahrzeuge rasen zu diesem Zweck durch die Wiesen und Zäune an der Grenze[10]).

Jos, der selbst gut Deutsch spricht (wie jeder niederländische Einwohner von Vijlen), weiß Bescheid über das Schmuggeln. Mehr als einer seiner Bekannten hatte auch hin und wieder mitgemacht, als die Bergwerke im Heerlen-Kerkrader Becken während des Krieges zeitweise verlassen werden mußten. Aber statt zu den Schmugglern war er zur Grenzpolizei gegangen.

Und so trägt er jetzt eine schmucke Uniform mit einem gelben niederländischen Löwen und einem englischen Gewehr dazu. Tiny Straat, seine Freundin und Tochter des Bürgermeisters aus dem belgischen Nachbarort Gemmenich — das Rathaus ist nur einen Kilometer vom Grenzposten Wolfhaag entfernt — ist jedenfalls ziemlich beeindruckt von seiner Erscheinung . . .

Während er in den Wald geht, sieht er, wie einer seiner Kameraden mit einem Einwohner aus Gemmenich zusammensteht und redet. »Tauben«, sagt Jos bei sich selbst — »ich wette, die reden über Tauben!« In der Tat, das ist ihr Thema.

»Dag Jos«, grüßt ihn der Kamerad. Er ist ein fanatischer Taubenfreund, obwohl jedermann weiß, daß die Amerikaner das Halten von Reisetauben im Grenzgebiet verboten haben. Sie haben Angst davor, sie könnten zu Spionagezwecken eingesetzt werden.

---

10) Ausführlich in: Wolfgang Trees: Kaffee, Krähenfüße und Kontrollen. Die großen Schmuggeljahre an der deutschen Westgrenze, Aachen 1973.

Jos Saive kann ein Grinsen nicht unterdrücken. Obwohl sie strikte Order haben, nur zu zweit in den Wald zu gehen, sagt er seinem Kameraden: »Weißt du was, du kannst, wenn du Lust hast, weiter über deine Tauben reden. Ich gehe mal grade zu grenspaal vier und sehe dort nach dem rechten!«

Der Kamerad ist verwundert. »Ganz allein, meinst du?« Und er dreht sich zurück und zeigt auf das Zollgebäude. »Du weißt doch, was Finders gesagt hat! Wir sollen niemals allein gehen.«

»Mach dir keine Sorgen. Ich bin in ein paar Minuten zurück.« Und er packt das Gewehr fester und schreitet hinauf in den Wald, über den breiten, ziemlich festen Weg, der zum Grenzstein vier führt. Tiny Straat aus Gemmenich hat ihm versprochen, ihn oben an der Kreuzung für eine halbe Stunde zu treffen. Der Punkt ist dort, wo der Weg aus Gemmenich den Weg vom Grenzgebäude aus in Richtung Grenzstein schneidet.

Jos Saive, der Sohn eines Bergmannes, ist unterwegs zu seinem Rendezvous mit dem Tod. Dem Tod aus der Hand eines anderen Bergmanns-Sohnes, der nur wenige Kilometer auf der anderen Seite der Grenze aufgewachsen ist . . .

*

Wenzel und Hennemann streiten sich noch, ob sie nun auf belgischem oder niederländischem Gebiet sind. Aber schließlich faßt Wenzel einen Entschluß und gibt die Richtung an. Der Heeresoffizier scheint die Gegend an der Grenze ziemlich genau zu kennen, obwohl man doch Hennemann und Heidorn für die Experten gehalten hat. Sie haben ja schließlich auch jahrelang an dieser Grenze als Polizisten Dienst getan. Sie wollen noch heute Nacht im Schutz der Dunkelheit ein gutes Stück vorankommen.

Also ziehen sie in einfacher Reihe los. Hennemann geht an der Spitze. Ilse bildet das Schlußlicht. Nach Möglichkeit suchen sie ausgetretene Pfade. Zweige und Unterholz meiden sie, um keine unnötigen Geräusche zu machen. Alle sind erschöpft, besonders Morgenschweiß, dessen Ami-Stiefel viel zu groß für seine Füße sind. Immer wieder stolpert er.

Zweimal schnauzt Wenzel ihn erbost an, er solle etwas besser aufpassen. Aber sie wollen weiterkommen. Wenn es erst hell ist, müssen sie wieder in Deckung gehen, besonders, wenn sie sich der Stadt Aachen selbst nähern.

Nach einiger Zeit erreichen sie die Stelle unweit der niederländisch-belgischen Grenze, an der Hennemann die Dollars für den englischen Agenten deponieren soll. Hier und da stoßen sie auf Spuren des Kampfes. Helme liegen herum, Gasmasken, alte Kanister[11]).

Als sie an dem vorher abgesprochenen Punkt sind, läßt Hennemann die Gruppe halten. Wenzel knipst seine Taschenlampe an. Ihr dünnes, bläuliches Licht beleuchtet den Grenzstein vier, dessen »N« in Großbuchstaben mit einer niederländischen Krone geziert ist. »Da«, sagt Wenzel, »ist das richtig?«

»Ja«, antwortet Hennemann leise. Vor dem Grenzstein niederkniend, beginnt er mit seinem Messer ein Loch zu graben. Ilse schaut interessiert zu, als er das gelbe, wasserdichte Päckchen in die Erde legt. Es enthält ein kleines Vermögen in Dollars. Wenn sie erst einmal ihren Auftrag erfüllt haben, wird der Fundort des Geldes an einen britischen Offizier in deutschen Diensten gefunkt. Er wird es für den Verrat an seinem Land erhalten.

---

[11]) Beim Trödler im belgischen Grenzort Gemmenich direkt am Dreiländerpunkt Deutschland-Belgien-Niederlande kauften wir noch 1978 alte US-Helme, die man mit Hilfe angeschweißter Halterungen zu Jauche-Schöpfkellen umfunktioniert hatte.

Hennemann schnauft ein wenig, als er die Mulde zuschüttet. Mit seinem Stiefel stampft er die Erde fest, verwischt mit einem dicken Zweig die Spuren. Dann werfen sie noch ein paar Zweige über die frische Erde.

»Fertig! Wir können. Die Zeit steht nicht still, und wir müssen noch ein Stück weiterkommen heute Nacht!« In breiter, auseinandergezogener Reihe setzt die Gruppe ihren Weg in Richtung Aachen fort.

*

Jos Saive schaut gerade auf sein Leuchtzifferblatt. Vor etwas mehr als zwanzig Minuten ist er vom Zollgebäude Wolfhaag aus in den Wald gegangen. Das Zollhaus liegt anderthalb Kilometer entfernt. Jetzt plaudert er hier oben mit seiner belgischen Freundin aus Gemmenich.

Da plötzlich!

Er hat sie entdeckt! Die Männer kommen direkt auf ihn zu, in breiter Reihe. Feindliche Saboteure! Hastig faßt er den Lauf des Gewehres fester und wispert Tiny Straat zu: »Geh schnell zurück und holf Hilfe!« — »Was ist denn . . . ?«
Ihre Frage endet abrupt, als sie der Blickrichtung von Jos folgt.

»Sprich nicht!«, sagt Jos. »Geh und hol' Hilfe. Lauf!«

Das Mädchen braucht keinen Ansporn mehr. Es rennt von selbst. Im Laufen noch riskiert es einen ängstlichen Blick über die Schulter. Jos kauert hinter einem Baum, das Gewehr in der Rechten. Und dann rennt sie nur noch den Berg hinunter — nur schnell zurück ins Zollhaus!

Josef Saive zögert nicht. Wie es sein Vorgesetzter, Sergeant Finders, später zu Protokoll gibt: »Jos was een dappere jongen. Hij droomde van roem. Hij wilde aktie!«[12])

Jos feuchtet sich die Lippen an, die ihm plötzlich trokken geworden sind. Und er ruft auf Englisch (warum ausgerechnet Englisch, das weiß keiner): »Hands up!«

Die dunklen Gestalten vor ihm scheinen zu erstarren. Aber die Hände nehmen sie nicht hoch. Jos hebt das Gewehr, fühlt den Schaft hart an der Schulter.

»Hands up!!», ruft er wieder.

Eine Grenzstreife! Wenzel greift nach seiner Pistole. In der Gruppe herrscht Panik. Jeder, der eine hat, fummelt nach seiner Waffe. Und dann durchbricht ein Schuß die Stille.

»Donnerwetter!«, denkt Ilse Hirsch. Denn es ist Morgenschweiß, der jüngste, der als erster schießt. Ausgerechnet er. Er feuert und wirft sich gleichzeitig zu Boden. Jos drückt automatisch ab und feuert auch. Dann durchschneiden Geschosse rechts und links neben ihm die Luft. Der erste Treffer verletzt Jos im Unterleib. Der junge Grenzsoldat sinkt zu Boden.

In diesem Augenblick läßt Ilse Hirsch sich in Panik zu Boden fallen und rollt sich nach links, den kleinen Abhang hinunter. Dort rappelt sie sich wieder hoch und läuft in wilder Panik davon. Sie schaut nicht ein einziges Mal zurück. Sie achtet nicht auf die Zweige, die ihr beim Laufen ins Gesicht peitschen. Als die Schüsse endlich ersterben, ist sie schon weit vom Ort des Geschehens entfernt.

*

Sergeant Finders im Zollhaus reagiert sofort, als er die Schüsse hört.

---

12) »Jos war ein tapferer Junge. Er träumte vom Ruhm. Er wollte Aktion.«

Er drückt seine Zigarette aus, schnappt sich Mütze und Pistole und ruft dem Polizisten am Schlagbaum zu:

»Bleib hier und deck' mich! Aber komm unter keinen Umständen in den Wald!«

Instinktiv hebt der Angesprochene plötzlich sein Gewehr: „Schau, da hinten!" ruft er.

Am Waldsaum kommt jemand gelaufen.

»Ich bin es . . . Straat!«

Der Mann senkt das Gewehr, erkennt das belgische Mädchen.

Finders läuft auf sie zu. »Was ist los, was geht da vor sich?«, fragt er drängend.

»Es ist Jos«, stammelt das Mädchen. »Er stöberte Saboteure . . .«

Finders schneidet ihr das Wort ab. »Wieviele?«, bellt er.

»Ich weiß nicht . . . vielleicht acht.«

Finders ist kein Narr. Er weiß, daß er mit seiner Pistole keine Chance gegen acht Mann hat. Er wendet sich an seinen Untergebenen: »Hol die Belgier (er meint die belgischen Grenzbeamten im gemeinsamen Zollhaus) herbei und folge mir dann!«

Sein Herz hämmert. Finders rennt in den Wald hinein. Rechts vom Weg, etwa 1500 Meter vom Zollhaus entfernt, findet er Jos, der am Boden liegt. Er ist von der Hüfte an abwärts gelähmt und stöhnt vor Schmerzen.

Besorgt und gerührt zugleich beugt Finders sich nieder — und er sieht Blut, das unter der Jacke hervortröpfelt. Jos packt ihn so krampfhaft und heftig fest, daß er sich nicht bewegen kann.

»Es waren sieben!«, ruft er hysterisch. »Ich rief: „Hände hoch"!«.

Er stöhnt und ringt nach Luft. Finders prüft die Wunden. Der Junge ist ziemlich dicht nebeneinander an drei

Stellen getroffen. Aber die schlimmste Wunde ist die im Unterleib, in der Leistengegend.

»Und was passierte dann?«, fragt Finders leise.

»Als sie mir nicht geantwortet haben, da ... da habe ich geschossen, und sie legten mit einer Maschinenpistole los ... Es waren Deutsche, Sergeant!«

Seine Stimme verändert sich plötzlich. »Sergeant, können Sie mir die Generalbeichte abnehmen? Mit mir geht es zu Ende.«

»Aber keineswegs, Jos!« murmelt Finders. Doch der Junge hat schon begonnen, das Gebet zu sprechen. Seine Finger krallen sich heftig in den Arm des Sergeanten. Dem aber stehen die Haare fast zu Berge! Da hinten, vier von ihnen!! Im Mondlicht kann er ganz deutlich ihre Silhouetten erkennen.

Aber der Junge sieht sie nicht. Er betet weiter in seinem heimatlichen Grenzdialekt, der mit der Sprache in

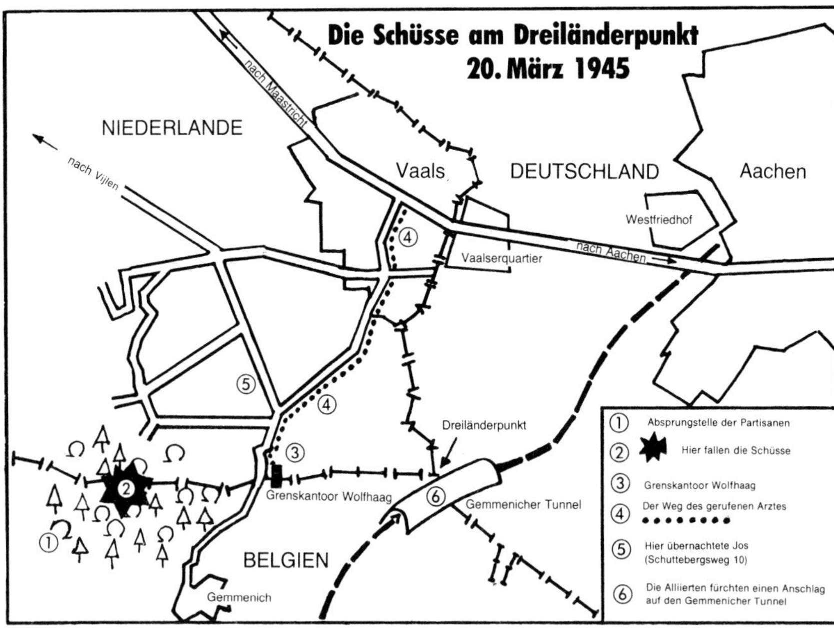

Aachen so sehr verwandt ist. Das Hochniederländisch hat er vergessen in diesen Augenblicken seiner Agonie.

Eine Ewigkeit, so scheint es Finders, bleiben die Figuren da hinten stehen. In Wirklichkeit sind es nur ein paar Sekunden.

Und dann, so plötzlich, wie sie aufgetaucht sind, huschen sie in die Büsche, grau und unheimlich. Sie entfernen sich so leise, wie sie gekommen sind. Finders schaudert. Dann schleppt er den sterbenden Jungen die anderthalb Kilometer zurück zum Zollhaus.

Eine Viertelstunde dauert es, bis der Doktor mit dem Fahrrad von Vaals aus den steilen Weg zum Zollhaus hinter sich hat. Er geht sofort an die Arbeit. Das Gesicht von Jos ist totenbleich. Unter seinen Augen ist die Haut jetzt blau gefärbt. Als er in das Zollhaus getragen wurde, war das noch nicht so.

Der Arzt hat die Untersuchung beendet. Wortlos wendet er sich ab, um die blutverschmierten Hände zu waschen. Ängstlich fragend schaut Finders ihn an: »Kommt er wieder auf die Beine, Doktor?«

»Er ist im linken Knie, rechts in der Brust und in der Leistengegend getroffen. Ich fürchte, er muß sterben.«

Finders zuckt zusammen. »Hätte ich ihn doch bloß schneller aus dem Wald geholt!« Doch der Doktor schüttelt den Kopf. »Das hätte nicht geholfen«, sagt er.

Finders ist ein Genauigkeitsfanatiker. Noch in derselben Nacht notiert er im offiziellen »Tagebuch« des Grenzüberganges Wolfhaag, wann und wie »Soldat Josef Saive« seinen Wunden im kleinen Zollhaus Wolfhaag an der niederländisch-belgischen Grenze erlegen ist. Unternehmen Karneval hat sein erstes Opfer gefordert![13])

*

---

[13]) Jos Saive liegt auf dem Friedhof der St. Martinus-Kirche in Vijlen (Gemeinde Vaals) begraben. Die Martinus-Kirche ist die höchstgelegene der gesamten Niederlande.

Ilse Hirsch zieht unterdessen die halbe noch verbliebene Nacht weiter. Zunächst überquert sie, ohne es genau zu wissen, die Straße, die von Vaals nach Gemmenich führt. Quer durch den düsteren Preus- und Friedrichswald geht sie auf Aachen zu. Hin und wieder ruht sie sich auf einem Baumstumpf etwas aus. Dann kommt sie in offeneres Gelände. Einmal hört sie eine Kuh muhen und wird sofort hellwach. Die Gefährlichkeit ihrer Situation wird ihr wieder voll bewußt. Wo Kühe sind, da sind auch Bauern. Sie muß weiter, und zwar schnell!

Aber erst muß ihre Kleidung in Ordnung kommen. Sie kniet nieder und zieht den Reißverschluß der Fallschirmspringerkombination auf. Darunter trägt sie Rock und Bluse. Sie fröstelt in der Kälte dieses Morgens. Dann geht sie wieder weiter. Vor ihr liegen Felder, über ihnen steht leichter Nebel. Bei den ersten Häusern klart es auf.

Es ist die alte Stadt Aachen, die da vor ihr liegt. Als sie noch etwas näher kommt, kann sie im Morgengrauen die charakteristischen Türme der Kaiserstadt erkennen, vor allem die des Domes. Vor dem Krieg hat sie hier in Aachen glückliche Zeiten erlebt — damals, als sie Lehrling bei dem alten Buchhändler war. Später hatte sie die Stadt einfach mal zum Einkaufsbummel oder mit dem »Bund deutscher Mädel« besucht.

Jetzt aber ist Aachen in Feindeshand. Und diesmal ist ihr Besuch ganz anderer Art. Irgendwo in der Stadt ist der Mann, den zu töten sie gekommen sind — ein Mann, dessen Namen sie noch nicht einmal kennen.

Sie schultert den Rucksack fester und geht in die Stadt, aus der sie sechs Monate zuvor so hastig geflohen ist.

Mit diesem Bomber vom Typ B 17 (»Fliegende Festung«) wurde der Werwolf-Trupp nach Aachen geflogen. Das Flugzeug mit seinem Maskottchen »Miss Quachita« war am 22. Februar 1944 von Jagdflieger Heinz Baer (Mitte) zur Notlandung gezwungen worden.

Hier startete die Maschine mit dem Werwolf-Kommando: der heutige Sportflugplatz in Hildesheim-Drispenstedt.

Das Haus Schuttebergsweg 10 im Vaalser Ortsteil Wolfhaag. Hier übernachtete Jos Saive. — Bild rechte Seite: eine solche Versorgungsbombe ging am Dreiländerpunkt als erstes nieder. Die abgebildete Versorgungsbombe wurde 1979 in Aachen gefunden, Nachschub für die eingeschlossenen Verteidiger der Kaiserstadt.

Tiny Straat und Jos Saive. Die Tochter des Bürgermeisters aus dem belgischen Grenzort Gemmenich traf sich im Wald am Dreiländerpunkt mit dem niederländischen Grenzwächter in der Nacht, als die Werwölfe mit dem Fallschirm absprangen. Beim Schußwechsel wurde Jos Saive tödlich verletzt.

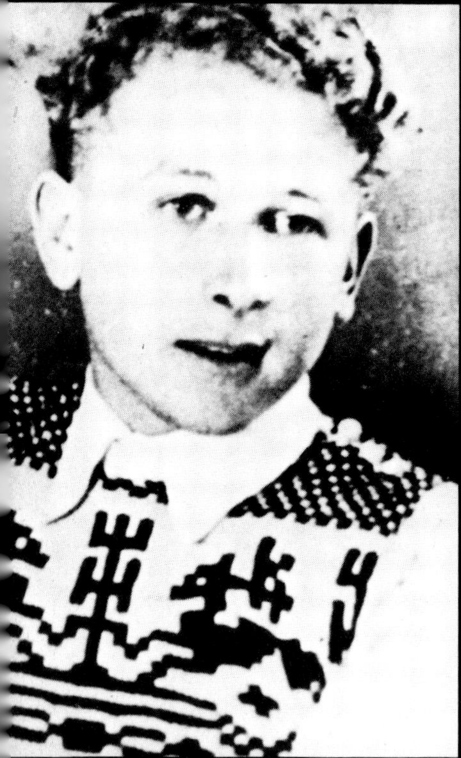

Hitlerjunge Erich Morgenschweiß, das jüngste Mitglied des Werwolfkommandos. Morgenschweiß schoß als erster, als der Trupp von Jos Saive im Grenzwald entdeckt wurde.

Das Zollgebäude Wolfhaag an der niederländisch-belgischen Grenze im Vaalser Ortsteil Wolfhaag. Im niederländischen Teil des Gebäudes (vorn) verblutete Jos Saive.

Blick auf den Wolfhaag in Vaals und die Grenze. Links oben (Einschnitt im Wald) steht das Zollgebäude. Rechts oben auf dem Höhenrücken fielen die Schüsse.

Tiny Straat als Sechzehnjährige. Sie wird Zeuge, wie die Schüsse auf Jos Saive fallen. In Panik läuft sie zum Zollgebäude, um Hilfe zu holen.

Das Grab von Jos Saive auf dem Friedhof der St. Martinskirche im Vaalser Ortsteil Vijlen. Die Kirche ist die höchstgelegene der gesamten Niederlande.

Overleden in den ouderdom van bijna 21 jaar

JOZEF SAIVE

Vijlen, 20 Maart 1945

Namens de diepbedroefde familie:

W. Saive-Heyenrath en kinderen.

De begrafenis heeft plaats a.s. Zaterdag 24 Maart om 10 uur in de R. K. Kerk te Vijlen. Eenige en algemeene kennisgeving. 709

Die Todesanzeige für Jos Saive, die im »Limburgs Dagblad« in Heerlen erschien. Text: Gestorben im Alter von fast 21 Jahren, Jozef Saive, Vijlen, 20. März 1945. Im Namen der trauernden Familie: W. Saive-Heyenrath und Kinder. Die Beerdigung findet statt am kommenden Samstag, dem 24. März um 10 Uhr in der römisch-katholischen Kirche zu Vijlen. Einzige und allgemeine Bekanntmachung.

An dieser Stelle wurde Jos Saive von den Schüssen getroffen, die wenig später zu seinem Tod führten. Auf dem Höhenrücken, der beim Wolfhaag am Dreiländerpunkt die Niederlande (links) von Belgien trennt, steht heute ein kleines Denkmal. In früheren Jahren war es mit einem Stahlhelm geschmückt, der inzwischen verschwunden ist.

II

Das Opfer

Irgendwo steht schon der Fallschirmspringer bereit, der den Auftrag hat, mich zu töten.

Franz Oppenhoff zu seiner Frau,
Februar 1945

Am Nachmittag des fünften September 1944 sitzt General Dwight D. Eisenhower in seinem Hauptquartier, sein verletztes Knie auf einen Stuhl gestützt, und blickt finster in das grau-grüne Wasser des Ärmelkanals.

Einige Tage zuvor hat er mit seinem kleinen, unbewaffneten Aufklärer eine Notlandung am Strand von Granville in der Normandie machen müssen, wo sich sein Hauptquartier befindet.

Als er dem Piloten dabei hilft, das Flugzeug durch den feuchten Sand zu schieben, um der Flut zuvorzukommen, verstaucht er sich sein Knie. So kommt es, daß der Oberkommandierende zu seinem großen Ärger in seinem bescheidenen Küsten-Hauptquartier festsitzt, das ironischerweise den Namen »Villa Montgomery« trägt.

Eine Menge Arbeit wartet anderswo auf ihn — aber sein verletztes Knie hält Eisenhower in seiner Dienststelle fest. Dementsprechend ist auch sein berühmtes Grinsen »von einem Ohr zum anderen« verschwunden...

Die Verletzung hätte nicht ungünstiger kommen können. Der alliierte Vormarsch ist an einem kritischen Punkt angelangt. In diesem Herbst sind die anglo-amerikanischen Armeen in allen Bereichen siegreich gewesen. Im August sind sie aus dem Brückenkopf in der Normandie ausgebrochen und rasch durch die Bretagne vorgestoßen. Sie haben Paris hinter sich gelassen und sind tief hinein nach Belgien und in die südlichen Niederlande vorgedrungen.

Aber weil es den Alliierten an guten Versorgungshäfen mangelt, ist ein Engpaß im Treibstoff- und Munitionsnachschub aufgetreten, der zeitweilig den Vormarsch verlangsamt. Da seine Armeen vorübergehend in Nordfrankreich und Belgien Halt gemacht haben, höchstens einen Tagesmarsch von der deutschen Grenze entfernt, ist es Eisenhower klar, daß er schnell handeln und entscheiden muß, was als nächstes geschehen soll. Es ist eine lebenswichtige Entscheidung. Denn sie kann zur letzten Schlacht führen und den deutschen Widerstand endgültig brechen.

Nachdem er gründlich überlegt hat, gibt er seine Befehle für die nächsten Operationen. Er unterbricht seine Arbeit nur, um sich eine weitere Zigarette anzuzünden, von denen er etwa vierzig Stück am Tag raucht.

Er diktiert: »Seit einigen Tagen ist es offensichtlich, daß unsere Streitkräfte ungehindert vorrücken können, unter der Voraussetzung natürlich, daß der Nachschub gesichert ist. An der Front ist der Widerstand größtenteils gebrochen. Ich habe seit Beginn dieses Feldzuges immer das Ziel verfolgt, nach der enormen Vernichtung der feindlichen Streitkräfte in Frankreich rasch zum Rhein vorzudringen und zwar so, daß wir eine nördliche Bresche bei Aachen und eine südliche bei Metz schlagen. Diese Truppenbewegung ist deshalb so wirksam, weil sie alle vorhandenen Verbindungswege im Vormarsch nach Deutschland nutzen kann. So erreichen die südlichen Streitkräfte den Rhein bei Koblenz, praktisch als Flanke für die Streitkräfte, die direkt auf Aachen vorrücken. Ich sehe keinen Grund, an diesem Plan etwas zu ändern.«

Der Angriff auf Aachen, der ersten deutschen Stadt auf dem Weg der vorrückenden Amerikaner und der ersten deutschen Stadt überhaupt, die in diesem Jahrhundert zu Land angegriffen werden soll, ist im Gange!

*

In seinem Hauptquartier in Ensival bei der belgischen Stadt Verviers begrüßt General Courtney H. Hodges, Befehlshaber der Ersten amerikanischen Armee, die Anweisung Eisenhowers, Aachen einzunehmen. Hodges ist fest entschlossen, sich und seiner Armee »Lorbeeren zu verdienen«.

Er ist davon überzeugt, daß die Erste Armee während der Kämpfe in der Normandie den Großteil der Lasten getragen und nur deshalb schwere Verluste erlitten hat. Doch hatte »Blood and guts« Patton[14]), der die Dritte Armee kommandierte, es mit seinem Sinn für Publicity verstanden, Schlagzeilen zu machen, obgleich seine Einheiten auf geringeren Widerstand gestoßen waren und weniger Verluste hatten hinnehmen müssen.

Weil Patton jetzt aber vor Metz festsitzt, ohne Hoffnung, die Stadt bald erobern zu können, wittert Hodges die Chance, daß die Einnahme von Aachen ihm und seinen hart bedrängten Männern genau die Schlagzeilen bringen könnte, die ihnen eigentlich schon länger zustehen.

Trotzdem weiß er, daß die Eroberung des Zuganges zu Deutschland nicht gerade ein Kinderspiel sein wird. Aufgrund der Informationen des amerikanischen Geheimdienstes ist ihm bekannt, daß die Eroberung der Stadt ein Bravourstück werden wird.

Denn die Befestigungen um Aachen gehören zum Westwall, der sich vom Niederrhein und der niederländischen Grenze im Norden bis hin zur schweizerischen Grenze im Süden Deutschlands erstreckt. Der Westwall, die von den Alliierten so genannte »Siegfriedlinie«, ist ein bedeutendes Hindernis. Die Grenzsperre besteht aus einem breiten Gürtel von sorgfältig miteinander verbundenen Unterständen und Bunkern. Einige von ihnen sind mit 3,50 Meter starken Betonwänden versehen und zusätzlich mit Stahlplatten geschützt.

---

[14]) Blood and guts: wörtlich Blut und Därme, übertragen: Knochen und Bauch, der Beiname des populären amerikanischen Panzergenerals. Ein zynischer Soldat aus seiner Armee soll gewitzelt haben: »Jawohl — **unsere** Knochen und **sein** Bauch!«

An den natürlichen Verteidigungslinien wie dem Rhein ist der Westwall weniger gut ausgebaut. Im ungeschützten Moseltal aber und vor allem bei Aachen sind die Unterstände und Bunker auf einer Breite von zwanzig Kilometern kreuz und quer durch das Land verstreut. Überdies läuft eine zweite Verteidigungslinie parallel zur Grenze[15]).

Und sogar nach einem gelungenen Durchbruch ist der Zugang zur Stadt Aachen durch ein Labyrinth von Bergwerken und Industriebetrieben in der Umgebung versperrt, das leicht eine Infanteriedivision nach der anderen verschlingen kann. Die Übermacht an Flugzeugen und Panzern bei den vorrückenden alliierten Streitkräften wird dabei nur wenig nützen.

Jedenfalls steht fest, daß die Deutschen in Aachen »Stellung beziehen« werden. Josef Goebbels, der Reichspropagandaminister der Nazis, agitiert bereits heftig und erklärt, Aachen werde ein »zweites Stalingrad« für die Amerikaner. Sie würden »niemals die heilige Kaiserstadt einnehmen, in der 600 Jahre lang deutsche Kaiser und Könige gekrönt wurden«.

Hodges beschließt deshalb, die Stadt mit einem schnellen Panzervorstoß zu überrumpeln. Er hofft, daß er mit etwas Glück die Verteidigungsanlagen stürmen kann, bevor die Deutschen die Möglichkeit haben, ihre Truppen durch die Divisionen zu verstärken, die ungeordnet aus Belgien zurückfluten. So beauftragt er das VII. amerikanische Armeekorps unter »Lightning Joe« Collins[16]) damit, die Verteidigungslinien rund um Aachen zu durchbrechen.

---

15) Eine ausführliche Darstellung der Bunkerlinie findet sich in: Adolf Hohenstein/Wolfgang Trees: Hölle im Hürtgenwald. Die Kämpfe vom Hohen Venn bis zur Rur September 1944 bis Februar 1945, Aachen 1981.

16) Beiname: »der blitzschnelle Joe«.

General Hodges vertraut dem Kommandanten des VII. Korps sehr. Während Corlett von XIX. Korps ein magenkranker Mann ist und Gerow vom V. Korps nur mittelmäßig und ein durchschnittlicher Infanterist, gilt Generalmajor Joe Collins als ein angriffslustiger militärischer Führer, der ungeachtet seines jugendlichen, typisch amerikanischen Aussehens schon während des Ersten Weltkrieges in Frankreich gekämpft hatte.

Die glänzende Führung der 25. US-Infanteriedivision hatte ihm seinen Spitznamen eingebracht, seine Haltung während der Belagerung und Einnahme von Cherbourg im Juli 1944 seinen Ruf als unerschrockener Militär nur noch vergrößert[17]).

In diesem Herbst 1944 führt Collins zwei erprobte Infanteriedivisionen: die Erste und die Neunte. Beide haben seit dem Nordafrika-Feldzug von 1942 zusammen mit Pattons dritter Panzerdivision gekämpft, einer der nur drei Panzereinheiten der amerikanischen Armee, die noch in voller Stärke übrig geblieben sind.

Doch trotz der Erfahrung seiner Männer ist Collins keineswegs glücklich über seinen neuen Auftrag. Denn auch er weiß, daß die Einnahme von Aachen keine leichte Aufgabe sein wird. Trotzdem ist er sich mit Hodges darüber einig, daß er die Verteidigungsanlagen stürmen kann, bevor die Deutschen sich verstärkt verschanzen. Sofort stellt er Pläne für einen Panzervorstoß auf.

Am 10. September 1944 bezieht die Artillerie des VII. Armeekorps Stellung direkt an der Grenze auf belgischer Seite und beginnt, das Gebiet um Aachen unter Beschuß zu nehmen. Zwei Tage später erreicht ein Auf-

---

[17]) Für den britischen Oberbefehlshaber Montgomery ist Collins der bevorzugte amerikanische Kommandeur. Mit der Abwehr der deutschen Ardennenoffensive im Dezember 1944 beauftragt er ganz besonders ihn.

klärungstrupp des 33. Panzerregiments unter Oberst Welborn das Eifeldorf Roetgen und wird so seit Napoleons Zeiten zum ersten Angreifer, der deutsches Gebiet überhaupt betritt.

Am 12. September dringt dieselbe Division bis in die Nähe des Westwalls vor und sprengt sich den Weg nach Stolberg frei, wenige Kilometer östlich von Aachen. Der Rest der Division schert über die grenznahen Niederlande und Belgien aus.

Die Erste US-Infanteriedivision hält an ihrer Flanke Schritt mit ihr; der Vormarsch geht so schnell, daß die Amerikaner in der Morgendämmerung von den umliegenden Hügeln die verschwommenen Umrisse Aachens sehen können.

Im Laufe des Tages werden sie jedoch plötzlich gestoppt. Ihre Versorgung fällt aus. Hodges stellt fest, daß er Collins nicht vor dem 15. September mit der notwendigen Munition für den vorgesehenen Fünf-Tage-Angriff versorgen kann. Deshalb befiehlt Hodges Collins, trotz seiner energischen Proteste den Vormarsch für mindestens zwei Tage zu unterbrechen.

*

Während die Amerikaner zögern, handeln die Deutschen. Verwirrung und Angst herrschen in der Nacht zum 11. September 1944 im Hauptquartier der Siebten deutschen Armee, die den Abschnitt Aachen zu verteidigen hat. Als am Morgen des 12. September klar wird, daß der amerikanische Vormarsch unterbrochen ist und die Amerikaner sich auf das Vorschicken von Spähtrupps beschränken, faßt der befehlshabende Kommandeur, General der Panzertruppen Erich Brandenberger, neuen Mut.

Er weiß nur zu gut, daß seine Lage ernst ist. Um Aachen zu halten, steht ihm nur das LXXXI. Korps unter

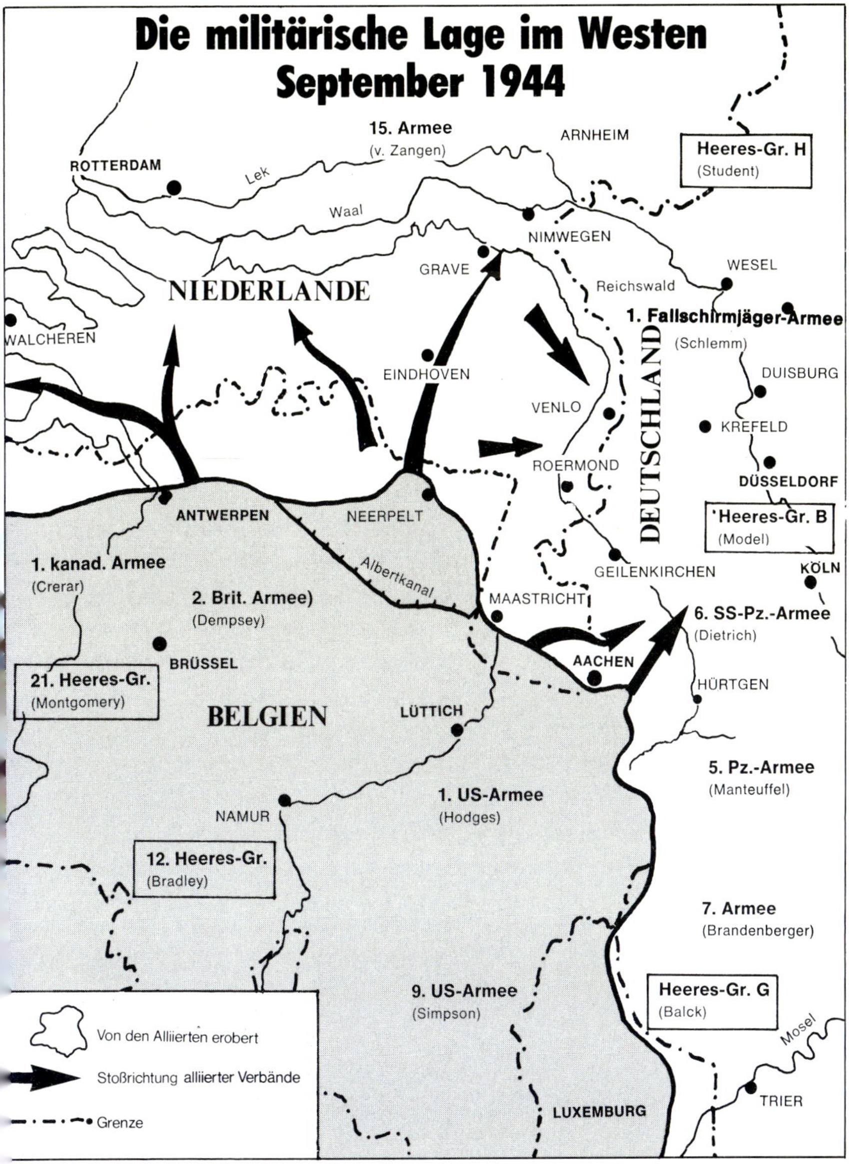

Die militärische Lage im Westen
September 1944
15. Armee
(v. Zangen)
ARNHEIM
Heeres-Gr. H
(Student)
ROTTERDAM
Lek
Waal
NIMWEGEN
GRAVE
WESEL
Reichswald
NIEDERLANDE
WALCHEREN
1. Fallschirmjäger-Armee
(Schlemm)
DUISBURG
EINDHOVEN
VENLO
KREFELD
DEUTSCHLAND
ROERMOND
DÜSSELDORF
ANTWERPEN
NEERPELT
Heeres-Gr. B
(Model)
1. kanad. Armee
(Crerar)
Albertkanal
GEILENKIRCHEN
KÖLN
2. Brit. Armee)
(Dempsey)
MAASTRICHT
6. SS-Pz.-Armee
(Dietrich)
BRÜSSEL
AACHEN
21. Heeres-Gr.
(Montgomery)
HÜRTGEN
BELGIEN
LÜTTICH
5. Pz.-Armee
(Manteuffel)
NAMUR
1. US-Armee
(Hodges)
12. Heeres-Gr.
(Bradley)
7. Armee
(Brandenberger)
9. US-Armee
(Simpson)
Heeres-Gr. G
(Balck)
Mosel
Von den Alliierten erobert
Stoßrichtung alliierter Verbände
Grenze
TRIER
LUXEMBURG

General Friedrich-August Schack zur Verfügung. Es besteht aus vier dezimierten Divisionen, zwei Infanterie- und zwei Panzerdivisionen: der ehemals stolzen 9. und der 116. Panzerdivision.

Während der Kampfpause ist die Evakuierung der in der Stadt gebliebenen 60 000 Aachener Zivilisten wieder aufgenommen worden, so daß die Verteidigung der Stadt nicht durch die zusätzlich nötige Versorgung von Einwohnern behindert wird. Außerdem befiehlt er General Gerhard Graf von Schwerin ins Zentrum der Stadt. Er ist der Befehlshaber der 116. Panzerdivision, die sich noch immer im Norden von Aachen neu gruppiert. Diese Division soll die Verteidigung Aachens übernehmen.

Spät in der Nacht des 12. September trifft von Schwerin in Aachen ein. Sein Kübelwagen kämpft sich den Weg durch die von panischem Schrecken ergriffenen Aachener. Sie fliehen aus der Stadt, die unter Beschuß amerikanischer Granaten bereits brennt. Die Zivilverwaltung Aachens ist zusammengebrochen. Alle Züge in Richtung Köln haben um Mitternacht den Verkehr eingestellt. Die örtlichen Parteispitzen, die einige Tage zuvor noch so eifrig Goebbels Behauptungen wiederholt haben, daß »kein Feind je einen Fuß in die Stadt setzen wird«, haben sich selbst nach Jülich »evakuiert«[18]).

Schwerin zieht die Konsequenzen. Er macht sowohl seinen Offizieren als auch den in Aachen gebliebenen Mitgliedern der Stadtverwaltung klar, daß in seinen Augen jede Verteidigung der Stadt sinnlos ist.

Aachen hat schon mehr als 500 Luftangriffe erlebt und ist zu über 50 Prozent zerstört. Jetzt aber wird die Stadt

---

[18]) In seinem Tagebuch verbirgt der Reichspropagandaminister nicht seine Enttäuschung darüber, daß Aachen eben doch kein »zweites Stalingrad« wurde. Er schreibt über den Gauleiter von Köln-Aachen: »Grohé hat trotz pompösester Ankündigungen seinen Gau nicht verteidigt. Er hat ihn verlassen, bevor die Zivilbevölkerung abgeführt war, und will sich jetzt als großer Held aufspielen.«

nicht nur aus der Luft angegriffen, sondern steht auch unter feindlichem Artilleriebeschuß. Zu ihrer Verteidigung verfügt sie nur über die 116. Panzerdivision, die den Angreifern im Verhältnis drei zu eins unterlegen ist.

Am 14. September hängen überall in der Stadt Plakate. Sie verkünden: »Wenn die Stadt vom Feind eingenommen wird, vermeidet jede eigene Handlung gegen ihn. Vergeßt nicht, daß ihr Deutsche seid! Bleibt ehrenhafte Deutsche! Aber vermeidet jede Handlung, die den Feind zu Vergeltungsmaßnahmen veranlassen könnte.«

Am gleichen Tag tut Schwerin etwas, was sein eigenes Schicksal besiegeln soll. Während die amerikanische Artillerie die Stadt unter Beschuß hält, schreibt er dem Befehlshaber der feindlichen Truppen einen Brief auf Englisch. Er lautet: »Ich beendete die sinnlose Evakuierung der Zivilbevölkerung und bitte Sie, ihre Lage zu erleichtern. Ich bin der letzte kommandierende Offizier hier. Schwerin.«

*

Währenddessen wartet General Collins auf die Erlaubnis, den Angriff wieder aufzunehmen. Zuvor aber läßt er das tun, was er »gewaltsame Aufklärung« nennt. Die erste Division erhält den Befehl, nach der Überwindung des ersten Bunkergürtels südlich der Stadt umzuschwenken, während die dritte Panzerdivision durch den »Stolberg-Korridor« vorrücken soll[19]).

Die »Große Rote Eins«, wie die Division nach ihrem Schulterabzeichen genannt wird, greift im Vertrauen

---

[19]) Den Begriff »Stolberg Corridor« prägen die Amerikaner. Gemeint ist damit die Linie Schmidthof-Mausbach, der »Korridor« zwischen Brand und Eilendorf einerseits und Zweifall-Vicht andererseits.

auf ihre langjährige Erfahrung an. Doch selbst die erfahrensten Kämpfer der Kompanien erzittern, als sie von den Höhenrücken aus den Westwall vor sich liegen sehen. Er hat fünf Reihen glänzender Betonblöcke unterschiedlicher Form und Größe! Sie sind so berechnet, daß ein Panzer zur Zielscheibe wird oder seine ungepanzerte Unterseite bloßlegt, wenn er das Hindernis überquert. Die weißen »Drachenzähne« aus Beton laufen quer durch das Tal, bis sie auf der einen Seite in einem entfernten Wald und auf der anderen am Horizont verschwinden.

Vor den »Drachenzähnen« verläuft ein etwa vier Meter tiefer und breiter Graben, davor wieder ein Stacheldrahtverhau, mit Minenfeldern durchsetzt. Und der erste flache Knall eines 8,8-cm-Geschützes meldet der vorrückenden US-Infanterie, daß sich irgendwo in den Hügeln hinter diesen ersten Verteidigungsanlagen Bunker mit schwerer Artillerie befinden . . .

Es sind die Panzer, die als erste die Stärke der Verteidigungsanlagen um Aachen erproben. Unter General Maurice Rose[20]) rückt eine Kommadoeinheit der Division direkt an den Westwall vor. Zur Vorhut gehört die Kampfgruppe unter Oberstleutnant Leander Doan, bestehend aus einem Infanterie- und einem Panzerbataillon sowie aus einem Pionierzug. Unter heftigem Beschuß rücken sie vor.

Durch prasselndes Maschinengewehrfeuer kommen die zwei Gruppen zwischen der ersten Panzersperre zum ersten Höhenrücken. Dort können sie die »Drachenzähne« sehen. Hier kommt es zu einem heftigen Feuerwechsel, bei dem es den Amerikanern jedoch nicht gelingt, die deutsche Artillerie außer Gefecht zu setzen.

Trotzdem können sie kämpfend weiter vordringen.

---

20) Rose kommt in den letzten Kriegswochen in einem deutschen Hinterhalt um, während er seine Division im Ruhrkessel führt.

Die Pioniere schwitzen unter der Last ihrer schweren Sprengladungen. Meter um Meter rücken sie näher an den Betonwall. Plötzlich werden die vordersten Linien der Infanterie von einem Bunker unter heftigen Beschuß genommen, von dem die Amerikaner geglaubt hatten, er sei schon außer Gefecht gesetzt.

Unter Hauptmann Bill Plummer greift ein Zug ihn von beiden Seiten an. Trotz der Verluste, die sie erleiden, kommen die Soldaten bis in Schußweite heran. Bevor Hauptmann Plummer den Pionieren befiehlt, ihre Sprengladung zur Explosion zu bringen, duckt er sich in den »toten Winkel« des Bunkers und ruft: »Kommt raus und ergebt euch!«

Einen Augenblick lang kommt keine Antwort.

»Raus!« wiederholt er.

»Zum Teufel mit euch!«, ruft eine Stimme aus dem Bunker.

Plummer nickt dem Obergefreiten zu.

Im nächsten Augenblick verschwinden der Bunker und seine Verteidiger in einer Rauchwolke.

*

Es wird Mittag, und noch immer gelingt den Panzern von Oberstleutnant Leander Doan nicht der Durchbruch. Dann bietet sich den Amerikanern eine günstige Gelegenheit. Irgendjemand findet einen Feldweg, den die Bauern offenbar aufgeschüttet haben, um mit ihren Karren durch die Sperre der »Drachenzähne« fahren zu können. Oberstleutnant Doan nimmt die Gelegenheit sofort wahr. Es ist ihm klar, daß der Feldweg vermint sein kann. Deshalb läßt er einen Panzer vom Typ Scorpion prüfen, ob der Weg frei ist.

Feldwebel Dahl, der den Panzer führt, läßt den engen Feldweg im ersten Gang abfahren. Die rundwirbelnden Ketten seines Panzers wühlen den Boden vor ihm auf, um in der Erde vergrabene Tellerminen zur Explosion zu bringen — aber der Feldweg ist nicht vermint. Als Dahl sich gerade zu der gelungenen Aktion beglückwünschen will, bleibt sein Panzer plötzlich stehen.

Einen Augenblick lang denkt er, das Fahrzeug sei getroffen worden. Vorsichtig öffnet er die Luke und späht umher. Der Grund für das Halten des Fahrzeuges ist nicht schwer zu erraten. Eine der schlagenden Ketten ist an einer Spitze in der ersten Reihe der »Drachenzähne« hängengeblieben. Schnell gibt er seinem Fahrer Befehl. Der Obergefreite schaltet in den Rückwärtsgang. Doch selbst mit allen zur Verfügung stehenden Kräften gelingt es ihnen nicht, den Panzer loszumanövrieren.

In diesem Augenblick entdeckt die deutsche Artillerie den festgefahrenen Panzer. Ein 8,8-cm-Geschütz eröffnet das Feuer. Dahl zögert keinen Augenblick. Rasch schaltet er sein Bordmikrofon ein und schreit: »Raus, alle sofort aussteigen!« Zusammen laufen er und seine Besatzung nach rückwärts, während rundum deutsche Granaten explodieren.

Trotz der Panne ist Oberstleutnant Leander Doan fest entschlossen, den Feldweg zu benutzen. Zusammen mit Leutnant John Hoffmann und Feldwebel Dahl trotzt er dem feindlichen Beschuß und kehrt zum liegengebliebenen Panzer zurück. Dort befestigen sie Stahlseile am Fahrzeug und an zwei Sherman-Panzern, um den Scorpion loszuziehen und den Durchgang frei zu machen. Dahl selbst übernimmt die Steuerung des Scorpions. Nach einigem Manövrieren gelingt es ihnen, den Feldweg frei zu machen.

Obwohl es jetzt dunkel wird, zögert Doan keine Sekunde[21]). Er läßt etwa zwanzig Shermans am Scorpion

---

[21]) Die Amerikaner sind es gewohnt, die Kämpfe abends einzustellen und erst morgens wieder — stets pünktlich um die gleiche Zeit — zu beginnen.

vorbeifahren. Doch darauf haben die Deutschen nur gewartet! Die gegnerischen Soldaten tauchen auf beiden Seiten des Feldweges aus den Schützengräben auf.

Ein scharfer Knall, dann rotglühender Funkenregen: eine deutsche Panzerfaust. Innerhalb weniger Minuten sind vier von Doans Panzern getroffen und bleiben liegen. Dicker blauer Rauch dringt aus ihren Motoren. Die Besatzungen bringen sich in Sicherheit. Sie wissen aus Erfahrung, wie schnell so ein Sherman in Flammen steht!

Doch damit nicht genug. Aus zahlreichen Geschützen, die erst vor wenigen Stunden auf einem Rangiergleis bei Aachen ausgeladen worden sind, wird das Feuer auf die vorrückenden US-Panzer eröffnet.

Die riesigen und schwerfälligen deutschen »Ferdinands« machen kurzen Prozeß mit den nur leicht gepanzerten und unbewaffneten Shermans. Innerhalb von fünfzehn Minuten verliert Oberstleutnant Doan weitere sechs Panzer. Schließlich bleiben nur noch zehn übrig. Doan befiehlt, den Angriff einzustellen. An diesem Tag wird Aachen noch nicht von den Amerikanern eingenommen ...

*

General Gerhard Graf von Schwerin weiß, daß sein Leben an einem seidenen Faden hängt, als er vom unterbrochenen Vormarsch der Amerikaner hört. Seit dem Attentat des 20. Juli 1944 haßt Hitler die Berufsgenerale in der Wehrmacht aus tiefstem Herzen. Mit dem Einstellen der Evakuierung aus Aachen aber hat von Schwerin einen Befehl des Führers höchstpersönlich mißachtet. Er weiß, daß Ungehorsam gegenüber Hitler oder der Ruf, ihm nicht zu gehorchen, einem Todesurteil gleichkommt.

Am 15. September kehren die Parteispitzen der NSDAP wieder nach Aachen zurück. Frühmorgens wird Rechtsanwalt Kremer, Hauptverantwortlicher in der Not-Stadtverwaltung Aachens, aus dem Bett heraus verhaftet. Kurze Zeit später werden auch die restlichen Mitglieder der provisorischen Stadtverwaltung festgenommen und zur Vernehmung durch die Gestapo nach Würselen gebracht.

Am Tag danach erfährt General von Schwerin, daß sein Brief in die Hände der Gestapo gefallen ist. Am Vormittag erhält er die Mitteilung, daß er von seinem Posten als Befehlshaber der Kampfhandlungen in Aachen abgelöst ist — und er weiß, was das bedeutet.

Er sammelt den Aufklärertrupp seiner Division um sich. Viele seiner Soldaten stammen aus dem Rheinland und sehen mit Entsetzen, daß Aachen und andere Regionen ihrer Heimat in ein Schlachtfeld verwandelt worden sind. Mit ihnen flieht er in die Umgebung Aachens und verschanzt sich. Schwerin beschließt, so die Einnahme von Aachen und das baldige Ende des Krieges abzuwarten[22]).

Unterdessen ist ein Sonderkommando der SA aus Berlin unter Major Zimmermann in Aachen eingetroffen. Dieser Gruppe von Parteigenossen bleibt keine Zeit für Nachgiebigkeit und Schwäche. Am Nachmittag nach seiner Ankunft ordnet Zimmermann an, die Evakuierung der Zivilisten fortzusetzen. Amtlich befiehlt er, »daß nur diejenigen in Aachen zurückbleiben dürfen, die für die bevorstehende Schlacht unentbehrlich sind. Alle anderen sind überflüssig und müssen bis auf den letzten Mann evakuiert werden«.

---

[22]) Nur der Einfluß solcher Offiziere wie Feldmarschall Model und Generalfeldmarschall von Rundstedt rettet General von Schwerin den Kopf. Er verliert jedoch das Kommando über seine geliebte Division, die zum Teil aus Männern der Besitzungen derer von Schwerin besteht.

Gleichzeitig wird ein neuer Befehlshaber der Kampfhandlungen in Aachen eingesetzt. Oberst Gerhard Wilck ist entschlossen, den Befehl des Führers auszuführen: Kampf bis zum letzten Mann und bis zur letzten Patrone! Er macht das Hotel Quellenhof zu seinem Hauptquartier. Zusammen mit den Parteiverantwortlichen, die in der Stadt geblieben sind, bereitet er sich auf die kommende Schlacht vor.

Während die Offiziere soviel Soldaten um sich sammeln, wie sie nur finden können, durchstreifen Zimmermanns Leute die Häuser und Straßen der Stadt; sie holen die Zivilisten aus ihren Kellern und zwingen sie, sich dem langen, traurigen Flüchtlingsstrom anzuschließen. Und obwohl die Bevölkerung im katholischen Aachen nur Verachtung für die »Goldfasanen«[23]) übrig hat, muß sie ihnen dennoch gehorchen.

*

Ilse Hirsch ist eine von denen, die in dieser zweiten Septemberwoche in Aachen geblieben sind. Sie zögert nicht etwa deshalb, weil sie bis zur Einnahme der Stadt durch die Amis warten will, sondern weil sie darauf brennt, an Ort und Stelle mitzuhelfen. Sechs Monate hat sie in der Stadt gelebt und jungen Mädchen ihre »Pflicht gegenüber Führer und Vaterland« beigebracht. Mit ihrer Aufgabe als Ausbilder und Organisator beim BDM (Bund Deutscher Mädel) ist sie jedoch nicht zufrieden. Sie will mehr für ihr bedrängtes Vaterland tun, als nur Jugendliche in Parteigeschichte zu unterrichten.

Doch bei der Verteidigung der Stadt ist sie überflüssig und ihre Parteifreunde legen ihr nahe, sich dem Flüchtlingsstrom anzuschließen. Gehorsam wie immer läßt sie

---

[23]) Der Name entsteht wegen des vielen »Lamettas«, das die Parteigrößen sich an ihre Uniformen heften.

sich überzeugen und fährt im Beiwagen eines Motorrads mit nach Monschau, wo sie schon früher gelebt hat.

Einige Kilometer vor dem Städtchen bleibt die Maschine stehen. Der Fahrer kniet fluchend im Morast am Straßenrand, um sie wieder in Gang zu bringen. Der Flüchtlingsstrom aus Aachen zieht ununterbrochen an ihnen vorbei. Aber es ist zu spät.

Irgendwo an der Spitze schreit jemand: »Sie kommen! ... Sie kommen!« Ilse Hirsch späht ungeduldig zur Spitze des Zuges. Sie fragt: »Wer kommt?« Ein alter Mann dreht sich grinsend zu ihr hin. Etwas Gehässiges liegt in seinem Blick. »Die Amis natürlich, wer sonst?«

Ilse Hirsch und der Flüchtlingsstrom sind auf die Spitzen von General Craigs 9. Infanteriedivison gestoßen, die nach Collins Plan zur Einkreisung Aachens in die Eifel marschiert. Die Amerikaner stehen kurz vor Monschau!

Ilse Hirsch bleibt einen Augenblick lang wie angewurzelt stehen. Dann handelt sie. Sie schnappt sich ihren Rucksack vom Gepäckständer des Beiwagens, wirft ihn sich rasch über den Rücken und rennt in den Wald, ohne an vergrabene Minen zu denken. Die Amerikaner werden sie nicht zu fassen bekommen. Davon ist sie überzeugt.

*

Wilck und Collins warten jetzt ab, wer als nächster handeln wird. Schließlich sind es die Deutschen. Während Collins seinen Angriff für den 17. September vorbereitet, nimmt die deutsche Artillerie Punkt sechs Uhr früh den Standort des 16. Infanterieregiments der »Großen Roten Eins« unter Beschuß.

Ein deutsches Infanteriebataillon der erfahrenen 12. Division versucht, in disziplinierten Angriffsreihen den

Kontakt zwischen der Ersten Division und Maurice Roses Dritter Panzerdivision zu unterbrechen.

Doch die Amerikaner halten stand. Innerhalb einer Stunde ist der deutsche Angriff zurückgeschlagen. Der Hang ist mit gefallenen Soldaten bedeckt. Ein verwundeter Deutscher wird von amerikanischen Sanitätern herangeschleppt. Glücklich zieht er an einer Zigarette — dann sagt er zu denen, die ihn gefangen genommen haben: »Wir sind drei Jahre an der russischen Front gewesen. Wir sind auch schon geschlagen worden. Aber hier sind wir zum ersten Mal von leichtem Artilleriefeuer aufgehalten worden.« Eine Stunde später nimmt ein anderes deutsches Bataillon den Angriff wieder auf.

Doch wie schon ihre Kameraden haben auch diese Soldaten übersehen, daß ihre Silhouetten sich im fahlen Licht des Herbsthimmels abzeichnen. So bilden sie ideale Zielscheiben für die amerikanische Artillerie und die Mörser. Deshalb geraten sie in schweres Feuer, sobald sie ihre Deckung verlassen.

Auch gegen die Dritte Division im Südwesten von Stolberg haben die Deutschen kein Glück. Gegen die 12. deutsche Infanteriedivision unter dem ehrgeizigen jungen Oberst Engel, der mit 36 Jahren das Ritterkreuz in Rußland bekommen hatte und dann Hitlers Heeresadjutant geworden ist[24]), gewinnt die Kampfgruppe B der dritten US-Division, die als erste im Abschnitt Aachen kämpft.

Die Deutschen greifen die Amerikaner an, als diese gerade ihren eigenen Angriff beginnen wollen. Es gibt Verwirrung und Opfer, aber keine der beiden Parteien kann einen Vorteil erringen.

Bis zum Abend müssen die Deutschen schwere Verluste hinnehmen. Schließlich bittet Oberst Engel den

---

[24]) Hitler hat je einen Adjutanten von jeder Teilstreitkraft, der als Verbindungsoffizier zu Heer, Luftwaffe und Marine fungiert.

Korpskommandanten, General Schack, den Angriff seiner Division abbrechen zu dürfen. Schack vertritt im Kreis seiner Vertrauten die Ansicht, daß Engel seine Division an diesem ersten Tag schlecht geführt hat: er hat seine Leute offenbar überhastet und in schlecht koordinierten Angriffen stoßweise losgeschickt. Im Verlauf eines einzigen Kampftages ist eines seiner Bataillone auf ein Fünftel der ursprünglichen Stärke zusammengeschrumpft.

Schack ist bekannt für seine Offenheit, aber diesmal hält er mit seiner Meinung zurück. Denn Gerüchten zufolge ist die 12. Division Oberst Engel von Hitler persönlich zur Verteidigung Aachens anvertraut worden. Deshalb entspricht Schack der Bitte von Oberst Engel: der deutsche Angriff auf die 1. US-Infanteriedivision und die 3. Panzerdivision wird eingestellt.

Sind die Kämpfe des 17. September auch katastrophal in ihren Ergebnissen für die Deutschen, so bringen sie dem »blitzschnellen Joe« Collins doch nur wenig Ermutigung. Obwohl seine Männer verbissen ihre Stellung gehalten haben, weiß er nur zu gut, daß ihm für seinen Angriff auf Aachen keine Reserven zur Unterstützung zur Verfügung stehen. Die 1. und die 3. Division müssen die Stadt ganz auf sich gestellt einkreisen.

Inzwischen scheinen die Deutschen Reserven gefunden zu haben. Collins hat nicht damit gerechnet, in eine so kritische Lage zu kommen. Wehmütig stellt er fest, daß die leichte Verfolgung der Deutschen durch Frankreich und Belgien ihn verwöhnt hat. In den letzten Wochen hatte er sich daran gewöhnt, deutsche Stellungen ohne großen Widerstand einnehmen zu können.

Hier in Aachen ist die Lage anders. Er kann den Weg durch die erste deutsche Stadt für den weiteren Vormarsch der alliierten Streitkräfte nicht einfach so freistürmen. Die reine »Verfolgung« ist vorüber. Jetzt kommt schwere Arbeit auf ihn zu . . .

In der letzten Septemberwoche setzt die 1. US-Infanteriedivision ihren Marsch auf Aachen fort; Kampfgruppen der 9. Deutschen Panzerdivision stellen sich ihr entgegen. Die deutschen Verteidigungsmaßnahmen sind gut koordiniert. Es wird hartnäckig verteidigt. Dicker, durch dauernde Regenfälle verursachter Morast behindert die Amerikaner. Die Kämpfe sind grausam. Jedes Haus, manchmal sogar jeder einzelne Raum eines Hauses, werden bis zum Letzten verteidigt.

Die amerikanischen Patrouillen müssen schwere Verluste hinnehmen, wo immer sie die deutschen Linien durchbrechen. Jedesmal, wenn die Amerikaner einen bedeutenden Sieg zu erringen glauben, machen die Deutschen einen Gegenangriff und drängen sie auf ihre Ausgangsposition zurück.

Die amerikanischen Verluste um Aachen und im Hürtgenwald erreichen einen beunruhigenden Stand. Der Kommandant der Ersten Armee, General Huebner, erkennt die schlechten Kampfbedingungen und beschließt, die Stimmung seiner entmutigten Männer zu heben. Deshalb wählt er fünfzig Offiziere und Soldaten aus und läßt sie in sein Hauptquartier kommen.

Die erschöpften Männer warten in strömendem Regen auf die drei Generale Hodges, Collins und Huebner und deren Stabsoffiziere. Dann marschieren die Generale feierlich an den in zwei Reihen aufgestellten Soldaten vorbei und verleihen jedem eine Tapferkeitsauszeichnung. Sechzehn »silberne Sterne« werden bei dieser Zeremonie überreicht. Inzwischen tobt der Kampf um Aachen weiter.

Doch auch die hochdekorierten Befehlshaber verlieren langsam den Mut. Zwar schickt die Erste Armee General Bradley (dem Oberkommandierenden der 12. Armeegruppe) eine Hitlerbüste mit der übertriebenen Inschrift »Gefunden im Nazihauptquartier von Eupen, Deutschland. Mit Hilfe von sieben Feuereinheiten und einer zusätzlichen Division will die Erste amerikanische Armee das Original innerhalb von 30 Tagen liefern«.

Aber trotzdem wissen sowohl Eisenhower als auch Bradley, daß Hodges im Hinblick auf die Einnahme Aachens längst nicht mehr so zuversichtlich ist wie noch Anfang September. Denn wegen der hohen Verluste sind viele Veteranen der Ersten Armee durch weniger erfahrene Männer ersetzt worden.

Auch die Deutschen haben schwer zu leiden. Seit die Amerikaner näher an die Stadt herangerückt sind, nimmt der Artilleriebeschuß kein Ende. Soldaten und Zivilisten müssen im Untergrund leben. Sie können nur aus ihren »Löchern« heraus, wenn es dunkel wird. Unter diesen entsetzlichen Bedingungen wird die Widerstandskraft der Zivilisten in Aachen stets schwächer.

*

Am zweiten Oktober tritt der blitzschnelle Joe zum letzten Sturm auf Aachen an. Während der ersten Oktoberwoche kämpfen die Amerikaner sich näher und näher an die Stadt heran, die sie jetzt durch die Rauchwolken vor sich im Talkessel sehen können.

Am 10. Oktober versucht Collins, dem ungleich gewordenen Kampf ein Ende zu machen: er schickt Oberstleutnant William Boehme mit einer weißen Fahne zu Oberst Wilck, um ihn zur Übergabe aufzufordern; er setzt ihm eine Frist von vierundzwanzig Stunden. Collins befiehlt, die zerstörte Stadt erst wieder nach Ablauf des Ultimatums unter Feuer zu nehmen.

Wilck lehnt ohne Zögern ab und Boehme kehrt zurück, um seinen Mißerfolg General Huebner direkt zu melden. Dieser gibt die Nachricht an Collins weiter. Doch der Befehlshaber des VII. Korps beschließt, Wilck noch einmal die Chance zum Umdenken zu geben. Langsam vergehen die Stunden. In Berlin verkündet Hitler, daß Aachen bis zuletzt verteidigt werde, »selbst wenn es zu einem Trümmerhaufen wird«. Das sind prophetische Worte ...

Punkt zehn Uhr treten die Amerikaner zu einem heftigen Angriff an. Sie haben die Frist abgewartet. Jetzt soll Oberst Wilck die Ablehnung bereuen. Während die Artillerie des VII. Korps alle ihre Geschütze auf die Stadt richtet, fliegen 300 Flugzeuge einen fürchterlichen Luftangriff. Etwa tausend Bomben gehen auf Aachen nieder. Dann folgen 48 Stunden lang rund fünftausend schwere Geschosse.

Aachen verschwindet in einer Rauchwolke, die selbst die starken Feldstecher der wartenden amerikanischen Beobachter auf den Hügeln rund um die Stadt nicht durchdringen können. Dann müssen die Amerikaner sich auf die aufgefangenen Funksprüche von Wilcks Funker verlassen, der im Kommandobunker des Obersten seine Nachrichten an das Oberkommando außerhalb der eingekesselten Stadt schickt:

»9.30 Uhr, 13. Oktober. Feindlicher Angriff mit zehn Panzern und hundert Mann Infanterie Jülicher Straße Elisabethkirche. Richtung: Quellenhof ...«

»10 Uhr. Kommandoposten Wilck unter direktem Panzerbeschuß ...«

»10 Uhr 48. Der Stab kämpft gegen feindliche Panzer ...«

»10 Uhr 53. Sechs feindliche Panzer in geschlossenem Gefecht zerstört ...«

Dann kommt eine lange Pause bis 12.35 Uhr.

»Feindliche Stellung direkt gegenüber dem Kommandoposten. Wir gehen in den Bunker Rütscherstraße.«

Die mörderischen Kämpfe von Haus zu Haus im Zentrum der zerstörten Stadt laufen jeden Tag nach dem gleichen Schema ab. Zuerst fliegen die Thunderbolts im Tiefflug einen Bombenangriff. Während die deutschen Verteidiger noch außer Gefecht gesetzt sind, rückt die

Infanterie an. Sie stößt durch die Ruinen vor. Zu ihrer Unterstützung begleitet sie immer ein Sturmgeschütz, das langsam die zerschossenen Straßen hinunterrollt; sein langes 90-mm-Rohr schwenkt aufmerksam von einer Seite zur anderen und wartet darauf, daß der Gegner sich zeigt.

Und das tut er! Die Männer der SS, die den eigentlichen Widerstand in der Stadt leisten, schaffen es immer wieder, dem Bombenangriff zu entkommen und zum Gegenangriff überzugehen. Das unverkennbare Knattern eines Maschinengewehres MG 42 zeigt den vorrrückenden Amerikanern, daß der Wille zum Widerstand noch sehr groß ist. Sekunden später tobt erneut der Kampf.

*

Am 14. Oktober schafft Collins es endlich, Aachen völlig einzuschließen. Um dieses Ereignis zu feiern, werden die Oberkommandierenden der Ersten Armee König Georg dem VI. von England vorgestellt, der die Front von Verviers aus inspiziert. Die Feier wird im Speisesaal von Schloß Ensival gehalten, in dessen Nähe Hodges Zelthauptquartier steht.

Wie gewöhnlich gelingt es Hodges trotz des Sieges seiner Männer nicht, seine Reserviertheit abzulegen. Patton beherrscht wieder einmal die Szene! Während er seinen schwarzen Kaffee schlürft, unterhält er den König mit Geschichten über die arabischen Schmugglerwege in Nordafrika und sagt laut: »Deshalb mußte ich in Tunesien eigenhändig ein Dutzend Araber töten!«

Eisenhower, der gegenüber seinem berühmten Kommandanten der Dritten Armee immer viel Toleranz zeigt, schaut ihn an und fragt augenzwinkernd: »Wieviel sagtest Du, George?«

Patton zieht an seiner dicken Zigarre, die er in der anderen Hand hält: »Tja, es wird wohl ein halbes Dutzend gewesen sein.«

»Wieviele?« wiederholt Eisenhower.

Patton zuckt mit den Schultern, lacht und meint, zum König gewandt: »Sir, auf jeden Fall habe ich zwei von ihnen direkt in — eh — auf der Straße nach Gafsa niedergestreckt.«

*

Aber während die Generale feiern, geht der Kampf in den Straßen von Aachen weiter. Die letzte Phase des Kampfes hat begonnen. Die deutschen Verteidiger werden rasch schwächer. Auch die Zivilbevölkerung ist müde.

Am 18. Oktober sind die Amerikaner im eigentlichen Zentrum der Stadt. Mit Flammenwerfern haben sie sich den Weg bis zum Dom freigekämpft. Im Keller des Geka-Kaufhauses in der Adalbertstraße entdecken sie den Bischof von Aachen, Dr. Johannes Joseph van der Velden. Er hatte sich geweigert, die Stadt zu verlassen und sich vor Zimmermanns SA-Leuten versteckt. Auf dem schnellsten Wege wird er zum Kommandeur der Großen Roten Eins gebracht, von dort aus zu den Vernehmungsoffizieren.

Wahrscheinlich macht der Bischof an diesem oder an einem der darauffolgenden Tage seinen Vorschlag, der zur verhängnisvollen Planung des »Unternehmens Karneval« führt . . .

Einen Tag später kommt Huebner selbst in die Stadt. Er richtet seinen Kommandoposten in einem Bunker ein, aus dem er den letzten Angriff auf den Bunker von Oberst Wilck und seine rund 800 überlebenden Soldaten kontrollieren kann. Sie sind nur noch mit leichten Waffen ausgerüstet.

Als die amerikanischen Sturmgeschütze auf den häßlichen Betonbunker in der Rütscherstraße zurollen, der drei Stockwerke über die Erde ragt und noch zwei weitere unter der Erde hat, schickt Oberst Wilck seinen letzten Funkspruch an das Hauptquartier der 15. deutschen Armee.

Er lautet: »Nach verbissenstem Ringen Haus um Haus, Mann um Mann hat die Kampfgruppe Aachen letzte Munition verschossen, Wasser und Verpflegung aufgebraucht. Reste der Verteidiger der deutschen Kaiserstadt im Nahkampf unweit Gefechtsstand. Funkgeräte zur Sprengung vorbereitet. Vorher gilt letzter Gruß in unerschütterlichem Glauben an unser Recht und unseren Sieg unserer geliebten deutschen Heimat. Es lebe der Führer! Wilck.«

Oberst Wilck braucht jedoch nicht bis zum letzten Mann zu kämpfen. Am nächsten Tag richten die Amerikaner ein 155-mm-Geschütz auf den Bunker und nehmen ihn direkt unter Beschuß. Der große Betonbau erzittert bei jedem Treffer. In den unteren Stockwerken erlischt dauernd das Licht. Die Verletzten, die in den unteren Fluren liegen, schreien jedesmal vor Angst, wenn der Putz von den Decken auf sie fällt. Das ist zuviel für Wilck.

Er befiehlt zwei der dreißig im Bunker gefangen gehaltenen amerikanischen Soldaten zu sich und fragt sie, ob sie unter Lebensgefahr hinausgehen würden, um die Bereitschaft zur Kapitulation zu übermitteln.

Die Soldaten sind einverstanden. Während ihrer Abwesenheit zieht Wilck seine letzte saubere Uniform an. Draußen schießt weiter das schwere Geschütz.

Kurze Zeit später kehren die GI's mit einem Offizier zurück. Wilck diskutiert mit ihnen die Bedingungen der Übergabe. Danach spricht der deutsche Oberst zum letzten Mal zu seinen Leuten. Steif und kerzengerade steht er vor den schäbig aussehenden, unrasierten Überlebenden.

»Männer, es schmerzt mich, heute zu euch zu sprechen. Ich bin zur Übergabe gezwungen, weil unsere Vorräte an Wasser, Nahrung und Munition erschöpft sind. Daraus schließe ich, daß jeder weitere Widerstand sinnlos ist. Ich habe meinem Befehl zuwidergehandelt, der lautete, bis zum letzten Mann zu kämpfen . . .«

Er macht eine Pause und schaut seine Leute an. »Ich wünsche euch für eure Gesundheit das Beste und hoffe, daß ihr nach der Beendigung der Kampfhandlungen schnell in eure Heimat zurückkehren könnt, um am Wiederaufbau Deutschlands teilzunehmen.«

Das geschieht am Mittag des 21. Oktober 1944. Die Schlacht um Aachen ist zu Ende. In der Stadt sind noch 1600 Soldaten und rund 3500 Zivilisten.

*

Ein tschechischer Radiokorrespondent, der an diesem Tag in Aachen ist, zeichnet ein Bild der Stadt im Augenblick der Übergabe. In seinem Bericht sagt er: »Nach einer viertägigen Straßenschlacht in Aachen bin ich gerade nach Brüssel zurückgekehrt. Nach der Ablehnung einer ehrenvollen Übergabe wurde die deutsche Kaiserstadt dem Erdboden gleichgemacht. Ihre Bevölkerung ist in zweifacher Hinsicht getroffen: einerseits durch unseren heftigen Angriff und andererseits infolge der Grausamkeit ihrer Naziherren.

Wir kamen an einen riesigen Betonbunker. Es sind häßliche finstere Bauten mit zahlreichen Stockwerken über und unter der Erde. Hunderte von Zivilisten sind hier in Dunkelheit und Gestank versteckt worden. Armeeoffiziere und Polizei verbarrikadierten den Ausgang. Keiner durfte den Bunker verlassen. Gleichzeitig plünderten Gestapo und Soldatengruppen die Stadt, indem sie sich den Besitz ihrer eigenen Landsleute aneigneten, auch wenn keinerlei Hoffnung für sie bestand, die Beute wegzuschaffen. Die Armee weigerte sich, den Bunker zu öffnen. Mehrere Stunden lang belagerten amerikanische Soldaten ihn. Dann bot ein deutscher Offizier ihnen die Übergabe an unter der Bedingung, daß er mit all' seinen Sachen und seinem Offiziersburschen abziehen dürfe.

Der junge Kompanieführer, Leutnant Walker, lehnte so ein Angebot natürlich sofort ab und drohte damit, Flammenwerfer zu benutzen. Das half. Die Türen wurden geöffnet und die düstersten und schmutzigsten Bewohner der Unterwelt, die ich je in meinem Leben sah, kamen heraus. Die Leute stolperten ans Tageslicht, sie waren wie benommen; tief atmeten sie die frische Luft ein. Dann fingen sie an zu faseln, zu stoßen, zu schreien und zu fluchen.

Einige stürzten sich auf mich und hoben die Hände. »Wo seid ihr so lange geblieben?«, fragten sie. »Warum habt ihr uns nicht eher aus dieser Hölle befreit?« Es war ein verblüffender Anblick. Dies waren die Bewohner der ersten von alliierten Streitkräften besetzten Stadt. Und sie weinten in hysterischer Freude beim Anblick ihrer schwelenden Häuserruinen.

»Jeden Tag haben wir gebetet, daß ihr endlich kommen möget«, sagte eine Frau mit bleichem, spitzem Gesicht. »Ihr könnt euch gar nicht vorstellen, wie wir unter ihnen gelitten haben.«

Und darauf folgten dann die Beschimpfungen. Bluthund, Bandit, Gangster. Und dies alles war an den geliebten Führer gerichtet! Es gibt niemanden, der so gründlich hassen und fluchen kann wie die Deutschen. Die Leute waren voller Haß gegenüber den Nazis. Das war kein Trick. Da habe ich mich nicht in die Irre führen lassen. Das war der Zusammenbruch einer Nation, nachdem sie fünf Jahre lang auf die falsche Karte gesetzt hatte. Es war vielleicht auch die Wut eines Gangsters, der von einem Bandenchef im Stich gelassen wurde. Aber es war der Haß, den man sonst nur in Bürgerkriegen vorfindet.« —

Die alte Kaiserstadt ist in amerikanischer Hand. Seit einem Jahrhundert ist dies das erste Mal, daß eine deutsche Stadt von einem fremden Eindringling besetzt wird. Jetzt ist die Frage, was der fremde Besatzer mit der Stadt machen wird.

*

In dieser dritten verregneten Oktoberwoche 1944 bietet Aachen ein schmutziges und erschreckendes Bild. Riesige Ziegel- und Schutthaufen, einst stolze Bürgerhäuser, versperren die Straßen. Hier und dort schwelt noch ein Gebäude; der Rauch vermischt sich mit dem Geruch des Todes in den Ruinen. Es gibt weder Wasser noch Licht, weder Heizung noch sanitäre Einrichtungen. Wenn die GI's über offene Abwasserkanäle müssen, halten sie sich die Nase zu.

Trotzdem erfüllen die siegreichen Männer der Großen Roten Eins weiterhin ihre Pflicht und befördern die Zivilisten in Wagen oder zu Fuß aus den Bunkern und Kellern, in denen sie sich während der Belagerung versteckt haben. Sie werden zu den Kasernen am Stadtrand in Aachen-Brand gebracht, die in zivile Internierungslager verwandelt worden sind.

Hier untersucht der CIC[25]) die politische Vergangenheit der ersten größeren Gruppe deutscher Zivilisten, die seit dem Beginn des Zweiten Weltkrieges in Gefangenschaft gerät. Die Amerikaner wollen in Aachen eine Zivilverwaltung unter amerikanischer Kontrolle einrichten; dazu braucht man vertrauenswürdige Leute, die

---

25) Der amerikanische Spionage-Abwehrdienst.

durch den Nationalsozialismus nicht belastet sind. Die deutsche Verwaltung in Aachen soll zum Modellfall für das übrige Deutschland nach der Eroberung werden, auf Grundlage der Haager Landkriegsordnung. Gelingt das »Aachener Experiment«, dann soll dieses Modell im gesamten übrigen Deutschen Reich Anwendung finden.

Eifrig suchen die Beamten der Militärregierung (von denen viele in den USA und in Großbritannien Schnellkurse zur Verwaltung besetzter deutscher Städte absolviert haben, jedoch kein Wort Deutsch sprechen) unter den Aachenern nach geeigneten Kandidaten für die Verwaltung.

Der Großteil der höhergestellten Beamten Aachens hat jedoch während der Evakuierung der Stadt durch die Partei Anfang September Aachen verlassen.

Außerdem nehmen die Amerikaner an, daß diejenigen, die in der Stadt geblieben sind, zu 90 Prozent Parteimitglieder waren oder enge Kontakte zu Nazis unterhalten haben. Das sind nicht die richtigen Leute. Wer also soll die eroberte Stadt verwalten?

Endlich bittet die amerikanische Militärregierung den Bischof von Aachen um Hilfe. Der CIC hat schon vorher die Vergangenheit dieses Mannes in den besten Jahren genauestens erforscht. Bischof van der Velden hatte sich im September entschlossen, sich in der Stadt zu verstecken anstatt zu fliehen. Außerdem hat er den Nazis gewaltlosen Widerstand geleistet.

Dies ist für die Amerikaner entscheidend: Sie hoffen, daß man bei ihm die richtigen Hinweise über die politische Vergangenheit möglicher Kandidaten für die neue Verwaltung erhalten kann. Deshalb besuchen ihn zwei amerikanische Offiziere zwei Tage nach der Einnahme der Stadt im Lager in Brand. Es sind Oberstleutnant Carmichael, der neue Stadtkommandant, und sein Stellvertreter, Major Swoboda.

Zunächst unterhalten sich die beiden Offiziere zwanglos mit Bischof van der Velden. Dann stellen sie dem Priester über ihren Dolmetscher die überaus wichtige Frage: Kennt er einen vertrauenswürdigen Mann, der fähig ist, die Verwaltung der Stadt zu übernehmen? Ohne Zögern nennt der Bischof den Namen des Mannes, der für die nächsten sechs Monate das Schicksal der gerade eroberten Stadt bestimmen wird: »Oppenhoff — Franz Oppenhoff.«

*

Der amerikanische Jeep hält vor der Wohnung, die Franz Oppenhoff nach seiner Flucht aus Aachen im September gemietet hat. In seinem in der belgischen Grenzstadt Eupen gelegenen Domizil verbringt der frühere Rechtsanwalt seine Zeit mit Büchern — und endlich hat er auch einmal Zeit, sich seiner Familie zu widmen. An diesem Nachmittag genießt Oppenhoff vor seiner Wohnung die Sonne.

Als der Jeep vorfährt, entdeckt er zu seiner großen Verwunderung neben dem amerikanischen Offizier einen alten Freund, den Bischof, der aufrecht im Wagen sitzt und sich offenbar nicht ganz behaglich in seiner Rolle als Beifahrer in einem Militärfahrzeug fühlt. Ausnahmsweise ist der rotblonde[26]) und sommersprossige Oppenhoff sprachlos. Normalerweise spricht er, wie die meisten Rheinländer, schnell und ununterbrochen. Das unverhoffte Auftauchen des Bischofs in Begleitung eines amerikanischen Offiziers verblüfft ihn jedoch.

Der Bischof schüttelt Oppenhoff die Hand und stellt dann seine Begleiter vor, Major Swoboda und dessen

---

[26]) Die Amerikaner glauben deshalb, seine Familie sei irischer Abstammung, was ihnen den Umgang mit Oppenhoff leichter macht.

weiblichen Dolmetscher. Swoboda schüttelt Oppenhoff ebenfalls die Hand (erst etwas später wird Oppenhoff erfahren, daß nicht alle Amerikaner einem Deutschen die Hand geben wollen). Sie betreten die Wohnung. Major Swoboda kommt sofort auf den Grund seines Besuches zu sprechen.

»Herr Oppenhoff«, läßt er durch seine Dolmetscherin fragen, »wollen Sie beim Wiederaufbau der Stadt Aachen behilflich sein?«

Franz Oppenhoff schaut den Amerikaner an. Er versteht kaum, was der Mann eigentlich von ihm will. »Wiederaufbauen — womit?« Doch er zögert nur den Bruchteil einer Sekunde. Dann wirft er dem Bischof einen kurzen Blick zu und sagt: »Lehnte ich es ab, so würde unser ganzes Leben von nun an seinen Sinn verlieren.« Er hält kurz inne. In diesem Augenblick trifft er die Entscheidung, die ihn das Leben kosten wird.

»Ja, ich werde helfen.«

Schnell erklärt Major Swoboda ihm den neuesten Stand der Dinge: die katastrophale Lage in der eroberten Stadt und den völligen Zusammenbruch der Verwaltung. Es seien nur noch eine Handvoll hungernder Menschen und ein Haufen rauchenden Schutts übrig. Und im Augenblick verlange er von Oppenhoff nur, Leute zu finden, die keine Nazivergangenheit hatten. Sie sollen helfen, die Stadt zu neuem Leben zu erwecken. »Es müssen ganz neue Leute sein, in der gesamten Stadtpolitik. Ehemalige Beamte kommen überhaupt nicht in Frage!«

Im Schnellkurs über Nazideutschland in den Staaten hatte man ihm erzählt, daß jeder Beamte automatisch ein Nazi sei.

»Kein Beamter, haben Sie mich verstanden?«

Oppenhoff nickt zustimmend. Im Geiste geht er schnell alle Freunde und Bekannten durch, die er in den vierzig Jahren seines Lebens in Aachen kennen- und schätzengelernt hat. Er macht sich schnell ans Werk.

Ein paar Kleinigkeiten packt er in seinen abgenutzten Koffer. Dann läßt er Frau und Kinder in Eupen zurück und fährt mit den Amerikanern nach Aachen.

Er ist schockiert von dem, was er sieht. Nur einige hundert Mitbürger dürfen sich frei in den zerbombten Straßen bewegen. Amerikanische Bulldozer versuchen, die Stadt von vielen Tonnen Schutt zu säubern. Die übrige Bevölkerung, etwa sechstausend Menschen, ist in vier großen Internierungslagern untergebracht; mit ihren mageren Essensrationen hängen sie von den Amerikanern ab.

Doch Oppenhoff läßt sich nicht schnell entmutigen. Mit Major Swoboda fährt er von Lager zu Lager und sucht nach den erfahrenen Männern, die keiner Nazibewegung angehört haben und die die erforderlichen Verwaltungskenntnisse für den Wiederaufbau Aachens besitzen. An erster Stelle sucht er seinen alten Freund Hirtz, der wegen seiner jüdischen Großmutter verdächtigt worden war. Hirtz, ein Textilfabrikant, wird als Bürgermeister für Nahrung, Handel und Landwirtschaft vorgeschlagen.

Auch Hans Carl kommt als Bürgermeister für Arbeit und Wohlfahrt in die engere Wahl. Carl ist ein hart arbeitender und schnell sprechender Geschäftsmann. Obgleich er kein direkter Freund von Oppenhoff ist, so scheint er ihm doch der geeignete Mann zu sein. Vor dem Krieg hatte er ein Transportunternehmen für Fahrten zwischen Belgien, Frankreich und Deutschland. Er versteht es, mit Menschen umzugehen. Und er würde auch vor den neuen Herren nicht kriechen.

So erzählt Carl einem amerikanischen Vernehmungsbeamten: »Ich habe für Politik nicht viel übrig. Ich denke international, ich bin Weltbürger.« Und er fügt hinzu: »Keiner will arbeiten! Ich bin der verfluchteste Mann in der ganzen Stadt.« In bezug auf seine eigene Gesellschaftsschicht, die relativ wohlhabenden Geschäftsleute, die in der Stadt geblieben sind, meint er: »Viele von ihnen glauben, die Amerikaner müßten sie mit offenen Armen aufnehmen, bloß weil sie sich geweigert haben, von den Nazis evakuiert zu werden.«

Während Oppenhoff so von Lager zu Lager fährt, findet er die Männer, die er sucht. Einige kennt er seit Jahren, andere sieht er zum ersten Mal. So etwa den Mechanikermeister Walter Bachmann[27]), der bis zur Eroberung Aachens eine florierende Werkstatt besessen hat und jetzt im Flüchtlingslager Brand lebt.

So entsteht langsam Oppenhoffs Mannschaft, rund dreißig Personen. Doch ist für den Posten des Oberbürgermeisters noch keine Entscheidung gefallen. Oberstleutnant Carmichael, der Stadtkommandant, wird ungeduldig.

Er befiehlt, daß Oppenhoff und seine dreißig Auserwählten zum 31. Oktober 1944, Punkt 15 Uhr, den neuen Oberbürgermeister von Aachen ausgesucht haben müssen. Er selbst will den neuen Mann in seinem Hauptquartier vereidigen, und zwar im Rahmen einer Zeremonie, an der General McSherry und Robert Murphy vom State Departement, der Zivilberater des Obersten Befehlshabers, teilnehmen sollen.

An diesem Morgen fährt Swobodas Jeep von Lager zu Lager, um die einzelnen Männer abzuholen, damit diese den Oberbürgermeister wählen können. Heinrich Faust, ein Ingenieur, der im Krieg mit Oppenhoff zusammengearbeitet hat und einer der neuen Bürgermeister werden soll, wird von einem schwarzen Fahrer in Malmedy in Belgien geholt. Zusammen rasen sie auf der von Bombentrichtern durchzogenen Straße nach Eupen, um dort Dr. Hans Mies in einem Lager abzuholen und an-

27) Der spätere langjährige Präsident der Handwerkskammer Aachen.

schließend in Raeren einen anderen aufzuladen, Hans Schwippert mit Namen.

Der Fahrer rast mit den Männern die Straße nach Aachen hinunter. Faust hält zwei Äpfel umklammert: seine Tagesration. Mies stößt ihn an und schreit: »Wenn wir hier lebend herauskommen, dann grenzt das an ein Wunder!«

Er hat den Satz kaum zu Ende gesprochen, als der Jeep auch schon eine Kurve zu scharf nimmt, auf die gegenüberliegende Straßenseite gerät und seine Passagiere hinausschleudert. Einen Augenblick lang liegen sie im Dreck und starren verwirrt auf die sich noch drehenden Räder des umgestürzten Fahrzeuges. Dann steht der farbige Amerikaner stöhnend auf und betastet vorsichtig seinen Körper.

Dr. Mies rappelt sich ebenfalls hoch und befühlt sachte seine Haare. Am Hinterkopf bildet sich rasch eine dicke Beule. Faust schaut besorgt nach seinen zwei Äpfeln, die hingefallen sind. Glücklicherweise kommt eine Gruppe junger amerikanischer Soldaten, die in der Nähe in einer schweren Geschützstellung liegen. Sie helfen ihnen, den Jeep wieder aufzurichten.

Der Fahrer setzt die Fahrt fort, ohne den Deutschen Zeit zum Reinigen ihrer Kleidung zu lassen. Er kennt Oberst Carmichaels Charakter. Es ist nicht ratsam, bei einem Termin mit dem Stadtkommandanten von Aachen unpünktlich zu sein . . .

*

Bei ihrer Ankunft in der zerschossenen Stadt werden die drei Deutschen sofort in das ehemalige Offizierskasino der Lützowkaserne gebracht. Sie heißt jetzt bei den Amerikanern »Refugee Camp«. Die Aachener nennen sie kurz »Lager Brand«. Sieben andere Aachener, darunter Oppenhoff, warten hier bereits. Zehn Männer, die Aachens Schicksal mit in der Hand halten sollen ...[28])

Auf harten Holzstühlen sitzen sie dem »Empfangskomittee« Major Swoboda, General McSherry und Robert Murphy gegenüber. Auf beiden Seiten spricht man leise miteinander. Blauer Dunst von amerikanischen Zigaretten hängt in der Luft, doch wagt keiner der Deutschen zu rauchen. Einerseits dürfen sie eigentlich keine amerikanischen Zigaretten besitzen — andererseits wissen sie, daß die Amis ihre übelriechenden deutschen Zigarettenmarken nicht ausstehen können. Dann verlassen die Amerikaner den Raum. Die Deutschen sind unter sich, um aus ihrer Mitte den Oberbürgermeister zu wählen.

Nachdem Faust und die beiden anderen sich am großen Tisch niedergelassen haben, übernimmt Oppenhoff den Vorsitz und eröffnet die Versammlung. Schnell erklärt er seinen Mitbürgern den Zweck der Zusammenkunft und wartet dann auf die Frage, die auf jeden Fall kommen wird: »Wo ist Hermann Sträter?«

Oppenhoff selbst hat Hermann Sträter, einen entfernten Vetter und Sohn einer alteingesessenen Aachener Familie, als Oberbürgermeister vorgeschlagen. Doch zwei Tage vor dem festgesetzten Wahltermin hört man, daß der amerikanische CIC ihn verhaftet hat[29]). Ein Grund dafür wird nicht angegeben.

---

[28]) Es sind: Regierungsrat Dr. Helmut Pontesegger für das Ressort Recht und Verwaltung, Rechtsanwalt Dr. Gerd Heusch, Kaufmann Hans Carl (Arbeit und Fürsorge), Dr. Karl Breuer (Schule, Erziehung und Kultur), Tuchfabrikant Joseph Hirtz (Ernährung und Landwirtschaft), Technischer Direktor Heinrich Faust (Wirtschaftslenkung), der Dozent an der Technischen Hochschule Aachen, Dr. Hans Schwippert (Bauwesen), Dr. Ing. Hans Mies (Technik, Stadtwerke und Straßenbahn) sowie Notariatsassessor Hans Schefer (Polizei). Die Finanz- und Vermögensverwaltung wird von Franz Oppenhoff mit verwaltet. Wenig später übernimmt jedoch Dr. Kurt Pfeiffer diese Aufgabe.

[29]) Sträter ist vorgesehen, weil er als Beamter bei der Regierung in Aachen über Verwaltungserfahrung verfügt.

Als Oppenhoff von der Verhaftung erfährt, schlägt er Oberst Carmichael vor, die Wahl zu verschieben. Carmichael gibt lediglich zur Antwort, daß alles nach Plan ablaufen werde. Oppenhoff entgegnet, kein Argument könne ihn umstimmen. Zögernd erzählt er jetzt den anderen, was Sträter widerfahren ist. Die Reaktion ist wie erwartet.

Ärgerliches Murmeln macht sich breit; einer der Männer brummt: »Tja, dann sollten wir eben nicht mit ihnen zusammenarbeiten.« Jeder im Raum versteht genau, wer mit »ihnen« gemeint ist.

Oppenhof steht auf. So ruhig wie möglich sagt er: »Streiken sollten wir nicht. Wenn wir schon beim ersten Versuch der Zusammenarbeit mit den Amerikanern die Flinte ins Korn werfen, kann die Lage nur noch schlimmer werden. Wir bringen uns dann wahrscheinlich selbst um die Chance, eine eigene Stadtverwaltung aufzubauen.«

Oppenhoffs Worte verfehlen ihre Wirkung nicht. Faust nickt energisch mit dem Kopf. Seiner Meinung schließen sich die anderen schnell an. Die Spannung läßt nach. Man will einen neuen Oberbürgermeister aus ihrem Kreis bestimmen. Nach einigen Minuten fällt die Wahl durch Akklamation auf Oppenhoff selbst.

Der frischgebackene Oberbürgermeister weiß nur zu gut, daß die neue Tätigkeit ihm fast unüberwindliche Schwierigkeiten bringen wird. Er weiß auch um die Gefahren. Die deutsche Front liegt nur ein paar Kilometer östlich von Aachen. Er kann sich sein Schicksal ausmalen, wenn die Amerikaner sich zurückziehen müßten. Er würde an der nächsten Laterne aufgehängt werden. In seinen letzten Sendungen hat der deutsche Rundfunk nur zu deutlich anklingen lassen, was mit »Verrätern« geschehen wird. Und Goebbels selbst hat erklärt, an jedem Baum werde ein Aachener baumeln ...

Oppenhoff warnt die gerade gewählten Beamten vor den Gefahren, die eine Zusammenarbeit mit den Amerikanern mit sich bringt. Er bietet jedem Anwesenden noch eine Rücktrittsmöglichkeit, denn für die Leute im unbesetzten Deutschland seien sie Kollaborateure, die nichts als den Tod verdienten. Er verheimlicht auch nicht die Tatsache, daß man an Familienmitgliedern, die in anderen Teilen Deutschlands leben, Vergeltung üben wird, »Sippenhaft« genannt[30]).

Er weist darauf hin, daß seine eigene Mutter und die Geschwister vor den Bomben in Aachen auf den Heiligenberg am Bodensee ausgewichen sind, und er sagt über seine Angehörigen: »Ich bin ehrlich um ihr Wohlbefinden besorgt, doch sagt mein Gewissen mir, daß ich in diesem überaus schweren Augenblick unserer Geschichte meine ganzen Kräfte für meine Heimatstadt einsetzen muß.«

Wenig später werden die Deutschen durch die zerstörten Straßen zu Oberst Carmichaels Dienststelle, der US-Stadtkommandantur im Suermondmuseum in der Wilhelmstraße, gefahren.

Es ist 15 Uhr am Dienstag, dem 31. Oktober 1944, fast auf die Stunde genau zehn Tage nach der Kapitulation der Kaiserstadt.

Oppenhoff betritt das Gebäude als erster, doch beim Öffnen der Tür bleibt er wie angewurzelt stehen. Uniformierte Reporter stehen dichtgedrängt mit gezücktem Notizblock in der Eingangshalle. Hinter der lärmenden

---

30) Die Methoden der Gestapo sollen nach Himmlers Anweisung zur Einschüchterung der Bevölkerung in den besetzten deutschen Gebieten angewendet werden. Die SS-Zeitung »Das Schwarze Korps« veröffentlicht am 5. Oktober 1944 einen Text, in dem es heißt, in den besetzten deutschen Landesteilen gebe es keine »deutsche« Zivilverwaltung, Exekutive oder Gerichtsbarkeit. Kein Beamter dürfe feindlichen Befehlen folgen — sonst müsse er die Gewißheit haben, »daß er bald darauf kalt und starr hinter seinem Schreibtisch hockt«.

Menge alliierter Journalisten hat das Kamerateam der Armee seine Ausrüstung aufgebaut, um die Vereidigungszeremonie für die Wochenschau aufzunehmen!

Oppenhoff wird blaß. Er schließt sofort die Tür. Major Swoboda dreht sich um und spricht mit seiner Dolmetscherin. Sie fragt: »Was ist los, Herr Oppenhoff?« Stokkend sagt er: »Die Pressefotografen! Wissen Sie denn nicht, was das bedeutet?«

Das Mädchen beginnt, seine Worte zu übersetzen, doch Oppenhoff läßt es gar nicht zu Ende reden. »Wenn diese Bilder in die Hände der Nazis fallen, sind wir alle, unsere Familien und ich selbst, schon jetzt zum Tode verurteilt. Ich bitte daher den Stadtkommandanten, daß während der Vereidigung keine Aufnahmen gemacht und keine Namen aufgeschrieben werden. Außerdem bitte ich Herrn Carmichael darum, sicherzustellen, daß ich nicht gezwungen werde, irgendetwas zu tun, was für das deutsche Volk und seine Soldaten beleidigend ist«[31]).

Als die Dolmetscherin fertig ist, drängt sich Major Swoboda durch die neugierige Reportermenge zu Carmichaels Büro. Er weiß, daß Oppenhoffs Reaktion den

---

[31]) Weder die Amerikaner noch Oppenhoffs Mitarbeiter können an seiner patriotischen Gesinnung zweifeln. Anläßlich der Vereidigung erklärt er, daß gegen die deutsche Wehrmacht nichts unternommen werden dürfe; Oppenhoff spricht nie eine Erklärung für alliierte Rundfunksendungen und wird von den Amerikanern auch nicht dazu gedrängt. Völkerrechtlich gesehen (so wird es auch später im sogenannten »Oppenhoff-Prozeß« im Urteil ausgesprochen) ist die Tätigkeit Oppenhoffs und seiner Stadtverwaltung nach Artikel 43 der Haager Landkriegsordnung von 1907 (»Zivilverwaltung eines besetzten Gebietes«) einwandfrei. Oppenhoff und seine Mitarbeiter sind also keineswegs »Verräter an der deutschen Sache«, wie einzelne Stimmen auch nach dem Zweiten Weltkrieg behauptet haben. In Aachen und in der deutschen Öffentlichkeit wird seit dem Tode Oppenhoffs nicht von seiner »Hinrichtung«, sondern vom »Mord« an ihm gesprochen. Deshalb ist auch die eingebürgerte Bezeichnung »Oppenhoff-Prozeß« schief. Der Prozeß hätte »Werwolf-Prozeß« heißen müssen.

Erfolg des Ganzen aufs Spiel setzen kann. Aber Gott sei Dank: Carmichael gibt Oppenhoff in allen Punkten recht.

Die Journalisten protestieren zwar laut, als er das Fotografierverbot bekanntgibt und verbietet, Namen zu notieren. Aber der Oberst wartet ruhig ab, bis alle Kameras wieder eingepackt und weggelegt sind, damit kein heimlicher Schnappschuß gemacht werden kann. Dann erst läßt er die Deutschen in den Raum kommen.

Die Vereidigung dauert nicht lange. Carmichael gibt durch einen Dolmetscher zu verstehen, daß Oppenhoff seine rechte Hand heben und auf die vor ihm liegende amerikanische Bibel schwören soll.

Schnell wiederholt der neue Oberbürgermeister die Worte des Dolmetschers, daß er sein Amt nach bestem Wissen und Gewissen verwalten wird, zum Besten der Aachener Bürgerschaft und unter Beachtung der deutschen Gesetze und der Gesetze der US-Militärregierung. Franz Oppenhoff schwört auf deutsche Art, indem er nur drei Finger statt der ganzen Hand erhebt. Keiner der Amerikaner nimmt Anstoß daran. Die Arbeit der ersten Nachkriegs-Stadtverwaltung Aachens kann beginnen!

Oppenhoffs Mannschaft arbeitet im Regierungsgebäude am Theaterplatz. Im Gegensatz zum Aachener Rathaus ist es relativ heil geblieben. In seinem ersten Aufruf an die Einwohner der Stadt schildert Franz Oppenhoff die Situation des völligen Neubeginns.

Er schreibt: »Aachener! Unsere fast zweitausendjährige Stadt ist in ihrer Geschichte niemals von einem gleich schweren Schicksal getroffen worden wie heute. Kein früherer Krieg, kein Stadtbrand, keine Hungersnot, keine Seuche haben die Stadt in ähnlicher Weise heimgesucht. Was nach den schweren Fliegerangriffen noch blieb, das ging in den letzten Kämpfen verloren.

Wir finden nur noch Trümmer. Es fehlt an allem: an Wohnungen, an Nahrung, an Kleidung, an Werkzeugen, an Geld und an Hilfsquellen. Bitterste Not liegt hinter uns, lange, schwerste Zeiten des Aufbaus vor uns. Uns bleibt nichts als unser guter Wille, unsere Tatkraft und die tiefe, heiße Sehnsucht nach einem wahrhaften und gerechten Vaterland für alle ...

Es gibt nichts mehr zu verwalten. Alles und jedes ist neu zu erarbeiten. Die Aufgabe erscheint hoffnungslos und geht fast über unsere Kraft. Dennoch ist es unsere Gewissenspflicht, die Arbeit anzufangen.«

*

Wenig später geben die bei der Ersten amerikanischen Armee akkreditierten Korrespondenten ihre Berichte durch, die um die ganze Welt gehen werden: »Zehn Tage nach der Einnahme der ersten deutschen Stadt im Westen, Aachen, wurde aus den Reihen ihrer Bewohner eine eigene Verwaltung gebildet.«

Schon zwei Tage später werden alliierte Zeitungen mit dieser Nachricht von der deutschen Gesandtschaft in Spanien nach Berlin eingeflogen. Dort wird der Vorfall ordnungsgemäß von Männern in schwarzen Uniformen notiert und telefonisch weitergeleitet.

Himmler und Hitler werden unterrichtet. Der Tenor der Berichte: In der alten Kaiserstadt Aachen hat ein Verräter — Name unbekannt — die feige Unverfrorenheit besessen, sich selbst vom Feind zum neuen Oberbürgermeister machen zu lassen. Dieser Verräter muß ausgeschaltet werden!

*

Franz Oppenhoff wurde zusammen mit seinem Zwillingsbruder Karl am 18. August 1902 in Aachen geboren.

Mit den älteren Schwestern Maria und Gertrud sowie dem jüngeren Bruder Joseph, 1904 geboren, lebte er seit Ende des Ersten Weltkrieges mit den Eltern im Haus Kupferstraße 17, direkt am Lousberg und dem Salvatorberg.

Sein Vater Franz Oppenhoff war nach dem Studium der Philologie seit 1883 Lehrer am traditionsreichen Aachener Kaiser-Karls-Gymnasium am Augustinerbach. Später war er bis zu seinem Tode im Jahre 1920 Kreisschulinspektor in Aachen und als schultechnischer Beirat bei der Schulaufsicht der Stadtverwaltung Aachen als Schulrat der Vorgesetzte aller Aachener Lehrer. Im Ersten Weltkrieg hatte er als Hauptmann der Landwehr gedient.

Dem jungen Franz Oppenhoff, dem späteren ersten Nachkriegs-Oberbürgermeister Aachens, lag der Juristenberuf im Blut. Die Familie der Oppenhoffs stammte ursprünglich aus Westfalen, wo sich der Name »op den Hoff« bis ins 17. Jahrhundert zurückverfolgen läßt. Im 18. Jahrhundert aus Dorsten nach Aachen zugewandert, stellte die typische katholische und rheinische Beamtenfamilie in der Folge viele hochangesehene Juristen. Von den Brüdern seines Vaters waren drei Juristen in hohen Stellungen. Sein Großvater und sein Onkel waren Präsidenten des Landgerichtes Aachen gewesen, ein Onkel (Joseph) von 1919 bis 1928 gewähltes Mitglied der verfassungsgebenden Preußischen Landesversammlung und Landtagsabgeordneter der katholischen Zentrumspartei.

Mit seinem Zwillingsbruder Karl besuchte der junge Franz wie sein Vater das Kaiser-Karls-Gymnasium. Karl starb als Oberprimaner an einer schleichenden Krankheit: das Abitur machte Franz zu Ostern 1921 alleine. Für ein Studium fehlte in der vaterlosen Familie zunächst das Geld. So begann Franz Oppenhoff am 15. März 1921 in den Lynen-Kabel-Werken in Eschweiler bei Aachen eine kaufmännische Lehre. Die Mutter hatte ihn dorthin vermittelt. Fabrikant Arthur Lynen war ein Landsturmkamerad von Franz Oppenhoffs Vater gewesen.

Nach Abschluß der Lehre arbeitete Franz in der Exportabteilung des Betriebes in Eschweiler, wohnte dort bei Bekannten, verbrachte aber die Wochenenden meist in Aachen bei der Mutter. Im Sommer 1924 hatten sich die Verhältnisse der Familie wieder etwas gebessert. Ein Freund des Hauses, Dr. Lagemann, Inhaber von Trommsdorf, verschaffte dem jungen Franz ein Darlehen, das er ihm später sogar schenkte. So konnte Franz mit dem Studium beginnen.

Er wählte das nahegelegene Köln — und natürlich Jura. Die erste juristische Staatsprüfung legte er kurz vor Weihnachten 1927 ab. Die Referendarzeit verbrachte er in Aachen, wo sein Onkel Joseph Landgerichtspräsident war. Auf die große juristische Staatsprüfung bereitete er sich in Berlin vor und bestand am 21. Juni 1932 das Examen in der Reichshauptstadt — mitten in politisch sehr bewegten Monaten, in denen Reichskanzler Brüning von Hindenburg entlassen wurde und die Nationalsozialisten sich auf die Übernahme der Macht vorbereiteten.

*

Ende November 1932 wird Franz Oppenhoff am Landgericht Aachen als Anwalt zugelassen. Im Januar 1933 eröffnet er sein Anwaltsbüro im Eckhaus Augustastraße/Alfonsstraße — im gleichen Monat, als Adolf Hitler (am 30. Januar) neuer Kanzler des Deutschen Reiches wird.

Oppenhoffs Familienname, sein Können und seine Rechtschaffenheit sowie die Verwurzelung seiner Familie in Aachen tragen schon bald zum Florieren seiner

Kanzlei bei. 1934 schon kann er seine Anwaltspraxis in die Wilhelmstraße 52 verlegen, die traditionelle Straße der Rechtsanwälte in Aachen. Anfangs führt er zusammen mit seinem Studienfreund Rechtsanwalt Max Vüllers eine Bürogemeinschaft, ohne daß beide sich jedoch assoziieren. Als der Arbeitsumfang für die beiden jungen Rechtsanwälte zunimmt, trennt man sich wieder.

Am 2. Oktober 1935, Franz Oppenhoff ist 33 Jahre alt, heiratet er Irmgard Nimax aus Ransbach im Unterwesterwaldkreis, die Tochter eines Wand- und Bodenplattenfabrikanten. Der Großvater und der Vater Irmgards sind Luxemburger und stammen aus Luxemburg-Stadt, wohin die Familie vor langer Zeit aus Frankreich zugewandert ist. Unverkennbar hat sie von ihrem Vater, einem Diplom-Ingenieur, die an eine Französin erinnernden Gesichtszüge geerbt[32]). Dem Ehepaar werden die drei Töchter Monika, Christa und Irmgard geboren. Der Familie geht es gut, auch finanziell. Sie wird von ihrer Umgebung geschätzt. Aber schon bald beginnen schwierige Zeiten für das glücklich verheiratete Paar.

Oppenhoff ist, wie seine Vorfahren, gläubiger Katholik. Schon als Werkstudent war er kurz nach dem Abitur Mitglied der katholischen Studentenverbindung »Carolingia« an der Technischen Hochschule Aachen geworden. Und schon während des gesamten Studiums, auch im weit entfernten protestantisch geprägten Berlin, hatte er sich für die Sache der Kirche interessiert.

Als die Nationalsozialisten beginnen, die Autorität der Kirche bei den rheinischen Katholiken durch die sogenannten »Sittlichkeits- und Devisenprozesse« gegen Priester und Ordensmitglieder zu erschüttern, tritt Franz Oppenhoff mutig als Anwalt der Kirchenleute auf. Die Beziehungen der Katholischen Kirche zum »neuen Deutschland« der Nationalsozialisten sind im Reichskon-

---

32) Irmgard Nimax selbst ist Deutsche.

kordat von 1933 zwischen dem Deutschen Reich und dem Apostolischen Stuhl geregelt. Die katholische Kirche Deutschlands als Ganzes bekennt sich zum Staat — im einzelnen aber nicht immer und nicht überall.

Insbesondere die Priester und Katholiken im Rheinland sowie die größeren Städte dort, traditionell katholisch, sind nicht bereit, mit den neuen Herren zusammen zu arbeiten. So kommen aus Aachen unter allen Städten des Deutschen Reiches mit die wenigsten Stimmen für die Nationalsozialisten bei den entscheidenden Reichstagswahlen. Nicht nur die antichristlichen Ziele der Nationalsozialisten spielen dabei eine Rolle. In den Augen vieler Rheinländer wird das neue Regime auch mit einer alten Macht in Zusammenhang gebracht, deren »Beute« das Rheinland im deutschen Einheitsstaat geworden war, mit Preußen[33]).

Als 1935 Hitlers Truppen zur Wiederbesetzung des Rheinlandes über die Rheinbrücken im katholischen Köln marschieren[34]), beginnen die örtlichen Braunhemden mit Hilfe der »eingeführten« Gestapo die Geistlichen — »Pfaffen«, wie sie verächtlich sagen — zu beseitigen. Ist es unmöglich, einen Priester in aller Stille in eines der neu eingerichteten Konzentrationslager zu verschleppen (»eine britische Erfindung aus der Zeit des Burenkrieges«, wie die Nationalsozialisten neugierigen Fragestellern erklären), dann wird der Geistliche zu einem der zahlreichen Schauprozesse nach Köln oder Koblenz gebracht.

Dort wirft man ihm sexuelle Verdorbenheit und Taten vor. Oder man beschuldigt ihn als Mitglied einer »korrupten« Priesterschaft, deren wichtigstes Ziel darin be-

---

33) Dieser Zusammenhang stimmt jedoch kaum: längst nicht alle Nationalsozialisten sind »Preußen«. So ist Hitler Österreicher, Himmler ein Bayer und Goebbels ein Rheinländer aus Rheydt.

34) Die letzten alliierten Truppenverbände ziehen 1929 ab.

steht, sich die eigenen Taschen mit dem Geld zu füllen, das sie leichtgläubigen Arbeitern abgenommen hat, die sowieso schon wegen der weltweiten Krise am Hungertuch nagen ...

Oppenhoff, von Natur aus ein Mann mit Zivilcourage, tritt im Rahmen dieser Prozesse mit in die erste Reihe von einer Handvoll rechtlich denkender Juristen, die nicht bereit sind, einen Fuß breit vom verbrieften Recht abzuweichen. Als Verteidiger führt er für das Bistum Aachen zahlreiche Prozesse aller Art. Und er findet dabei offene Worte. Die Verteidigung geschieht im Auftrag und auf Kosten des Bistums Aachen selbst.

Einer der Angeklagten in einem solchen Prozeß, Pfarrer Josef Dunkel aus Krefeld-Uerdingen, der als Kaplan von St. Kornelius in Dülken am 28. September 1939 vor dem Sondergericht in Düsseldorf steht, sagt später: »Ich habe allen Grund, dem verstorbenen, hochverehrten Herrn Rechtsanwalt Franz Oppenhoff, der alles nur Mögliche für mich, den Inhaftierten getan hat, dankbar zu bleiben und sein Andenken über das Grab hinaus zu ehren«.

Oppenhoff bleibt der selbstgewählten Aufgabe treu, obwohl er von Freunden im Justizministerium gewarnt wird — und obwohl seine Erfolge bei der Verteidigung immer wieder ihre Grenze an Rechtsbeugungen und willkürlichen Maßnahmen der Partei finden, die unter dem Einfluß der Geheimen Staatspolizei zustande kommen. Gerade diese »Gestapo« warnt Oppenhoff mehrfach, er solle sich »heraushalten«. Doch Oppenhoff nimmt die Herausforderungen nach wie vor an. Er wird zum Fürsprecher der katholischen Kirche unter den Aachener Rechtsanwälten.

Er verteidigt auch viele Juden, um die Beschlagnahme ihres Vermögens rückgängig zu machen oder sie aus der »Schutzhaft« der Nationalsozialisten freizubekommen, wie etwa den Tuchhändler Schlappes aus Aachen[35]). Die Verteidigung seiner Klienten geschieht oft in Berlin, wo er dem Staatsanwalt Roland Freisler gegenübersteht, jenem Mann, der nur einige Jahre später als Präsident des »Volksgerichtshofes« berühmt und berüchtigt werden wird.

Wenn Franz Oppenhoff wieder einen Fall in Berlin hat, fährt er abends in Aachen mit dem Zug ab, um am nächsten Morgen in der Reichshauptstadt anzukommen[36]).

Hat er vor Gericht einen seiner Klienten tatsächlich freibekommen, dann muß er ihn selbst mit dem Wagen vor einem der »Konzentrationslager« abholen. Diese Lager sind noch nicht so schrecklich, wie sie später werden sollen. Aber sie sind doch schlimm genug, um Oppenhoff die Unmenschlichkeit des Systems klar vor Augen zu führen. Wenn er in vertrautem Kreis in Aachen davon erzählt, will ihm niemand Glauben schenken[37]).

Seine Sternstunde, aber auch der Wendepunkt in der juristischen Laufbahn von Franz Oppenhoff, kommt 1937 mit der Übernahme des »Falles Metz«. Wilhelm Metz ist Druckereibesitzer in Aachen. In seinem Betrieb wird die Katholische Kirchenzeitung für das Bistum Aachen hergestellt. Dieses Sprachrohr des kirchlichen Widerstandes erscheint 1934 noch wöchentlich in einer Auflage von 38 000 Exemplaren, wächst aber innerhalb eines einzigen Jahres auf gut 100 000 Exemplare an! Den Nationalsozialisten ist diese Wochenzeitung ein Dorn im Auge. Sie wird in einem Bericht der Staatspoli-

---

35) Deshalb wird der Name Franz Oppenhoffs nach dem Zweiten Weltkrieg in der Kölner Ausstellung »Monumenta Judaica« im Ausstellungskatalog als einer der Verteidiger des deutschen Judentums genannt.

36) Auf einer solchen Berlinfahrt ist er auch, als die älteste Tochter Monika in Aachen zur Welt kommt.

37) Nicht einmal sein enger Freund, der ihn um viele Jahre überlebte.

zei für den Regierungsbezirk Aachen 1935 als »Organ der Gegenpropaganda« bezeichnet.

Am 31. März 1937 kommt es zum Eklat. Auf Anweisung der Gestapo in Berlin schließt die Aachener Gestapostelle den Betrieb von Metz und stellt ihn unter Verwaltung eines Staatstreuhänders. Der Grund: die Kirchenzeitung hat die Enzyklika »Mit brennender Sorge« von Papst Pius XI. abgedruckt. In diesem päpstlichen Hirtenschreiben wird die Allmacht des nationalsozialistischen Staates kritisiert.

Sieben Monate später, im Oktober 1937, läßt Reinhard Heidrich, damals Chef des Sicherheitsdienstes und des SD in Berlin, Wilhelm Metz enteignen und aus der Reichspressekammer ausschließen.

Ein international bekannter Verteidiger aus Essen lehnt die Bitte von Metz um Verteidigung ab, um — wie er Metz erklärt — »nicht mit der Gestapo in Konflikt zu geraten«. Metz bittet daraufhin Franz Oppenhoff um die Verteidigung, und Oppenhoff nimmt das Mandat an. Auch Oppenhoff rät die Gestapo erneut, sich aus der Sache »herauszuhalten«, da der Fall auf einer »Anordnung des Führers« beruhe.

Aber drei Jahre lang kämpft Oppenhoff unerschrocken für seinen Mandanten — mit Eingaben bei der Gestapo in Aachen, Berlin und Koblenz, unter anderem auch, um die angeordnete Enteignung und Absetzung als Betriebsführer für Wilhelm Metz rückgängig zu machen. Als man Metz schließlich bei weiteren Eingaben die Inhaftierung in einem Konzentrationslager androht, geben er und Oppenhoff den Fall »schweren Herzens« (Metz) auf.

Aber die beherzte Verteidigung vor allem in diesem Fall hat Oppenhoff einen einflußreichen Freund gebracht: Johannes Joseph van der Velden, den Regens des Aachener Priesterseminars, der in nicht allzu ferner

Zukunft Bischof von Aachen sein wird[38]). Oppenhoff übernimmt noch einige kleinere Fälle, so auch die Verteidigung des Aachener Domkapitels, das in der NS-Zeitung »Westdeutscher Beobachter« aus Anlaß der Aachener Heiligtumsfahrt 1937[39]) mit der Überschrift geschmäht wird: »Das Domkapitel im Speck — der Arbeiter im Dreck«.

Oppenhoff wird 1938 auch Justitiar des »Päpstlichen Werkes für die Glaubensverbreitung« in Aachen. Der Vizepräsident dieses päpstlichen Werkes ist wiederum der Mann, der nur wenig später den neuen amerikanischen Machthabern den Namen Franz Oppenhoffs als Oberbürgermeister-Kandidaten nennen wird: Johannes Joseph van der Velden.

Im Mai 1940 läßt Hitler die Wehrmacht in Belgien einmarschieren. Eupen-Malmedy, im Versailler Vertrag nach dem Ersten Weltkrieg Belgien zuerkannt, wird durch Führererlaß wieder deutsches Reichsgebiet und erhält damit einen anderen Status als der Rest Belgiens (und die Niederlande), die lediglich als »besetzte Gebiete«, nicht aber als Reichsgebiet gelten.

Auch in Eupen-Malmedy wird die Gestapo tätig: sie nimmt Persönlichkeiten in »Schutzhaft« oder bringt sie wegen »Begünstigung des Feindes« vor den berüchtigten Volksgerichtshof in Berlin. Oppenhoff verteidigt dort unter anderem den Eupener Abgeordneten und Rechtsanwalt van Vervike und kann auch einigen an-

---

38) Von 1943 bis 1954, als er unerwartet in Krefeld einem Herzschlag erliegt.

39) Vergleiche dazu: Paul Emunds: Der stumme Protest, Aachen 1963.
Noch heute bin ich meinem damaligen Geschichtslehrer am Aachener Kaiser-Karls-Gymnasium dafür dankbar, daß ich als Primaner damals mit unserer Klasse und der Parallelklasse dieses Werk miterarbeiten durfte, das mich dazu brachte, auch später Dokumentationen zu schreiben. Es wurde übrigens bei Wilhelm Metz in Aachen gedruckt — jener Druckerei, die auf den folgenden Seiten eine Rolle in Oppenhoffs Biografie spielt. W. T.

deren Verhafteten wieder zur Freiheit verhelfen. Wiederum warnt ihn die Gestapo. Sein Büro in der Wilhelmstraße wird durchsucht. Kreisleiter Eduard Schmeer in Aachen bezeichnet ihn öffentlich als den »Staatsfeind Nummer eins« in seinem Parteibezirk.

Für Franz Oppenhoff hat die Stunde geschlagen! Auf Betreiben Schmeers erhält er die Aufforderung, sich zum Wehrdienst zu melden. Das aber will er möglichst vermeiden, nicht so sehr, weil er sich gegen das Soldatentum wendet, sondern weil er nicht auf Adolf Hitler vereidigt werden will. Seiner Frau sagt er, egal was geschehe, den Eid auf Hitler werde er unter keinen Umständen leisten, obwohl sie ihm vorhält, ein unter diesen Umständen geleisteter Eid zähle doch nicht. Oppenhoff antwortet ihr mit einem ernsten juristischen Vortrag über die Unverbrüchlichkeit eines einmal gegebenen Eides.

Im April 1941 findet er den Ausweg. Hin und wieder hat er die Aachener Firma Anton Veltrup & Co. vor Gericht vertreten, die jetzt zunehmend für »kriegswichtige Rüstungsaufgaben« eingesetzt wird. Würde er seine Kanzlei einfach schließen, wäre ihm eine sofortige Einberufung sicher. So aber wird er zu Veltrup, einem kriegswichtigen Unternehmen, wie es heißt, dienstverpflichtet und ist dort relativ sicher und geschützt. Er arbeitet in der Funktion eines Syndikus und stellvertretenden Betriebsführers. Seine Anwaltspraxis läuft weiter.

Aber nach den Zusammenstößen im Rahmen des Metz-Prozesses schließen die Nationalsozialisten doch 1943 seine Anwaltspraxis mit der Auflage, er dürfe nur noch diejenigen Zivilprozesse zuende führen, die binnen einem halben Jahr abgeschlossen seien — sonst schließe man die Anwaltskanzlei auf der Stelle. Die Verfügung kommt vom Reichsjustizminister. Oppenhoff beendet die angesprochenen Prozesse und ist nur noch für Veltrup tätig, ab jetzt als kaufmännischer Direktor. Er leidet sehr darunter, daß er seinen eigentlichen Beruf an den Nagel hängen muß.

Den als verbrecherisch und unsittlich erkannten Krieg der Nationalsozialisten hat er in zahlreichen Prozessen angeprangert. Als einer der ganz wenigen Rechtsanwälte am Landgericht, die allen Verlockungen und Drohungen zum Eintritt in die Partei widerstanden hatten, steht er jedoch weiterhin auf der »Abschußliste« der nationalsozialistischen Parteioberen.

Ein erneuter Zusammenstoß mit Kreisleiter Schmeer bringt Oppenhoff am 25. August 1944 dann doch die Einberufung ein. Er muß sich auf dem Fliegerhorst Wengerohr bei Wittlich melden. Die Personalakte, die ihn dorthin begleitet, hat erst zwei Tage zuvor von der NSDAP-Kreisleitung in Aachen den vernichtenden Hinweis »nationalsozialistische Zuverlässigkeit in Frage gestellt«[40]) erhalten ...

Aber die Veltrup-Betriebsleitung kann ihn noch einmal freibekommen. Unter Hinweis auf die mehrfachen Bombardierungen und Zerstörungen des Werkes durch alliierte Luftangriffe kann das Werk beim Rüstungsstab in Berlin wieder eine Freistellung Franz Oppenhoffs erreichen. Schon am 1. September kann er nach Aachen zurückkehren. In den fünf Tagen in Koblenz ist er weder eingekleidet noch vereidigt worden. Zu Schmeers Ärger trägt er immer noch nicht die Uniform!

Der Kreisleiter hat inzwischen aber andere, wichtigere Sorgen: in diesen ersten Septembertagen 1944 rücken

40) Es ist zur Genüge bekannt, was das bedeutet hätte: »unsichere Elemente« wie Franz Oppenhoff werden mit Vorrang an gefährdeten Punkten eingesetzt. So fallen zahlreiche der für die Wehrmacht zwangsrekrutierten Ostbelgier aus Eupen-Malmedy an der Ostfront, wohin man sie »nach vorne« kommandiert.

die amerikanischen Streitkräfte unaufhaltsam gegen die Grenze des Deutschen Reiches bei Aachen vor. Gauleiter Grohé in Köln befiehlt dem Aachener Kreisleiter, die Stadt verteidigungsbereit zu machen. Auch Franz Oppenhoff liest die von der Partei ausgehängten Aufrufe. Der Donner der amerikanischen Geschütze rückt immer näher. Es ist an der Zeit, seine Frau und die drei kleinen Kinder in Sicherheit zu bringen!

Schon mehrmals hat er mit seiner Frau darüber gesprochen. Den Ausschlag gibt der Großangriff am 11. April 1944, der vor allem den Aachener Stadtteil Burtscheid trifft, nicht weit vom Haus der Oppenhoffs in der Eupener Straße. Selbst hier schwankt das Haus durch die Wirkung der Bomben, die auf Burtscheid fallen! Die 350 alliierten Flugzeuge, die zwischen 22.40 Uhr und 23.01 Uhr ihre verderbenbringende Bombenlast über der Stadt abladen, bringen 1 525 Aachenern den Tod, darunter auch Oberbürgermeister Dr. Lürken. 969 Menschen werden verletzt. Nicht auszudenken, wenn den Kindern auf solche Weise etwas passieren würde!

Irmgard Oppenhoff sagt: »Franz, es hat keinen Sinn mehr, in Aachen zu bleiben! Früher oder später sind wir auch unter den Opfern! Denk doch an Zentis und all' die anderen, die sich in Roetgen, Rurberg und Montzen in Sicherheit gebracht haben«.

Oppenhoff, der eigentlich wenig Lust hat, Aachen zu verlassen, fügt sich dem Rat seiner Frau. Im Juni zieht er mit seiner Familie in das Forsthaus Langesthal, nahe an der Wesertalsperre in Eupen. Das Haus hat keine Heizung — für den Winter werden sie eine andere Lösung finden müssen. Aber die Entfernung nach Aachen beträgt kaum zwanzig Kilometer. So kann er leicht jeden Tag zur Arbeit nach Veltrup fahren.

Am 10. September 1944 wird er in Eupen von den rasch vorrückenden Panzern der alliierten Streitkräfte überrascht[41]).

*

Seit Ende des Zweiten Weltkrieges ist Franz Oppenhoff in Aachen als Demokrat gefeiert worden, zu Recht auch als ein Vorbild für die Deutschen. Jedoch haben die Alliierten in ihm kaum das gesehen, was man in den angelsächsischen Ländern unter einem »Demokraten« versteht. Er war eher stellvertretend für seine Gesellschaftsschicht, sein Glaubensbekenntnis und vor allem für seine Zeit. Dies ist um so tragischer, als Franz Oppenhoff wie ein »ehrlicher Makler« zwischen den besiegten Deutschen seiner Heimat und den »neuen Herren« aus Amerika stand, ohne auf einer der beiden Seiten seine Würde oder Ehre zu verlieren.

Hauptmann Saul Padover, ein jüdisch-amerikanischer Geschichtsprofessor, interviewt den neuen Aachener

---

41) Der 10. September 1944 ist ein Sonntag, Oppenhoff ist also an diesem Tag nicht im Betrieb Veltrup in Aachen. Das ist Zufall. Für den Normalfall, daß er in Aachen und die Familie in Eupen sei, hat er mit seiner Frau vereinbart, daß sie mit den Kindern auf jeden Fall dort bleiben solle. Sollten die Deutschen in der Ardennenoffensive durchbrechen, werde er sich schon irgendwie von Aachen nach Eupen durchschlagen. Durch die Verteidigung des Eupener Abgeordneten van Vervike hat er in Eupen Freunde gefunden, unter anderem Familie Morschel, die dort einen elektrotechnischen Betrieb hat. Diese Freunde sichern zu, bei Gefahr zumindest die Kinder der Oppenhoffs sicher auf ihrem Zweitbesitz bei Brüssel unterzubringen. Als der Winter kommt, muß die Familie das Haus im Langesthal wegen der fehlenden Heizung verlassen. Man zieht nach Klinkeshöfchen Nr. 3—7 in Eupen, in das Anwesen von Notar Trouet. Später, als Oppenhoff selbst — nach dem Fall Aachens — schon wieder in der Stadt ist, seine Frau und die Kinder aber noch in Eupen, fordert ein belgischer Offizier die Wohnung für sich. Frau Oppenhoff und die Kinder ziehen noch einmal um, in eine ärmliche Wohnung in der Eupener Unterstadt (die Wohnung Trouets ist in der vornehmeren Gegend der Oberstadt), bevor sie endgültig nach Aachen zurückkehren können.

Oberbürgermeister kurz nach dessen Ernennung — voreingenommen, wie man zwischen den Zeilen lesen kann. Der Offizier für psychologische Kriegsführung, der zu Bradleys 12. Armeegruppe gehört, zeichnet folgendes Bild von Franz Oppenhoff[42]):

»Auf sozialer und wirtschaftlicher Ebene war Oppenhoff von bemerkenswerter Offenheit. Ich weiß nicht, ob er den Zusammenhang zwischen seinen Ideen begriff oder ob er verstanden hätte, daß die Amerikaner diese als einen Angriff auf die Demokratie nur mit Mißtrauen aufgenommen hätten; er konnte sie jedenfalls nicht verbergen.

Er sagte: ,Die ganze Nation kann in zwei Kategorien eingeteilt werden: in diejenigen, die gehorchen, und in diejenigen, die befehlen. Der Großteil der Deutschen ist an Kadavergehorsam erkrankt. Diese Leute führen Befehle wie Roboter sogar gegen ihre innerste Überzeugung aus. Gleichzeitig mißtrauen sie jedem anderen und hassen abgrundtief die Obrigkeit. Dieses Leiden, verbunden mit knechtischem Gehorsam und blindem Haß, erklärt den deutschen Klassenkampf und die Existenz von vierzig politischen Parteien in der Weimarer Republik, die sich vor ihrer Auflösung durch Hitler gegenseitig bis aufs Blut bekämpften. Ich kann nur hoffen und beten, daß die Amerikaner nicht die Dummheit begehen werden, in Deutschland politische Parteien zuzulassen. Gott stehe uns bei, wenn politische Parteien wieder zugelassen werden. Dann ist alles aus.'

---

42) Padover arbeitet für das »Office of Strategic Services« (OSS) und beschreibt seine Aachener Erfahrungen direkt nach dem Krieg im Buch »Psychologist in Germany« (London, 1946). Aus diesem Buch, das ebenso minutiös wie tendenziell die Befragungen anderer Aachener Persönlichkeiten schildert (unter anderem Bischof van der Velden, Bürgermeister Hans Carl und Dr. Kurt Pfeiffer, der spätere Begründer des internationalen Karlspreises der Stadt Aachen), stammen die folgenden Zitate.

Er zog den politischen Parteien eine autoritäre (aber nicht totalitäre) soziale Struktur vor. In seinen Augen stellte sich eine arbeitende Wirtschaft aus gewandten Handwerkern zusammen, die sich in Meister und Lehrlinge unterteilte, wobei die Meister die absolute Kontrolle ausübten. Oppenhoff sagte mit leidenschaftlicher Stimme: ‚Mir schwebt ein Wirtschaftssystem von Kleinbetrieben vor, das paternalistisch aufgebaut ist. Jeder Arbeitgeber muß sich für seine Arbeiter so verantwortlich fühlen, als seien sie Mitglieder seiner Familie. Bauen wir ein solches System auf, dann brauchen wir keine Unruhen, Abstimmungen oder Wahlen. Dies ist mein Bild einer Demokratie, einer wirklichen Demokratie'.«

Trotz vieler tendenziöser Darstellungen Saul Padovers, die sich aus seiner Vergangenheit und seiner politischen Überzeugung ergeben, wird deutlich, daß Franz Oppenhoff kein Demokrat im angelsächsischen Sinn des Wortes ist, im Maßstab Padovers also. Aber er ist nichtsdestoweniger ein aufrechter und mutiger Mann. Selbst Padover bestätigt das.

Denn er berichtet: »Irgendwann kam er einmal sehr beunruhigt zu mir. Ohne jeden ersichtlichen Grund begann er, mir sein Herz auszuschütten. Er sagte, daß er Leben und Freiheit für die Verteidigung von katholischen Priestern und Geschäftsleuten mit jüdischer Herkunft in öffentlichen Gerichtsverhandlungen riskiert habe. Und deshalb sei sein Gewissen rein vor Gott.

Ich antwortete: ‚Herr Oppenhoff, ich habe hier nicht über das Gewissen von Menschen zu urteilen, noch darf ich den einzelnen verurteilen.' Dann wollte er wissen, warum ich es als mangelnden Mut ansah, daß er es vermieden hatte, in der Wehrmacht zu dienen.

Ich wies diesen Gedanken von mir, doch das schien ihn sehr zu beschäftigen, und er sagte mit leiserer Stimme: ‚Glauben Sie mir, es bedurfte größeren Mutes, diese

Tätigkeit hier anzunehmen und der erste deutsche Oberbürgermeister unter amerikanischer Besatzung zu werden, als Frontsoldat. Ich weiß, daß mein Leben ständig in Gefahr ist. Sie haben geschworen, mich umzubringen, und ich fürchte, daß sie es auch tun werden'.«

Das war die letzte Begegnung zwischen Hauptmann Saul Padover und Oberbürgermeister Oppenhoff.

Als er aber vom Tode Oppenhoffs erfuhr, schrieb er, trotz seiner Vorurteile und Abneigungen ihm gegenüber:

»Ich glaube, daß es Oppenhoff gefreut hätte, das zu hören, was ich jetzt sage: er ist gestorben wie ein Soldat!«

General Gerhard Graf von Schwerin, Kommandeur der 116. Panzerdivision (»Die Windhunde«). Weil er Aachens Verteidigung für nutzlos hält, soll er vor ein Kriegsgericht.

Oberst Gerhard Wilck, Kommandeur der 246. Volksgrenadierdivision, muß in Aachen am 21. Oktober 1944 kapitulieren. Bild: nach seiner Gefangennahme im Hauptquartier der Ersten amerikanischen Armee.

»Die große rote Eins« heißt die 1. US-Infanteriedivision unter Generalmajor Clarence R. Huebner. Die Division mit vielen Deutsch-Amerikanern in ihren Reihen erobert Aachen im Oktober 1944.

General Lawton J. Collins, genannt »der blitzschnelle Joe«. Er kommandiert das VII. Corps, dem die 1. und die 9. US-Infanteriedivision unterstehen.

»Es wird Mittag, und noch immer gelingt den Panzern von Oberstleunant Leander Doan nicht der Durchbruch. Dann findet jemand einen Feldweg, der durch die Drachenzähne des Westwalls führt . . . «

Spuren des Kampfes um Aachen im September/Oktober 1944: ein Teil der zerstörten Eisenbahnbrücke in Aachen-Rothe Erde.

Der Marsch in die Gefangenschaft: die gefangengenommenen Verteidiger Aachens marschieren aus der Rolandstraße kommend über den Rolandplatz in die Chlodwigstraße

Nach der Kapitulation Aachens: Amerikaner bringen die Bevölkerung auf Lastwagen zu den Kasernen in Brand. Das Gebäude ist das Rathaus in Aachen-Forst (heute Post). Nach rechts, wo die US-Flagge hängt, geht die Trierer Straße ab.

Durch rauchende Trümmer und Ruinen: noch tobt der Kampf um die Stadt. Aachen, am 15. Oktober 1944.

Am gleichen Tag Ankunft im »Lager Brand«. Die Gebäude dienten damals wie heute als Kasernen.

Johannes Joseph van der Velden am 21. November 1943 in St. Bonifatius, Mönchengladbach. Links: Karl-Josef Schwelm.

Hier wohnte Franz Oppenhoff in Eupen: im Haus von Notar Trouet, Klinkeshöfchen 3—7.

(Fortsetzung auf Seite Drei)

Aachen hat neuen Bürgermeister

Nach "Ja" auf Verlesen der Eidesformel geht er "nach Hause" — sein Haus ist aber nur ein Keller!

(Meldung der "Associated Press")

AACHEN, 30. Okt. Ein antinationalsozialistischer, etwa 40 Jahre alter Rechtsanwalt wurde heute als erster Bürgermeister Aachens seit Einnahme der Stadt durch die Amerikaner evreidigt. Er ist zugleich der erste Anti-Nazi im Aachener Bürgermeisteramt seit 11 Jahren.

Sichtlich nervös und nicht ohne gewisse Befürchtungen leistete er angesichts einer amerikanischen Fahne den Schwur, des Amtes gewissenhaft walten und allen Anordnungen der Militärverwaltung nachkommen zu wollen. Die uralte deutsche Stadt, die er nun unter amerikanischer Oberhoheit zu verwalten hat, liegt in Trüm-

▲

Familie Oppenhoff 1939:
von links die dreijährige Monika, Franz und Irmgard Oppenhoff, Christa, zwei Jahre alt.

◄

Der Name des von den Alliierten eingesetzten Aachener Oberbürgermeisters wird in der Presse nicht genannt. Zeitungsbericht nach der Wahl im Oktober 1944.

Der Jurist Franz Oppenhoff war ein typischer Rheinländer: lebensfroh und katholisch. Er war das erste prominente Opfer der »Organisation Werwolf«. Der tödliche Schuß fiel am Palmsonntag des Jahres 1945.

Der programmatische Aufruf Franz Oppenhoffs an die Aachener nach seiner Wahl im Oktober 1944. Der als Faltblatt gedruckte Text trug den Zensurvermerk der Amerikaner (»posting authorized«, siehe Seite 109 unten).

Aachener!

Unsere fast zweitausendjährige Stadt ist in ihrer Geschichte niemals von einem gleich schweren Schicksal getroffen worden wie heute. Kein früherer Krieg, kein Stadtbrand, keine Hungersnot, keine Seuche haben die Stadt in ähnlicher Weise heimgesucht. Was nach den schweren Fliegerangriffen noch blieb, das ging in den letzten Kämpfen verloren. Wir finden nur noch Trümmer. Es fehlt an allem: An Wohnungen, an Nahrung, an Kleidung, an Werkzeugen, an Geld und an Hilfsquellen.

Bitterste Not liegt hinter uns; lange, schwerste Zeiten des Aufbaues vor uns. Uns bleibt nichts als unser guter Wille, unsere Tatkraft und die tiefe, heiße Sehnsucht nach einem neuen, wahrhaften und gerechten Vaterland für alle.

Es gibt nichts mehr zu verwalten. Alles und jedes ist neu zu erarbeiten.

Die Aufgabe scheint hoffnungslos und geht fast über unsere Kraft. — **Dennoch ist es unsere Gewissenspflicht, die Arbeit anzufangen.**

Bei diesem Anfang ist es begreiflich und an sich berechtigt, daß jeder zunächst den Rest seiner Habe sammelt und sich um eine Bleibe kümmert, überhaupt die Grundlage für sich und die Seinen schafft.

Es ist zudem natürlich, daß jeder, der arbeiten kann, auch arbeiten muß, aber seinen Arbeitsplatz selbst bestimmt.

Endlich ist es für uns selbstverständlich, daß die verheiratete Frau nur der Familie lebt, in deren Wesen die unverzeihlichsten Eingriffe gemacht wurden. — In solcher Not aber wie der heutigen, ist es auch der Natur entsprechend, daß jeder **zunächst** mithelfen muß, ein neues Gemeinleben zu schaffen, und diese Einsicht fordert härteste Entschlüsse.

Nur durch bedingungsloses Zurückstellen der eigenen Nöte und Wünsche läßt sich ein neues Lebensfundament schaffen, ohne das auch das Leben des Einzelnen einfach nicht möglich ist.

Wer sich dieser hohen Verantwortung und der Schwere der Aufgabe bewußt ist, wird für die harten Notmaßnahmen nicht nur Verständnis zeigen, sondern dieses auch durch selbstlosen Einsatz beweisen.

Zu diesen allgemeinen Aufgaben gehören:

Aufräumen der Straßen für den lebenswichtigen Verkehr;

Erzeugung, Bergen und Heranschaffen der Lebens- und Existenzmittel;

Instandsetzung der Anlagen für Wasser und Licht;

Einfachster Ausbau von Krankenhäusern und Altersheimen;

Neuerstellung aller Unterlagen zum Wiederaufbau des Waren- und Zahlungsverkehrs in einfachster Form;

Errichtung städtischer Dienststellen für Ordnung, Sicherheit und gerechte Verteilung.

Die Bedeutung dieser Aufgaben setzt voraus, daß jeder arbeitsfähige Aachener mindestens 5 Tage in der Woche an den gemeinschaftlichen Notarbeiten mithilft; an den beiden übrigen Tagen können viele sich und ihren Nachbarn helfen.

Wenn auch heute noch jeder Einzelne im wesentlichen auf sich selbst gestellt ist, so wird doch alles getan, was unter den heutigen Verhältnissen überhaupt möglich ist.

Es sind bereits Bäckereien, Metzgereien und Milchverkaufsstellen notdürftig eingerichtet worden. Weitere Geschäfte des lebenswichtigen Bedarfs sind im Entstehen. Bestände und Vorräte werden — soweit noch vorhanden — festgestellt und geborgen.

Der Geldverkehr wird bereits jetzt wieder aufgenommen.

Die Bemühungen, aus den Nachbargebieten lebensnotwendige Güter heranzuschaffen, werden trotz größter Schwierigkeiten fortgesetzt.

Ein Krankenhaus und eine Apotheke sind eingerichtet.

Die Obdachlosen werden in Wohnungen eingewiesen, obwohl wir manchen Mißbrauch befürchten müssen.

Zur Linderung der allgemeinen Not haben uns die Hilfsverbände aller Bekenntnisse ihre selbstlose Unterstützung zugesagt, und wir werden sie gerne annehmen.

Endlich werden 7 Stadtbezirke eingerichtet, die eine Schutz- und Ordnungsstelle sein sollen, und von ihnen aus werden unter Leitung geachteter und gerechter Männer Selbstschutzgemeinschaften gebildet, damit die Tüchtigen und Ordnungswilligen bestimmen, die Selbstsüchtigen erfaßt und namentlich die Hilfsbedürftigen geschützt werden.

Wer das Glück hat, seine Wohnung weniger zerstört wiederzufinden, der möge seinen Mitmenschen, der alles, ja sein letztes Bett verloren hat, bei sich aufnehmen.

Wer aber glaubt, sich von den Notarbeiten ausschließen, dagegen gute Geschäfte machen zu können, große Gewinne zu erzielen oder einträgliche Posten zu erhalten, der hat unsere Zeit und unsere Lage nicht verstanden, der kennt noch nicht die Maßstäbe, die für uns gelten.

Er hat auch kein Recht auf ein Leben mit uns, ein Leben in Armut, dem es aber nicht an Würde zu fehlen braucht.

Denken wir daran, wie oft wir gesagt haben, wir wollten gerne von vorne beginnen und auf alle lieben und sogar notwendigen Dinge verzichten, wenn wir nur heil durch den Krieg kämen.

Es ist soweit! – Nun müssen wir auch zum Verzicht bereit sein!

Denken wir auch daran, daß noch Tausende unserer Mitbürger in den Grenzgebieten ohne ausreichende Mittel und in Sorge um ihr Hab und Gut leben und vorerst noch nicht zurückkehren können, obwohl sie den sehnlichen Wunsch haben, mit uns und den im engeren Heimatgebiet wohnenden Aachenern eine neue Lebensgrundlage zu finden.

Die Männer, die sich trotz aller Schwierigkeiten aus leidenschaftlicher Liebe zur Heimat unter der Militärregierung bereit gefunden haben, das Aufbauwerk zu lenken, werden alles daran setzen, sobald wie möglich neue Fundamente, materielle, aber auch geistige, zu legen.

Diese Aufgabe ist allen aufgetragen, und jeder hat sein Teil zu erfüllen, sonst wird Aachen die tote Stadt bleiben, die sie heute ist.

Ein Beispiel sei uns leuchtendes Vorbild:

In den gefahrvollen Bombennächten, in den härtesten Zeiten der Belagerung, im Kugelregen der Kämpfe hat die Domwache in freiwilligem Dienst und nur auf sich selbst gestellt Tag und Nacht unser einzigartig schönes und ehrwürdiges Münster geschützt. Es trägt Narben - aber es blieb uns als Zeichen unserer Kraft und Zuversicht. In Freud und Leid steht es schon elf Jahrhunderte wie ein Hüter über den Häusern der Stadt.

Hier hat Aachen seine tiefste Seele. Sie soll uns bestimmen und lenken.

Schauen wir auf den Dom und seine Retter!

Handeln wir wie sie und —

neues Leben blüht aus den Ruinen!

Der Oberbürgermeister

posting authorized

III

Die Werwölfe

Auch in dem Gebiet, das sie glauben, erobert zu haben, wird immer wieder in ihrem Rücken Widerstandswille aufflackern. Und wie Werwölfe werden todesmutige Freiwillige dem Feind schaden und seine Lebensfäden abschneiden!

Heinrich Himmler,
Reichsführer SS, im November 1944

Am Nachmittag des 16. September 1944 ist der angeschlagene Hitler auf einer Routine-Besprechung in seinem Hauptquartier in Ostpreußen. Im Beisein von Keitel, Göring, Guderian und einem halben Dutzend anderer höherer Offiziere hört er sich den täglichen Lagebericht über die zwei großen Fronten im Osten und im Westen an. General Jodl, der Chef der Operationsabteilung vom Oberkommando der Wehrmacht, hält Vortrag.

Hitler hat sich noch nicht von dem Schock des Bombenattentates im letzten Juli erholt. Seine Augen sind getrübt. Der hypnotisch-starre Blick ist verschwunden. Sein Gesicht hat eine kränkliche gelbe Farbe. Dunkle Ringe haben sich unter seinen Augen gebildet. Während er zuhört, zittern seine Hände manchmal so sehr, daß er sie fest auf die Knie drücken muß.

Die Diskussion wechselt von der Ost- an die Westfront. Eher zufällig bemerkt Jodl, daß die hart bedrängten deutschen Verteidiger an der Westfront im Eifel- und Ardennenraum etwas aufatmen können. Hier wird ein 120 Kilometer langer Frontabschnitt von nur vier schwachen amerikanischen Divisionen gehalten. Als der Begriff »Ardennen« fällt, erwacht Hitler plötzlich aus seiner Lethargie. Er reckt sich in seinem Stuhl und hebt die Hand in einer dramatischen Bewegung. »Einen Augenblick«, sagt er.

Jodl hält inne. Die anderen Generäle schauen aufmerksam auf den Mann, der vor wenigen Minuten noch so apathisch dabeigesessen hat. Das ist wieder der alte Hitler! Die wässerigen blauen Augen und der schlaffe Mund sind verschwunden. Das kranke Gesicht ist plötzlich voller Leben. Das ist der Hitler, der nur den Sieg gekannt hat!

Der »Führer« beugt sich nach vorn: »Ich werde angreifen. Hier, von den Ardennen aus.« Er schlägt mit der

Faust auf die vor ihm ausgebreitete Landkarte. »Über die Maas und nach Antwerpen!« Der Plan zur Ardennenoffensive, von Hitler schon länger ins Auge gefaßt, ist nicht mehr das Geheimnis des Führers allein.

Doch das Deutschland des Winters 1944 ist nicht zu vergleichen mit dem des überzeugenden Sommers 1940, der so viele ungeheure Siege im Westen mit sich gebracht hatte. Während die Wehrmacht noch immer zehn Millionen wehrpflichtiger Männer in ihren Listen führt, sind seit Kriegsbeginn mehr als vier Millionen Soldaten gefallen, darunter allein 1 200 000 Tote in den letzten drei Monaten.

Aber die große Zahl der Opfer beunruhigt die Generäle nicht so sehr wie das allgemein verbreitete Gefühl der Niederlage, das unter Zivilisten und auch unter Soldaten herrscht. Der Krieg hat zu lange gedauert. Es hat zu viele Luftangriffe gegeben. Selbst die eingefleischtesten Nationalsozialisten sind sich darüber im Klaren, daß die Niederlage Deutschlands besiegelt ist. Zwei starke feindliche Armeen, die russische und die angloamerikanische, stehen bereits auf deutschem Boden. Überall ergeben sich deutsche Soldaten. Klipp und klar geht aus Berichten in der alliierten Presse hervor, daß Tausende deutscher Zivilisten in den kürzlich besetzten Gebieten dem Feind zumindest keinen Widerstand bieten.

In dieser Situation im frühen Herbst 1944, als Hitler sich selbst fast ausschließlich mit den Vorbereitungen für die große Offensive beschäftigt, die den gesamten Kriegsverlauf ändern soll, machen sich zwei andere NS-Größen daran, den Durchhaltewillen der Deutschen anzustacheln: Der eine mit Hilfe der Propaganda, der andere durch blanken Terror.

Josef Goebbels, der »Reichspropagandaminister«, erweist sich in dieser Situation als Meister der Halbwahrheit und der kalkulierten Unwahrheit. Er verbreitet die

Propagandalüge, daß Deutschland den Krieg immer noch gewinnen könne, wenn nur jeder Deutsche sich ganz und gar diesem Ziel verschreibe. Er folgt Hitlers Erklärung in dessen Buch »Mein Kampf«, daß »die Kunst der Propaganda genau darin besteht, die Einbildungskraft des Publikums dadurch wecken zu können, daß man an seine Gefühle appelliert«. Deshalb greift Goebbels frohlockend den amerikanischen Morgenthau-Plan auf[43]).

Als im September 1944 Einzelheiten dieses Plans in der amerikanischen Presse auftauchen, benutzt Goebbels dies schnell dazu, dem deutschen Volk die entsetzlichen Folgen einer Niederlage vor Augen zu halten. Er hat den Deutschen schon eine tiefe Angst vor den Russen eingeimpft. Jetzt versucht er, sie mit Hilfe des Morgenthauplans davon zu überzeugen, daß die Briten und Amerikaner nicht besser sein werden. In diesem Monat verkündet der Berliner Sender: »Der Jude Morgenthau singt dasselbe Lied wie die Juden im Kreml.«

Der »Völkische Beobachter«, die wichtigste Zeitung der NSDAP, erklärt, daß der Plan »die Zerstörung der deutschen Industrie bis zu einem solchen Punkt bedeutet, daß 50 Prozent der deutschen Bevölkerung entweder vor dem Hungertod steht oder als Arbeitssklave auswandern muß . . . Deutschland macht sich keine Illusionen darüber, was seiner Bevölkerung bevorsteht, wenn sie nicht mit allen verfügbaren Mitteln gegen einen Kriegsausgang kämpft, der solche Pläne erst möglich macht.«

Goebbel's Worte zeigen Wirkung. Die Leistungen der Kriegsindustrie steigern sich noch, trotz der Bombardierungen durch die Alliierten. »Totale Mobilmachung« —

---

[43]) Der Plan, nach seinem Erfinder Henry J. Morgenthau benannt, sieht im wesentlichen vor, daß ein besiegtes Deutschland nur noch von der Landwirtschaft leben soll, ohne Stahlindustrie, zum Beispiel an der Ruhr.

so nennt Goebbels seine Kampagne zur Vergrößerung des Menschenpotentials in den deutschen Armeen. Im September 1944 kann er 200 000 Rekruten für Hitlers Ardennen-Offensive ausheben und im Oktober weitere 200 000.

1943, als es zum ersten Mal so ausgesehen hatte, als ob Deutschland den Krieg verlieren könnte, hatte Goebbels in Berlin gerufen: »Wollt ihr den totalen Krieg?«. Und er hatte tosenden Beifall als Antwort erhalten. Jetzt ist er dabei, dem deutschen Volk seinen totalen Krieg zu geben!

Aber auch ein anderer führender Nationalsozialist will den Kampfgeist der Deutschen aufputschen: Heinrich Himmler, Chef der SS und der Polizei[44]), einer der am meisten gefürchteten Männer Europas. Er ist ein Schreibtischtäter mit einer pedantischen Begabung fürs Detail. Er ist keine wirkliche Führernatur. Aber er versteht es sehr gut (und verfügt über die entsprechenden Mittel), diejenigen zu bestrafen, die nicht parieren oder nicht organisiert sein wollen.

In diesem Herbst besteht seine Hauptaufgabe darin, die Divisionen zu ersetzen, die man während der Kämpfe im Sommer an der Ost- und Westfront verloren hat. Im August nimmt er die Ausbildung von 25 Volksgrenadierdivisionen in Angriff[45]). In einer Rede vor einer Gruppe von Gauleitern in Posen erklärt er: »Ich habe vorgeschlagen, der neuen Armee den Namen nationalsozialistische Volksarmee zu geben. Ich habe den Führer gebeten — und er hat mir sein Einverständnis dazu gegeben — diese neuen Divisionen Volksgrenadierdivisionen zu nennen. Ich habe die Idee der Reichs-

---

44) Ihm unterstehen alle Ausbildungs-, Reserve- und Rekruteneinheiten.

45) Die Volksgrenadierdivisionen sind etwas kleiner als die herkömmlichen Divisionen der deutschen Wehrmacht, aber gut mit automatischen Waffen ausgerüstet.

wehr[46]) verworfen und alles, was damit zusammenhängt. Ich mußte einen neuen Namen finden. Wir müssen jetzt einen heiligen Volkskrieg führen. Ich weiß, daß die Armee, die diesen Krieg gewinnen muß, und mit der wir diesen Krieg gewinnen werden, die nationalsozialistische Volksarmee ist. Ihr Name sagt eindeutig, daß diese Armee unauslöschlich von nationalsozialistischen Ideen geprägt sein muß.«

Parallel zu diesen Maßnahmen des »treuen Heinrich«, wie Hitler ihn einst genannt hatte, setzt Goebbels' »Völkischer Beobachter« seine psychologische Indoktrinierungskampagne verstärkt fort. Alles wird für den »heiligen Volkskrieg« mobil gemacht — die neuen Volksgrenadierdivisionen, die »Geheimwaffen«, die bald auf die alliierten Gegner abgeschossen werden sollen, schließlich auch die ununterbrochene Propaganda über das künftige Schicksal der Deutschen, wie es nach dem Morgenthauplan vorgesehen ist. Die Kampagne erreicht ihren Höhepunkt, als die Zeitungen in dicker Balkenüberschrift melden, daß der Führer zur Erinnerung an die Völkerschlacht[47]) die Bildung des »Volkssturms« angekündigt hat.

Der Volkssturm ist eigentlich eine örtliche Bürgerwehr, der alle Männer zwischen 16 und 60 angehören, die »fähig sind, die Waffen zur Verteidigung des Vaterlandes in die Hand zu nehmen«. Obwohl der Volkssturm verwaltungsmäßig und dem Namen nach von Hitlers grauer Eminenz Martin Bormann kontrolliert wird, untersteht er doch Himmlers militärischem Kommando. Als die Organisation aktiv wird, weigert Himmler sich, anderen Dienststellen Informationen über sein Lieblingsprojekt zu geben.

---

46) So heißt die deutsche Armee vor 1933.

47) Die Schlacht bei Leipzig 1813 gegen Napoleon. Sie wird »Völkerschlacht« genannt, weil viele Nationen gegen Napoleon daran teilnehmen.

Drei Tage vor der Einnahme von Aachen inspiziert Himmler die erste Einheit des neu geschaffenen Volkssturms. Vor ihm stehen alte Männer in Zivilkleidung mit tschechischen Gewehren, Jugendliche der HJ in schwarzen Uniformen, die »Panzerfäuste« vertrauensvoll über die schmalen, jungen Schultern geworfen. Nachdem er die Front auf- und abmarschiert ist, nutzt er die Gelegenheit, an den Sieg über Napoleon zu erinnern.

Ausgehend von der damaligen Lage in Preußen und den Waffen, über die der Landsturm verfügte, »alle möglichen Dinge zur Vogeljagd, Gewehre mit oder ohne Bajonett, Spieße, Keulen, Heugabeln, Säbel und geschulterte Sensen«, warnt er die Alliierten davor, was sie jetzt, nachdem sie die deutsche Grenze überschritten haben, erwarten wird.

Er endet mit Worten, die den alliierten Aufklärungsoffizieren besonders auffallen: »Auch in dem Gebiet, das sie glauben, erobert zu haben, wird immer wieder in ihrem Rücken Widerstandswille aufspringen. Und wie die Werwölfe werden todesmutige Freiwillige dem Feind schaden und seine Lebensfäden abschneiden.«

Zum ersten Mal ist die Organisation, die soviel Angst und Unsicherheit in den Reihen der Alliierten verbreiten wird, in der Öffentlichkeit genannt worden: der Werwolf.

*

Himmler fühlt sich durch die Einnahme von Aachen am 21. Oktober 1944 persönlich beleidigt. Kurz vor Beginn der Belagerung war er noch in die Stadt gekommen[48]) und hatte seinen Zuhörern versprochen, Aachen

---

[48]) Am Sonntag, dem 10. September 1944. Er spricht im Bunker neben der Burg Frankenberg.

werde nicht evakuiert. Jetzt ist er empört über die Rolle der örtlichen Parteiverantwortlichen bei der Evakuierung der Stadt.

Eduard Schmeer, Kreisleiter von Aachen, wird seiner Parteifunktionen enthoben, aus der Partei ausgeschlossen und als einfacher Soldat an die Front geschickt. Dies geschieht vor allem deshalb, weil er die Evakuierung der Zivilbevölkerung zu »stümperhaft« durchgeführt habe.

Himmler erfährt, daß mehrere Tausend Zivilisten, die in Aachen geblieben sind, die Amerikaner wie ihre Befreier begrüßt haben. Alliierte Presseberichte berichten, teils aufgebauscht, von nazifeindlichen Erklärungen der allerersten deutschen Zivilisten überhaupt, die in Aachen von amerikanischen Presseleuten befragt werden.

Wütend befiehlt Himmler in einem Schreiben an den höheren SS-Polizeiführer West, Karl Gutenberger: »Aus der Feindpresse ist zu entnehmen, daß in manchen von den Anglo-Amerikanern besetzten Ortschaften die Bevölkerung sich würdelos benimmt. Ich ordne heute schon an: 1. daß bei einer Wiedereroberung dieser Ortschaften die Schuldigen sofort zur Verantwortung zu ziehen sind. 2. Jetzt schon hat unsere Organisation hinter der amerikanischen Front durch Vollziehung der Todesstrafe an Verrätern erzieherisch zu wirken.«

Die Werwolf-Organisation, die im November 1944 als »Unternehmen Werwolf« offiziell gegründet wird, erhält den Auftrag, solche Hinrichtungen durchzuführen. Unter Himmlers Leitung soll die neue Geheimbehörde Guerillatätigkeiten hinter der alliierten Front ausüben. Der Werwolf ist als paramilitärischer Verband gedacht. Er wird von der Waffen-SS ausgebildet, um hinter der Front als Ablenkungstruppe zu kämpfen und so die reguläre deutsche Armee zu unterstützen.

Der Verband soll jedoch nie unabhängig vom Oberkommando operieren. Die meisten jungen Männer und

Frauen, die sich der Organisation anschließen, begreifen nicht, daß sie ihre Unternehmen in Zivilkleidung statt in Uniform durchführen sollen. Als sie später feststellen, daß sie ihre Aktionen in Zivil durchführen sollen und damit Gefahr laufen, bei der Festnahme erschossen zu werden, setzen sich viele wieder ab, sobald sich ihnen eine Möglichkeit bietet.

Himmler übergibt im November das Kommando der neuen, streng geheimen Organisation, die er aus Sicherheitsgründen auch im Schriftverkehr immer nur »W« nennt, SS-Polizeigeneral Hans-Adolf Prützmann, einem Mitglied seines Stabes. Prützmann ist langjähriges Mitglied der Partei und der SS. Im Juli 1941 war er von Hitler als einer der wichtigsten Parteivertreter nach Rußland geschickt worden. Dort war er zusammen mit dem berüchtigten Erich von dem Bach-Zelewski und Obergruppenführer Friedrich Jeckeln für die Polizeisicherheit in den neubesetzten Gebieten verantwortlich. Es war Hans-Adolf Prützmanns Aufgabe gewesen, mit Hilfe eines Polizeiregiments, einiger SS-Einheiten und örtlichen »Freiwilligen« die »Umsiedlung« in diesen Gebieten durchzuführen. Das heißt: die Bevölkerung wurde ausgerottet[49]).

Die Zahl der von Prützmanns Einheit ermordeten Juden und anderer »unzuverlässiger Elemente« kann heute nicht mehr genau festgestellt werden. Doch ist bekannt, daß die drei SS-Einheiten bis zur Einstellung der Operationen Ende 1941 mindestens 200 000 Juden umgebracht haben.

Im Jahr danach erhielt Prützmann die Aufgabe, Kinder von den baltischen Republiken »zwecks Germanisierung auszusiedeln«. Anschließend wurde er in die Ukraine

---

[49]) Die »Umsiedlung« erklärt Prützmann seinen Unterführern folgendermaßen: »Nicht so, wie Sie meinen — die sollen ins Jenseits befördert werden!«

geschickt, wo er mit Gauleiter Koch aneinandergeriet, dem eine große russische Provinz unterstand. Koch spürte, daß Prützmann ihn beschattete. Deshalb ließ er keine Gelegenheit aus, dem SS-General eins auszuwischen. Er verhinderte, daß Himmlers Befehle an Prützmann weitergegeben wurden. Die beiden Männer begannen sogar, sich offen zu bekämpfen.

Aber schließlich beendete die Rote Armee die Fehde zwischen dem Gauleiter und dem SS-General, indem sie die Ukraine zurückeroberte. Prützmann kehrte ins Reich zurück, wo er in Himmlers Stab aufgenommen wurde. Dort kam er schnell in den Ruf, eingebildet und faul zu sein. Seinen Dienst leitete er so unfähig, daß SS-General Schellenberg Himmler nahelegte, diesen Dienst aufzulösen.

Schellenbergs Vorwürfe hatten ihre Wirkung. Himmler beschloß, das Kommando über die Werwolforganisation nicht Prützmann, sondern einem Mann zu geben, den die Amerikaner bald »den meistgesuchten Mann in Europa« nennen sollten: SS-Oberst Otto Skorzeny.

Skorzeny war zu dieser Zeit in Deutschland bereits zu einer Legende geworden. Nachdem er 1940 als einfacher Soldat der »Leibstandarte Adolf Hitler« beigetreten war[50]), stieg er schnell auf. 1941 wurde er jedoch verletzt und kehrte nach Berlin zurück. Er war nur noch für beschränkten Dienst tauglich. Aber Skorzeny war nicht der Typ, der sich lange an einen Schreibtisch fesseln ließ. Zum Jahresende 1941 war er zum Verantwortlichen der neuen geheimen deutschen Kommandotruppe geworden, die nach dem Vorbild der erfolgreichen britischen Organisation aufgebaut worden war.

Skorzeny ging voller Energie an die neue Aufgabe heran; er rekrutierte nicht nur Deutsche, sondern auch

---

50) Die erste SS-Division, Hitlers Leibwache, abgekürzt LAH.

Freiwillige aus einem halben Dutzend anderer europäischer Nationen für seine brisanten Aufträge[51]).

Schon bald hatte er eine Elitetruppe von intelligenten, furchtlosen jungen Leuten aufgebaut, die nicht nur in mehreren Sprachen zuhause waren, sondern auch als erfahrene Soldaten und Fallschirmspringer gelten konnten.

1943 landete Skorzeny seinen ersten und wahrscheinlich größten Coup. Mit knapp hundert Mann befreite er den italienischen Faschisten Benito Mussolini aus dem Gran-Sasso-Gefängnis, eine angeblich uneinnehmbare Festung in den Bergen. Dort hatte die neue italienische Regierung ihn eingesperrt. Diese Operation, die mit Gleitern durchgeführt worden war, brachte Otto Skorzeny das Ritterkreuz des Eisernen Kreuzes von Hitler ein und den Ruf, ein Mann zu sein, der die härtesten und gewagtesten Unternehmen erfolgreich durchführen konnte.

*

Ende November 1944 läßt Himmler diesen Otto Skorzeny in sein neues Hauptquartier beim Dorf Hohenlychen kommen. Der Reichsführer stellt Skorzeny den anderen anwesenden Männern vor: Schellenberg, Kaltenbrunner und Prützmann. Dann kommt er zur Sache. Er erklärt, Ziel der Besprechung sei der weitere Aufbau der »Organisation Werwolf«. Bisher sei es den einzelnen Gauleitern und SS-Polizeichefs überlassen worden, die neue Widerstandsbewegung nach ihrem persönlichen Geschmack zu organisieren. Doch seien ihre

---

51) Da er den Hauptteil der benötigten Ausrüstung in Deutschland nicht zusammenbekommen kann, benutzt Skorzeny Doppelagenten in England, um die verschiedenen Exilregierungen in London zu überzeugen, daß die »Widerstandsbewegung« die Ausrüstung bekommt. Aber die Widerstandsbewegung ist Skorzenys Truppe selbst . . .

Anstrengungen, so Himmler, nicht zufriedenstellend. Die Organisation brauche jetzt eine feste, tüchtige Hand.

SS-Obergruppenführer Hans-Adolf Prützmann schaut auf die vor ihm liegenden Papiere, als Himmler sich an Skorzeny wendet: »Ich denke, dies dürfte Ihre Arbeit sein ... oder haben Sie schon genug zu tun?«[52])

Skorzeny denkt schnell nach. Während des deutschen Rückzugs nach der Invasion der Alliierten in der Normandie hatte er in Frankreich und Belgien ein ganzes Agentennetz aufgebaut. Bisher hatte er mit dieser Organisation nur wenig Erfolg gehabt. Kann er jetzt angesichts neuer Aufgaben, die Hitler ihm in den Ardennen zugedacht hat, auch noch eine dritte Organisation aufbauen? Er meint, daß dies schon rein zeitlich gesehen unmöglich ist. Und er entgegnet Himmler: »Reichsführer, ich glaube, ich habe bereits genug Arbeit.«

Himmler denkt einen Augenblick lang nach. Dann wendet er sich zu Prützmann und sagt zu den anderen: »Darf ich Ihnen den neuen Chef und Organisator des Werwolf vorstellen?«

Schnell beginnt die Gruppe, die Einzelheiten zu besprechen. Prützmanns Werwolf-Dienststelle soll offiziell »Generalinspektion für Spezialabwehr beim Reichsführer SS« heißen. Ihr Standort soll geheim sein — und mobil: in einem Sonderzug der Deutschen Reichsbahn. Alles in allem wird Prützmann für seine rollende Einsatzzentrale zweihundert Mann bekommen. Die zugeteilte Feldpostnummer lautet 34546. Man einigt sich

---

52) Wahrscheinlich weiß Himmler bereits, daß Skorzeny von Hitler persönlich den Auftrag erhalten hat, streng geheime Sabotagetrupps auszubilden, die in US-Uniformen gekleidet sind und fließend Englisch sprechen. Sie sollen in den Anfangstagen der Ardennenoffensive hinter den amerikanischen Linien auftauchen und dort Verwirrung stiften, was ihnen auch in spektakulärer Weise gelingt.

auch darauf, daß Skorzeny der neuen Organisation die Mittel seines Berliner Depots zur Verfügung stellen soll.

Prützmann soll sowohl spezielle Waffen bestellen dürfen als auch eroberte amerikanische Ausrüstung und Kleidung. Dann läßt man das Thema Werwolf fallen. Wenig später verläßt Skorzeny als erster die Versammlung; er ist erleichtert, daß er nicht eine Organisation übernehmen muß, deren einziges Merkmal bisher nur ihr Name ist. Prützmann soll selbst sehen, wie er damit fertig wird!

Wenn Prützmann auch wenig fähig ist, so weiß er doch, daß er bereits jetzt zum Kriegsverbrecher abgestempelt ist. Wenn die Alliierten den Krieg gewinnen, werden sie ihn als den »Generalinspekteur für Spezialabwehr (Werwolf) beim Reichsführer SS« mit Sicherheit vor Gericht stellen: Er ist sich auch darüber im klaren, daß er in diesem Fall wahrscheinlich hingerichtet würde. Deshalb tut er sein Möglichstes, um den streng geheimen Befehl zur Bildung der »Organisation Werwolf« auszuführen.

Nach seiner Einschätzung gibt es vor allem zwei Gebiete, in denen die Werwölfe erfolgreich operieren können: einmal im bereits von den Russen eroberten Ostpreußen, wo viele Deutsche noch immer nicht vor der vorrückenden Roten Armee geflohen sind und deshalb die deutschen Partisanen verstecken und ernähren können, dann aber auch im Westen, im Gebiet zwischen Aachen und Prüm. Hier kann die Bevölkerung die Werwolf-Aktionen unterstützen. Parallel dazu wird die Ardennenoffensive den Alliierten zusetzen.

Den Gauleitern der Bezirke, die an diese zwei Gebiete grenzen, schickt Prützmann seine ersten Mitteilungen. Darin bittet er sie, geeignete Männer und Frauen (auch Jungen und Mädchen) zu suchen, die als Freiwillige an geheimen Unternehmen hinter den feindlichen Linien teilnehmen wollen, und zwar bald.

Wenig später erhält er die Namen der ersten Freiwilligen in seiner Berliner Dienststelle. Aus Geheimhaltungsgründen werden sie zunächst P-Leute oder »Prützmänner« genannt. Ende 1944 hat er vier- bis fünftausend eifrige, fanatische junge Männer und Frauen zusammen. In erster Linie kommen sie aus den nationalsozialistischen Jugendorganisationen, der Waffen-SS und besonderen Sabotageeinheiten. Die Wölfe stoßen zum Rudel!

Im Westen ist der höhere SS-Polizeiführer West, SS Obergruppenführer und General der Waffen-SS Karl Gutenberger für Rekrutierung, Ausbildung und die Organisation der Werwölfe verantwortlich. Gutenberger ist seit 1925 Mitglied der Partei. Nach der Machtübernahme durch die Nationalsozialisten macht er schnell Karriere innerhalb der NSDAP. Er wird Polizeipräsident von Duisburg. Vier Jahre später übernimmt er als höherer SS-Polizeiführer das Kommando über den deutschen Westen.

Gutenberger muß in dieser Eigenschaft die politischen Aktivitäten der Zivilisten und Wehrmachtangehörigen in seinem Befehlsbereich überprüfen. Jeden Tag schickt er vertrauliche Berichte nach Berlin, in denen er die Schwächen und Fehler der hochgestellten Offiziere weitergibt. Das liest sich dann etwa so: »Oberst Feind, Düren, lasches Pflichtgefühl. Sollte seines Postens enthoben werden ... Oberstleutnant Buhrmann, Krefeld, 60 J., will keine Verantwortung übernehmen. Keine Entscheidungskraft. Entlassung dringend erforderlich ... Oberst Kaehler, Neuss — politisch neutral, keine Entscheidungskraft, muß seines Amtes enthoben werden.«

Es ist ein einfaches Leben — weit weg von der Front. Ein Telefonanruf genügt, damit jemand seine Stelle verliert. Eine Unterschrift, und Männer und Frauen kommen aus dem Gefängnis. Das richtige Wort zum richtigen Mann — und die Beschuldigten verschwinden ...

Deshalb ist Karl Gutenberger in der ersten Novemberwoche nicht allzu begeistert von der Ankündigung, Himmlers »besonderer Vertreter« werde ihn besuchen, nämlich Prützmann. Gutenberger kennt Hans-Adolf Prützmann seit langem und weiß, daß sein Erscheinen immer nur Aufregung und Mehrarbeit bedeutet. Er soll sich auch diesmal nicht täuschen.

Prützmann fährt wie üblich in seinem schwarzen Horch vor. Eine andere schwere Limousine mit Leibwächtern folgt seinem Wagen. Es sind große, gesunde junge Männer, die nach Gutenbergers Meinung ihrem Land an der Front bessere Dienste leisten könnten, als nur Prützmanns Leben zu schützen. Der Chef der neuen Organisation läßt Gutenberger jedoch wenig Zeit für solche Überlegungen.

Nach einer kurzen Einführung, in deren Verlauf er die Rolle des Unternehmens Werwolf erläutert, bittet er Gutenberger, ihn zu den Gauleitern von Köln und Düsseldorf zu begleiten. Als alte Parteimitglieder werden diese schon die richtigen ortsansässigen Leute kennen, die er zum Aufbau seiner Geheimorganisation im Westen braucht.

Nur widerwillig begleitet Gutenberger Prützmann und seine Männer nach Köln und anschließend nach Düsseldorf. Von hier läßt Prützmann ihn allein nach Essen weiterfahren, um mit dem dortigen Gauleiter zu sprechen. Bevor Prützmann jedoch abfährt, dreht er sich zu ihm um und sagt: »Nebenbei, Gutenberger, was ist mit Aachen?«

Gutenberger schaut ihn einen Augenblick lang verwundert an.

»Aachen?«

»Ja, das Schwein, das die Amerikaner zum Oberbürgermeister gemacht haben!«

»Was ist denn mit ihm?«, fragt Gutenberger. Aber er weiß schon, was Prützmann sagen will, noch bevor er zu sprechen beginnt.

»Den müssen Sie doch umlegen, nicht wahr?!«

»Ja«, sagt Gutenberger, »ich weiß«. Aber er sagt es ohne innere Überzeugung.

Zum ersten Mal ist ein Wort darüber gefallen, daß man Franz Oppenhoff ermorden will.

*

In den folgenden zwei Wochen kommt Gutenberger schnell mit der Ausbildung der Freiwilligen für die P-Leute voran. Die Gauleiter von Köln, Düsseldorf und Essen haben sie ihm geschickt. Die Rekrutierten kommen vor allem aus der Hitler-Jugend oder aus dem »Bund Deutscher Mädel«. In ihrem jungen Leben haben sie nichts anderes als die nationalsozialistische Ideologie kennengelernt. Alle sind in den Jugendorganisationen der Partei tätig und können deshalb — ob Jungen oder Mädchen — mit den kleinkalibrigen Waffen der Wehrmacht schießen: mit Revolver, Maschinenpistole und Panzerfaust.

Sie wissen nur noch nicht, wie man mit Sprengstoff umgehen muß und auch nicht, wie sie sich in den vom Feind besetzten Gebieten verhalten sollen. Aber das Grenzgebiet, in dem sie operieren sollen, kennen sie dafür sehr gut.

Gutenberger muß sie also nur noch auf zwei Gebieten ausbilden. Zwei Männer beauftragt er damit: der eine ist der SS-Standartenführer (= Oberst) Karl Raddatz, ein ehemaliger Volksschullehrer, der sich bei Kriegsausbruch als einfacher Soldat für die Leibstandarte gemeldet hat. Schnell wird er Hauptmann. Nach seiner Verwundung in der Schlacht um Caen, im Verlauf der alliierten Invasion, wird er in Gutenbergers Stab versetzt.

Der andere Ausbilder ist Oberstleutnant Neinhaus, ein alter Parteifreund von Gutenberger. Als ehemaliger Berufsoffizier hat er schon am Ersten Weltkrieg teilgenommen und bis zu einem Zusammenstoß mit den SS-Dienststellen in Köln Leute angeworben. Er bittet deshalb um eine Versetzung. Aber bevor sie wirksam wird, trifft er zufällig Gutenberger, als dieser dem Gauleiter von Köln zusammen mit Prützmann einen Besuch abstattet.

Als Gutenberger seinen alten Freund erkennt, fragt er ihn, ob er für eine »besondere Aufgabe« in seinem Hauptquartier arbeiten wolle. Neinhaus sagt sofort zu. Denn er erwartet nach seinen Schwierigkeiten mit der SS jeden Tag seine Strafversetzung. So kommt er also unter das etwas pedantische Kommando von Karl Raddatz und versucht, die neue und geheimnisumwitterte Organisation aufzubauen.

Die beiden Obristen wählen Schloß Hülchrath als idealen Ort für die Ausbildung. Es steht ihnen sofort nach dem Auszug eines Teils von Gutenbergers Stab zur Verfügung. Das Schloß liegt mitten in dem kleinen Ort Hülchrath zwischen Grevenbroich und Neuß.

Zwei Hauptstraßen im Norden und Süden verbinden das Dorf mit dem Niederrhein und mit den bereits vom Feind besetzten Gebieten im Westen. Keine Hauptstraße führt jedoch durch das Dorf selbst. Hülchrath liegt somit für schnelle Bewegung nach Ost oder West ideal. Und doch ist es einigermaßen geschützt vor neugierigen Blicken.

Das Gebäude aus dem 14. Jahrhundert bietet günstige Voraussetzungen für die Ausbildung einer Untergrundorganisation. Es ist umgeben von alten Fachwerkhäusern, die es von der schlecht ausgebesserten Dorfstraße her abschirmen. Man kann es nur über eine schmale Einfahrt erreichen, die leicht zu bewachen ist.

Ein Turm, von der äußeren Häuserreihe durch einen großen Hof getrennt, bietet zusätzlichen Schutz. In diesen Turm kommt man ebenfalls nur durch ein schmales Tor. Hier richtet Oberst Neinhaus die Führungsstelle für sein Werwolf-Trainingsprogramm ein.

Während die erste Gruppe von fünfzig Freiwilligen, darunter Bergleute von der Ruhr und HJ-Mitglieder, sich in den neuen Quartieren einrichtet und mit SS-Uniformen ausgestattet wird (damit die Bevölkerung sie für Mitglieder der in Hülchrath stationierten Wachkompanie der Waffen-SS hält), erkundet Neinhaus die Front im Westen zwischen Kleve am Niederrhein und Schmidtheim in der Eifel.

Es ist das Gebiet der deutschen Heeresgruppe B unter Feldmarschall Model. Dessen Aufklärungsoffiziere helfen Neinhaus dabei, Standorte für kleine Bunker zu finden, die seine Leute später benutzen sollen. Die Werwölfe sollen sich nämlich von den vorrückenden alliierten Truppen in den unterirdischen Verstecken (viele davon sind später in der Eifel) überrollen lassen. Nahrungs- und Waffenlager gehören dazu. Von dort aus sollen sie dann nachts dem Feind in den Rücken fallen. Tagsüber können sie, als Zivilisten getarnt, durch die besetzen Dörfer wandern. Die gefälschten Papiere werden sie von der Gestapo erhalten. Dafür sorgt der Geheimdienstmann Johannes Stubenrauch, der auch zum Stab von Oberst Neinhaus gehört.

Inzwischen beginnen die Freiwilligen im Schloß mit ihrer Ausbildung. Tagsüber erhalten sie theoretischen Unterricht im ersten Stock des scharf bewachten Turmes. Nachts schwärmen sie aus, um im Schutz der Dunkelheit die tagsüber erlernten Techniken erstmals anzuwenden.

Über einen Monat lang hört Gutenberger nichts mehr von Prützmann. Obwohl der Vormarsch der Alliierten durch den harten deutschen Widerstand im Hürtgenwald kurzfristig ins Stocken gerät[53]), fürchtet er doch, daß sie bald wieder vorrücken werden. Darauf muß er vorbereitet sein. Jeden Tag steht er mit Raddatz in Verbindung, der seinen Vorgesetzten über die Fortschritte der »P-Leute« auf Schloß Hülchrath informiert und mit seinen langatmigen Berichten viel zu viel von Gutenbergers kostbarer Zeit in Anspruch nimmt.

Der SS-General hat insgeheim beschlossen, den Mordplan Oppenhoff fallen zu lassen. Jeden Morgen beim Aufwachen hört er fern aus Richtung Eifel den alliierten Geschützdonner. Bald werden diese Geschütze den Rhein erreicht haben, und dann ist Deutschland besiegt! Was dann? Gutenberger macht sich keine Illusionen: als hochgestellter SS-Offizier wird er so oder so ins Gefängnis kommen.

Sollten die Amis ihn jedoch ins Gefängnis werfen, so würden sie ihn eines Tages auch wieder freilassen müssen. Wenn er aber die Verantwortung für einen Mord zu tragen hat, selbst wenn dieser Mord als rechtmäßige Kriegshandlung angesehen werden kann, dann wird er wohl kaum wieder freikommen . . .

Karl Gutenberger ist ein Mann mit Familie — und er ist entschlossen, den Krieg auf jeden Fall zu überleben. Der Mord am Aachener Oberbürgermeister aufgrund einer Laune von Prützmann gehört nicht zu seinen Zukunftsplänen. Für so etwas will er seinen Kopf nicht hinhalten.

Aber in den ersten Novembertagen erleidet Gutenberger einen Schock. Einer seiner Mitarbeiter bringt ihm

---

[53]) Ausführliche Darstellung in: Adolf Hohenstein/ Wolfgang Trees: Hölle im Hürtgenwald. Die Kämpfe vom Hohen Venn bis zur Rur September 1944 bis Februar 1945. Aachen 1981 (Triangel-Verlag).

eine streng geheime Fernschreibmeldung von Himmler höchstpersönlich. Neben dem Befehl, daß »jeder Bürgermeister in dem von Amerikanern besetzten Gebiet zu erschießen ist«, stellt Himmler die Frage, die Gutenberger schon länger befürchtet hat: »Was ist im Hinblick auf den Aachener Oberbürgermeister unternommen worden?«[54])

Resignierend stellt Karl Gutenberger fest, daß es keinen Ausweg mehr gibt. Er treibt den Mordplan voran. Unabhängig voneinander beauftragt er drei verschiedene SS-Leute, sich nach Aachen durch die Front zu schlagen und »die Sache« zu erledigen. Keiner, auch nicht Sturmbannführer Paul Schmitz, kann ihm den Vollzug des lästigen Auftrages melden.

*

Am Morgen des 16. Dezember 1944, um 5.30 Uhr früh, eröffnen 2 000 deutsche Geschütze das Feuer an der 130 Kilometer langen Frontlinie in den Ardennen zwischen Monschau im Norden und dem luxemburgischen Echternach im Süden. Auf den verschneiten, nebelbedeckten Höhenrücken der deutschen Eifel verlassen hunderte von Panzern ihre Verstecke in den Fichtenwäldern, um die weißgekleidete Infanterie zu unterstützen. Wenig später belegt ein schweres Eisenbahngeschütz von Prüm aus den belgischen Straßen- und Eisenbahnknotenpunkt St. Vith mit schweren Granaten. St. Vith ist die erste Schlüsselstellung, die von den Deutschen eingenommen werden muß. Die Ardennenoffensive, »Hitlers letztes Spiel«, hat begonnen.

Hitler hofft, mit 250 000 Soldaten, in zwei Panzerarmeen und eine Infanteriearmee aufgeteilt, bis zur

[54]) Gutenberger entschuldigt sich am Telefon bei Himmler damit, er habe private Schwierigkeiten gehabt und sei deswegen nicht dazu gekommen, hinter die feindlichen Linien zu gehen.

Maas vorzustoßen und den Fluß am vierten Kampftag südlich von Lüttich überqueren zu können. Dann sollen seine Panzerkolonnen schnell bis Antwerpen vorrücken, das der wichtigste Versorgungshafen der Alliierten auf dem Kontinent ist. Wenn erst einmal diese Stadt eingenommen wäre, so hätte Hitler die Alliierten vom Großteil ihres Nachschubs abgeschnitten und gleichzeitig die britischen und amerikanischen Armeen mit einem deutschen Stoßkeil voneinander getrennt.

Hitler selbst setzt alles auf eine Karte: Sieg — oder Untergang. Seine Umgebung aber verspricht sich, das Ende des Krieges ein paar Monate hinausschieben zu können, um so für Deutschland günstigere Bedingungen herauszuholen — günstigere jedenfalls, als die der offiziellen politischen Linie der Alliierten von einer »bedingungslosen Kapitulation«. Außerdem hofft er, daß ein um einige Monate verlängerter Krieg zwischen den westlichen Alliierten und Rußland einen Streit um den Balkan bringt, auf dem Briten und Russen jetzt schon aneinandergeraten sind. Dies würde zu einem Zusammenbruch der Allianz führen. Und der könnte für Deutschland nur von Vorteil sein.

Obgleich Gutenberger am Erfolg des Gegenangriffs in den Ardennen zweifelt, ist er nicht unglücklich darüber. So kann er doch jetzt die Ausführung des undankbaren Auftrages hinauszögern, den Prützmann ihm zugeschoben hat. Insgeheim hofft er, daß die geplante Ermordung des Aachener Oberbürgermeisters während der Offensive ganz in Vergessenheit gerät.

Mit seinem Stab fährt er von Deutschland in das kleine Dorf Galhausen bei St. Vith, wo er in Erwartung der Eroberung der Stadt Quartier bezieht. Nach der Wiedereroberung St. Viths sowie der anderen Grenzstädte und -dörfer wird es seine Aufgabe als SS-Polizeichef sein, sie zu »säubern« — ein beschönigender Ausdruck für Inhaftierung und Schlimmeres, was »unsicheren Elementen« droht.

*

Die überraschende deutsche Gegenoffensive ruft unter den übriggebliebenen Aachenern Panik hervor. Die deutsche Front ist nur ein paar Kilometer von der von den Alliierten besetzten Stadt entfernt. Die Aachener sind an Geschützfeuer gewöhnt. Aber das Sperrfeuer am Morgen des 16. Dezembers ist anders, heftiger!

Als wenig später die ersten V1 explodieren[55]) und die Aachener amerikanische Lastwagen anfahren sehen, die grimmig dreinschauende Infanteristen zur Abwehr der Ardennenoffensive ausladen, ist den mehreren Tausend in der Stadt Zurückgebliebenen endgültig klar, daß die angreifenden deutschen Verbände es ernst meinen.

In den amerikanischen Dienststellen der Militärregierung sind die Offiziere und Soldaten nicht weniger verstört als die Zivilisten. Sie sitzen mit dem Helm auf dem Kopf an ihrem Arbeitsplatz. Ihre Karabiner liegen schußbereit quer über dem Schreibtisch vor ihnen. Draußen läßt man die Jeeps jede halbe Stunde warmlaufen. In diesem kältesten Winter in Westeuropa seit dreißig Jahren will kein Amerikaner dem Feind in die Hände fallen, nur weil der Motor gerade nicht anspringt ...

Für eine Weile kann Oppenhoff, der Gott jeden Tag dafür dankt, daß er seine Frau und seine Kinder im belgischen Eupen zurückgelassen hat, die Panik in seiner

---

[55]) Das V steht für »Vergeltungswaffe«. Ob die in Aachen (unter anderem in Laurensberg) und in Eupen niedergegangenen V 1 dem belgischen Lüttich gelten und ihr Ziel verfehlen (was nach dem Wehrmachtbericht wahrscheinlich ist, der »Antwerpen und Lüttich unter Fernbeschuß der V 1« meldet), oder aber ob sie auch auf das von den Alliierten besetzte Aachen gerichtet werden, um die Bevölkerung dort einzuschüchtern, läßt sich heute nicht mehr klären.

Verwaltung dämpfen. Als das Geschützfeuer täglich lauter wird, erklärt er seinen beunruhigten Kollegen: »Gott und das Hohe Venn werden uns schützen!«

Eines Tages verbreitet sich in Aachen das Gerücht, die SS habe in Euskirchen bereits Galgen für die dortige Stadtverwaltung errichtet. »Dankt Gott für die Galgen in Euskirchen«, unterbricht Dr. Mies das Schweigen der versammelten Männer, als ihnen davon berichtet wird. »Ich habe nämlich keine Lust, Hauptdarsteller in einem von Goebbels veranstalteten Schauprozeß auf den Stufen des Aachener Rathauses zu sein.«

Josef Hirtz, ein halbjüdischer Textilfabrikant, löst die Spannung, indem er witzelt: »Sie brauchen sich doch keine Sorgen zu machen, Mies, mit Ihren zwei Metern! Während Sie sich auf ihre Fußspitzen stellen und zum Volk hinunterschauen, hängen wir schon längst in der Luft[56]).«

In Wirklichkeit aber gibt es nichts zu lachen. Sogar die Tageszeitung »Aachener Nachrichten«, die allererste von den Alliierten wieder offiziell zugelassene Zeitung im Nachkriegsdeutschland überhaupt, kann den Ernst der Lage in den Ardennen nicht verbergen. Nachts kann jeder, der unter Umgehung des Ausgehverbotes einen Blick aus seiner schwarzverhängten Tür wirft, überall auf den umliegenden Hügeln den beunruhigenden roten Feuerschein der deutschen Artillerie entdecken.

Schließlich geht Franz Oppenhoff auf Drängen der anderen Verwaltungsleute an der Spitze einer Delegation der Stadtverwaltung zu Oberstleutnant Carmichael. Oppenhoff und seine Kollegen verzichten aus Sicherheitsgründen auf einen Dolmetscher und bitten Carmichael eindringlich, sie zu schützen, falls die Amerikaner sich aus Aachen zurückziehen müßten.

---

[56]) Dr. Mies ist mit 1,89 Metern der größte von allen.

Der amerikanische Oberst hört die Worte schweigend an. Dann bittet er, zu warten. Er geht in einen rückwärts gelegenen Raum, um mit seinen Vorgesetzten zu telefonieren. Wegen der deutschen Offensive haben militärische Mitteilungen am Telefon unbedingten Vorrang. Erst nach zehn Minuten kehrt er zurück und teilt ihnen mit, daß sie bei einer eventuellen Evakuierung der Stadt von der amerikanischen Besatzung auf einem Lastwagen mitgenommen würden. Alle sind erleichtert.

Doch Franz Oppenhoff hat andere Probleme, als sich um die Gefahren der Ardennenoffensive zu kümmern. Es ist ihm immer klarer, daß man mit den Amerikanern nur schwer verhandeln kann. Für die geringste Sache muß er Stunden in Carmichaels oder Mark Swobodas Büro warten. Und dann bekommt er stets die Antwort: »Mal sehen, was ich für Sie tun kann.« Obschon er kaum Englisch spricht, kennt er diesen Satz auswendig. Das bedeutet meistens, daß überhaupt nichts unternommen wird . . .

*

Zur gleichen Zeit befiehlt General Eisenhower in Paris, daß es keine Verbrüderung zwischen Deutschen und ihren Eroberern geben dürfe. Alliierte Soldaten dürfen ab sofort nur noch dann mit deutschen Zivilisten reden, wenn ihre militärische Pflicht es erforderlich macht — sonst nicht. Als Major Swoboda, der stets freundlich zu Oppenhoff gewesen ist, von diesem Befehl erfährt, läßt er den Oberbürgermeister sofort in sein Büro kommen. Er empfängt ihn kühl und ohne die üblichen Grußworte. Oppenhoff registriert auch, daß der Amerikaner seine ausgestreckte Hand einfach übersieht.

Der Major wendet sich zu Liesel Greven, die einige Jahre in England war und jetzt Oppenhoffs Dolmetscherin ist. Er sagt: »Es ist sehr wichtig, daß Sie meine

Worte ganz genau übersetzen.« Dann schaut er Oppenhoff an und sagt langsam: »Ich habe einige unerfreuliche Mitteilungen für Sie. General Eisenhower hat ein Verbrüderungsverbot erlassen. Von jetzt an ist jeder persönliche Kontakt mit den Deutschen verboten. Jede Unterhaltung muß auf ein Minimum beschränkt werden. Ich danke Ihnen. Das ist alles.«

Oppenhoff schaut den Amerikaner ungläubig an. Zwei Monate kennt er jetzt den Major. Sie haben Weihnachten zusammen gefeiert. Es war allein Swobodas Teilnahme zu verdanken gewesen, daß er die Mitglieder der Stadtverwaltung zu einer Weihnachtsfeier hatte einladen dürfen[57]). Doch jetzt schaut Major Swoboda ihn lediglich stillschweigend an. Oppenhoff dreht sich um und geht.

Auch die deutsche Ardennenoffensive, das »europäische Pearl Harbour«, verändert das Verhalten der Amerikaner gegenüber den deutschen Zivilisten einschneidend. Sie werden härter, sogar brutal. Braucht die Infanterie in den verschneiten Ardennen Bettlaken zur Tarnung, dann ergeht ein Beschlagnahmebefehl und die GI's schwärmen in Aachen aus, um die wenigen von der Bevölkerung bewohnten Häuser zu durchsuchen. Sie

---

[57]) Es ist die Zeit der Ardennenoffensive. Unter größten Schwierigkeiten gelingt es Oppenhoff, 3000 Weihnachtsbäume nach Aachen bringen zu lassen.
Die Feier findet am 23. Dezember 1944 im Kassenraum des Regierungsgebäudes am Theaterplatz statt. Nach dem gemeinsamen Singen des Weihnachtsliedes »Es ist ein Ros entsprungen« und einem Duett »Tui sunt coeli«, das Domkapellmeister Professor Theodor Bernhard Rehmann eigens zu diesem Anlaß komponiert hat, spricht Oppenhoff, nach einem Bericht seines Freundes Edmund Sinn »lebhaft und eindringlich, ergriffen und ergreifend, wie einer, der zu diesem Werk berufen ist. Er sprach mit Wärme von Mensch zu Mensch, von Herzen zu Herzen«.
An den nachfolgenden Weihnachtsfeiertagen besucht Oppenhoff Alte und Kranke und ehrt besonders den Totengräber Brand aus Aachen, der während der Belagerung der Stadt viele Leichen aus den Häusern geholt hatte und sie eigenhändig begrub, ohne später nach der Bezahlung zu fragen.

nehmen dann nicht nur Bettzeug und weiße Tischtücher mit, sondern werfen Betten und andere Möbelstücke durch die Fenster auf die Straße.

Als Franz Oppenhoff von dieser sinnlosen Zerstörung von Einrichtung und bereits knappen Haushaltsgütern erfährt, will er bei Oberstleutnant Carmichael protestieren. Er trifft ihn nicht an, dafür aber einen anderen Offizier, der ihm sagt: »Sie können glücklich darüber sein, daß unsere Soldaten ihre Wut nur an Gegenständen auslassen. Ihr Deutsche macht das mit Menschen!«

Sind die Amerikaner schon schlimm genug — Oppenhoffs Mitbürger bereiten dem Bürgermeister zusätzliche Sorgen. Wegen der Spannung, die die Offensive hervorgerufen hat, ergießt sich eine Welle von Denunziationen über die Stadt. Der CIC verhaftet völlig unschuldige Aachener, die von ihren Nachbarn als »Nazis« oder »Spione« gemeldet worden sind.

Als die Ardennenoffensive ihren Höhepunkt erreicht, verliert Oppenhoff allmählich den Mut. Er lebt unter primitivsten Bedingungen ohne seine Frau und seine Kinder, die ihn hätten aufmuntern können. Nachts sitzt er in seinem ungeheizten Zimmer und grübelt über die Lage. Von Zeit zu Zeit erzählt er seinen Amtskollegen: »Das hat keinen Zweck. Keiner will uns helfen!« Sie schauen ihn dann mit ernsten Mienen an. Sie wissen, daß die ganze Stadtverwaltung zusammenbricht, wenn Oppenhoff aufgibt — und dann könnten die Amerikaner keine neue Verwaltung in Aachen mehr aufbauen. Denn die Stadt ist in zwei sich bekämpfende Lager gespalten, und jede der beiden Gruppen will das Beste für sich herausholen.

Doch morgens faßt Oppenhoff sich meist wieder. Er setzt sich an seinen Schreibtisch in seinem winzigen, dunklen Büro und arbeitet weiter an der ungewissen Zukunft Aachens und seiner Bürger.

*

Ilse Hirsch empfindet die Ardennenoffensive als eine Belohnung für all' die harte Arbeit, die sie in den letzten Wochen geleistet hat, seit die deutsche Patrouille sie aus ihrer Hütte bei Monschau befreite. Ihre Hilfe bei der Errichtung von Bunkern und Verteidigungslinien in der Eifel ist also nicht umsonst gewesen! In diesen Bunkern hatte die Sechste SS-Panzerarmee, die jetzt tief in belgischem Gebiet kämpft, vor dem Losschlagen ihre Ausrüstung und ihre Leute versteckt.

Ilse lebt jetzt in Köln und erledigt als »Werkbeauftragte Gau Köln-Aachen« im BDM-Werk »Glaube und Schönheit« langweilige Routinepflichten im Büro der regionalen Zentrale. Etwas lebhafter wird sie nur, wenn sie am »Volksempfänger« das harte Schmettern der Trompeten und den Trommelwirbel hört, die eine neue Siegesmeldung aus den Ardennen ankündigen. Aber das für ihr Temperament viel zu ruhige Leben in Köln soll nicht allzu lange dauern.

In der letzten Dezemberwoche des Jahres 1944 wird sie zu Hilde Schulze gerufen, der örtlichen BDM-Führerin. Sie weiß von Ilses Abenteuer in Monschau. Die BDM-Führerin kommt sofort zum Kern der Sache. »Sie waren vom Februar 1941 bis April oder Mai 1944 in Monschau?«

»April 1944, Gebietsmädelführerin«, korrigiert Ilse sie militärisch knapp.

»Und seitdem waren Sie bis zu Ihrer Evakuierung in Aachen?«

»Ja.«

»Gut.« Frau Schulze macht eine kurze Notiz. »Sie kennen diese Gegend der Eifel also gut?« Sie schaut auf und blickt Ilse Hirsch an. Dann beugt sie sich wieder über ihre Papiere und entläßt Ilse mit einer Handbewegung.

Zwei Tage später wird Ilse Hirsch nach Düsseldorf-Lohausen versetzt, wo sie Standartenführer Raddatz Bericht erstatten soll. Der SS-Mann empfängt sie sehr freundlich. Er bittet sie, sich zu setzen und bietet ihr eine Zigarette an, die sie jedoch betont ablehnt. »Die deutsche Frau schminkt sich nicht — die deutsche Frau raucht nicht.« Diese zwei Lektionen hatte sie ihren weiblichen Schützlingen im Backfischalter jahrelang eingehämmert.

Einen Augenblick lang spricht der SS-Offizier, den sie von der Sprache her für einen Akademiker hält, belanglos über den Krieg und ihre Arbeit. Dann fragt er, wie gut sie die Gegend um Aachen kenne. Sie spricht über die Jahre, die sie dort gewesen ist, während des Krieges und davor, als sie Lehrmädchen in Umbreits Buchladen nicht weit von Aachen war.

Der SS-Offizier nickt gedankenverloren. Dann sagt er: »Wir brauchen Frauen für unsere Unternehmungen. Sie wissen, Männer können sich nach dem Ausgehverbot nicht mehr auf die Straße wagen. Aber man wird sich wegen einer harmlosen Frau keine Gedanken machen.« Er zögert einen Augenblick bei dem Wörtchen »harmlos«, ein amüsiertes Lächeln auf den Lippen. Sie fragt sich, welches »Ausgehverbot« er wohl meint und wer »sie« sind. Doch hat sie in sechsjähriger Parteiarbeit gelernt, keine unnötigen Fragen zu stellen. Also sagt sie nichts.

»So, Fräulein Hirsch«, fährt Raddatz fort, »ich denke, wir können Sie gebrauchen. Ich schicke Sie von hier aus nach Schloß Hülchrath. Dort werden Sie Leutnant Wenzel treffen. Er wird Sie über „Unternehmen Karneval" aufklären«[58]). Damit ist Ilse Hirsch abkommandiert — zu einem Mordauftrag.

[58]) Es besteht keine völlige Klarheit über das, was in dieser Besprechung gesagt wird. Ilse Hirsch gibt später zu Protokoll, Raddatz habe ihr mitgeteilt, ihre Aufgabe bestehe in der Teilnahme an der Hinrichtung des Aachener Oberbürgermeisters, das Mordkommando werde »in Aachen eingeflogen«. Raddatz aber bestreitet dies, und er könnte die Wahrheit gesagt haben, weil zu dieser Zeit noch nicht feststeht, daß man das »Unternehmen Karneval« auf dem Luftweg einleiten wird.

*

Ilse Hirsch stammt aus der Industriestadt Hamm an der Ruhr, wo sie 1922 geboren wird. Ihr Vater, ein Schneidermeister, verliert seine erste Frau, Ilses Mutter, als das Kind fünf Jahre alt ist. Kurze Zeit später heiratet der Schneider wieder. Ilse wird in einem Internat untergebracht, das von Ursulinenschwestern geleitet wird.

Bis zum Abitur bleibt Ilse in der Klosterschule. Dann absolviert sie ein weiteres Jahr an einer Privatschule der Ursulinen, um den Beruf der Kindergärtnerin zu erlernen. Aber schon bald gibt sie das auf, um Kunstgewerblerin zu werden. In der kleinen Mietwohnung hinter dem Buchladen (mit Geschenkartikeln) von Umbreit findet Ilse zum ersten Mal ein Zuhause, seit ihre Stiefmutter sie vor sieben Jahren in das Internat weggeschickt hat.

Schon mit 16 ist sie dem BDM beigetreten, aus Protest gegen die Nonnen, die Frömmigkeit statt politisches Engagement wünschen. In ihrer Freizeit unterrichtet sie die jüngeren Mitglieder der Organisation in Handarbeit, Modellieren und ähnlichen Kunstfertigkeiten. Sie treffen sich abends, arbeiten rund um einen großen Tisch versammelt. Die Nadeln klappern emsig, wenn sie Pullover für die Soldaten an der Ostfront stricken. Dann erzählt Ilse oder eine andere begeisterte Führerin zum wiederholten Male Adolf Hitlers Lebensgeschichte, die jeder schon im Schlaf kennt. »Adolf Hitler, geboren 1889 in Österreich, bewies schon bald sein Führungstalent, als er im Alter von 16 Jahren . . .«

Später bestreitet Ilse Hirsch oft, daß sie den Hitlerkult gutgeheißen hat. Die Jugendorganisation der NSDAP besitzt aber für das junge und liebebedürftige Mädchen, das zuhause nie wirkliche Zuneigung erfahren hatte, große Bedeutung. Denn zum ersten Mal in ihrem Leben hat sie das Gefühl, irgendwohin zu gehören.

1941 fallen ihr Fleiß, ihre Hingabe und ihr »künstlerisches« Talent einer älteren Frau auf, die die Organisation leitet. Man schlägt ihr vor, sie solle selbständig eine Gruppe übernehmen. Ein Jahr später gibt sie ihre Arbeit bei den Umbreits auf und wird hauptberuflich BDM-Führerin im Raum Monschau. Dort bleibt sie bis Anfang 1944.

Von Jugend an hat Ilse Hirsch unter Hustenanfällen gelitten. Später stellt man Tuberkulose fest; um ihr Leben zu retten, wird einer ihrer Lungenflügel stillgelegt. Trotz ihrer schlechten Gesundheit bewirbt sie sich um die Parteimitgliedschaft und wird aufgenommen. Hier verbessern sich ihre Zukunftsaussichten. Im April 1944 wird sie auf eine neue, bessere Stelle in Aachen versetzt.

Ilse Hirsch ist 23 Jahre alt, als sie im Winter 1944 zur Vorbereitung des »Unternehmens Karneval« auf Schloß Hülchrath ankommt. Sie sieht sich selbst als Idealistin, die sich keineswegs für die politische Doktrin der NSDAP interessiert, sondern einzig und allein für den »Gemeinschaftssinn«: für die Arbeit an einer gemeinsamen Sache.

Als man sie später fragt, warum sie als Frau am »Unternehmen Karneval« teilgenommen habe, erklärt sie: »Ich bin der Bewegung beigetreten, weil ich glaubte, eine Mission für den Führer durchführen zu müssen. Mich reizte das Abenteuer ..., der Gedanke, mit dem Fallschirm abzuspringen«.

Doch steht diese Erklärung, die auf eine einfache Abenteurernatur hinweist, im Gegensatz zu ihrem eiskalten und entschlossenen Handeln während des Unternehmens, als sie zum ersten Mal feststellt, daß ihr Opfer drei kleine Kinder hat. Damals muß ihr klar geworden sein, daß ein erfolgreicher Abschluß des Kommandounternehmens nicht nur einen Mann töten, sondern auch drei Kindern den Vater nehmen würde.

Tatsächlich ist Ilse Hirsch ein entschlossenes Mitglied der NSDAP, das dem Parteidiktat blind gehorcht. Sie würde keinen Augenblick zögern, jemanden umzubringen, wenn es im Interesse »der Sache« sei. Mit anderen Worten: sie ist eine Fanatikerin, und obendrein ist sie auch noch mutig.

DIE ORGANISATION DES WERWOLF IM RHEINLAND

Kommandeur:	SS-General Gutenberger (HQ Düsseldorf-Lohausen)
Verbindungsoffizier:	SS-Oberst Raddatz (Düsseldorf-Lohausen)
Kommandeur Hülchrath:	Oberstleutnant Neinhaus (Schloß Hülchrath)
Ausbildungsoffizier:	SS-Leutnant Wenzel (Hülchrath-Berlin)
Werwolftrupps:	Je fünf Männer und eine Frau
Rekrutierung in:	**Vorgesehener Einsatz:**
Gau Köln Gau Essen Gau Düsseldorf	bei der Heeresgruppe B (FM Model) zwischen Kleve und Schmidtheim

In Hülchrath angekommen, findet Ilse Leutnant Herbert Wenzel sofort unsympathisch. Er stellt sich ihr als der Ausbildungsoffizier der neuen Einheit vor, der Raddatz sie zugeteilt hat. Die Einheit besteht sowohl aus Frauen als auch aus Männern, von denen einige Zivilkleidung tragen, andere Uniform. Außer den silbernen

Runen der SS trägt aber niemand Rang- oder Erkennungsabzeichen.

An den beiden ersten Tagen in einem der kalten Räume des Haupttурmes hat Ilse kaum Kontakt mit Wenzel. Doch während der langen, gefährlichen Fahrt übers Venn nach Galhausen bei St. Vith[59]) lernt sie den jungen Leutnant etwas näher kennen.

Nicht etwa, daß Wenzel viel preisgibt. Während sie auf den mit Bombentrichtern übersäten Eifelstraßen ihrem Ziel entgegenrumpeln, erzählt er ihr aus seinem Leben, jedoch ohne die Offenheit, die Deutsche voneinander erwarten.

Er ist in Afrika geboren und hat mit einem Onkel auf einer Farm im ehemals deutschen Südwestafrika gelebt, bis der Krieg ausbricht. Dann kommt er nach Deutschland, um der Wehrmacht beizutreten. Seine Familie bleibt dort unten zurück und wird von den Südafrikanern interniert. Da er fließend Englisch spricht, kommt er zu einem Regiment mit geheimdienstlichem Sonderauftrag, den Brandenburgern, wie sie sich selbst nennen.

Die Brandenburger sind eine ausgewählte Gruppe von Soldaten, die lange Jahre im Ausland verbracht haben und dank ihrer Sprachkenntnisse mit Sabotageakten und ähnlichen Unternehmen hinter den feindlichen Linien betraut werden. Wenzel erzählt, daß er sich 1943 mit anderen Mitgliedern seines Regiments darum beworben hat, Major Otto Skorzenys Kommandoeinheit beizutreten, die zu dieser Zeit in Berlin aufgebaut wird.

Er behauptet auch, er habe dem Kommando angehört, das den gefangenen Mussolini auf dem Gran Sasso be-

---

[59]) Nach heftiger Gegenwehr ziehen die Amerikaner unter General Bruce Clarke sich aus der Stadt zurück. Der größte Teil der Verteidiger von der 106. US-Infanteriedivision (»die goldenen Löwen«) wird in Schönberg bei St. Vith eingekesselt und ergibt sich. Vergleiche unser Buch: Entscheidung in St. Vith. Der Untergang der 106. US-Infanteriedivision in der Winterschlacht in den Ardennen, Eupen 1979.

freite. Er erzählt Ilse, danach sei er mit Skorzeny zur Bekämpfung der Partisanen nach Jugoslawien gegangen und habe das Kommando im Herbst 1944 verlassen, um einen Posten in Eltville bei Mainz anzunehmen. Von dort habe man ihn im Oktober 1944 zu Gutenberger versetzt. Wenn sich Wenzel auch zu Ilse Hirsch beugt, um ihr einen zerknitterten Urlaubsschein zu zeigen, auf dem die Unterschrift »Obersturmbannführer O. Skorzeny« zu lesen ist, so weiß sie doch, daß er sie belügt.

Denn er behauptet zwar, er sei seit 1939 immer im Ausland gewesen, spricht aber mit dem gutturalen Akzent eines in Norddeutschland Geborenen und Aufgewachsenen. Sogar sein leichtes Lispeln überdeckt das nicht. Später stellt Ilse auch fest, daß sein Englisch gar nicht so fließend ist, wie er angegeben hat. Er macht elementare Fehler, die sicher nicht vorkämen, wenn er sein ganzes Leben in einer englischsprachigen Gemeinschaft verbracht hätte.

Ilse Hirsch gibt es bald auf, den wahren Herbert Wenzel zu entdecken. Ihre Abneigung ihm gegenüber wächst während der Ausbildungszeit. Später wird sie den britischen Offizieren beim Verhör erzählen, daß er »ein verschlossener Mann war, der langsam dachte, nicht schnell handeln konnte und als Leiter unserer Gruppe nicht besonders geeignet war«.

Erst viele Jahre später stellt Ilse Hirsch auch fest, wie verschlagen Wenzel in Wirklichkeit gewesen war; er hatte nämlich jedem in Hülchrath ein anderes Gesicht gezeigt! Für Neinhaus war er »kompetent« gewesen; Gutenberger hatte ihn »rational und schnell« gefunden; Heidorn empfand ihn als »autoritär«, aber »von erstaunlicher Begabung beim Durchstreifen der Gegend« (und das war ein großes Lob aus dem Munde eines Mannes, der dreimal sein Leben riskiert hatte, um deutsche Agenten durch die amerikanischen Linien in die Eifel zu schleusen).

Auch hatte Wenzel jedem, mit dem er in Kontakt gekommen war, eine andere Lebensgeschichte aufgetischt. Gutenberger glaubte, er sei »von Skorzenys Organisation ... wahrscheinlich von den Brandenburgern«. Denn kurz nachdem er in Hülchrath aufgetaucht war, war er eines Tages in der schwarzen Uniform eines SS-Leutnants der Panzertruppe zum Dienst erschienen.

Hennemann registrierte erstaunt, daß er trotz seiner Rangabzeichen eines Offiziers darauf bestand, im gleichen Raum wie die Mannschaften zu schlafen — ein befremdendes Verhalten für einen deutschen Offizier! Ilse Hirsch hatte den Eindruck, daß er das Abitur gemacht und dann einige Zeit an einer Universität studiert hatte; Heidorn jedoch hatte festgestellt, während sie sich nach dem Mord an Oppenhoff zusammen auf einem Bauernhof versteckt hielten, daß Wenzel »sich mit dem Wirtschaftshof eines Bauerngutes auskannte und ganz offensichtlich viel Erfahrung mit Pferden hatte«. Das war übrigens eine Beobachtung, die später auch vom Bauern dieses Hofes selbst bestätigt wurde.

*

Während Wenzel und Ilse Hirsch zu Gutenbergers vorgeschobenem Hauptquartier nach St. Vith fahren, ist General Gutenberger noch in seinem Bunker im Hauptquartier in Düsseldorf-Lohausen. Hier wartet er auf den Befehl, auch nach Belgien zu fahren. Mittendrin ruft ihn Heinrich Himmler an.

Himmler steht kurz vor seinem Einsatz in der Ardennenoffensive. Zum ersten Mal hat der Führer ihm erlaubt, ein Kommando bei der Truppe zu übernehmen. In den ersten Januartagen 1945 soll er einen überraschenden Angriff gegen die französisch-amerikanische Front im Elsaß bei Straßburg führen. Obwohl ihn diese neue Aufgabe reizt, vergißt der »Reichsheini«[60]) trotzdem nicht seine Routineaufgaben! Und vor allem nicht seinen Ärger über die Art und Weise, wie sich die Parteioffiziellen in Aachen verhalten haben, indem sie Verrätern wie dem neuen Oberbürgermeister der Stadt die Möglichkeiten lassen, »mit Hilfe der feindlichen Presse Gift unter das deutsche Volk zu streuen«.

Die neue Verantwortung hat Himmlers nervöse Magenbeschwerden noch verstärkt. Ohne Gutenbergers Lagebericht abzuwarten, rügt der Reichsführer ihn daher verärgert wegen seines »mangelhaften Einsatzes im Fall Aachen«. Er läßt Gutenberger gegenüber keinen Zweifel daran, daß er sofortiges Handeln wünscht; der SS-General weiß nur zu gut, wie der Reichsführer bei einer weiteren Verzögerung reagieren wird. Voreilig wagt Gutenberger einen Einwand: »Aber die Lage an der Front macht es sehr schwierig, durch die feindlichen Linien zu kommen, Herr Reichsführer. Dreimal habe ich zuverlässige Leute vergeblich geschickt. Und jetzt durch die Offensive . . .«

Himmler schneidet ihm das Wort ab: »Mann, dann schicken Sie Ihre Gruppe doch auf dem Luftweg nach Aachen!« Und nachdem er ihn so angeschnauzt hat, hängt er einfach ein. Erschrocken über Himmlers Ton geht Gutenberger in das vordere Zimmer, wo Albath auf ihn wartet, der Inspektor der örtlichen Sicherheitspolizei.

Gutenberger sagt zu ihm: »Das war Himmler. Wegen der Aachener Sache.«

Albath nickt. Wie fast alle höheren Offiziere und Beamten in Gutenbergers Düsseldorfer Hauptquartier weiß er von dem Plan. Er wartet darauf, daß Gutenberger die unausgesprochene Frage beantwortet.

---

60) Der Spitzname Himmlers innerhalb der NSDAP.

»Er hat mir befohlen, die Sache jetzt auf dem Luftwege durchzuführen.«

Albath ist ein harter Mann. In den letzten Jahren hat er Dinge gesehen und gehört, von denen er nicht einmal seiner Frau zu erzählen wagt. Trotzdem schaudert er. Er ist Realist wie Gutenberger. Wenn Gutenberger den Mordplan jetzt im vierten Anlauf durchführt und die Alliierten den Krieg gewinnen, dann ist Gutenbergers Schicksal besiegelt. Er ist froh, nicht in seiner Haut zu stecken!

*

Aber nicht nur das deutsche Oberkommando beschäftigt sich mit Oppenhoff und seinen Kollegen in der neuen Aachener Stadtverwaltung. Auch die Amerikaner befassen sich immer mehr mit ihren neugewonnenen deutschen Verwaltern. Am Neujahrstag 1945 wird Hauptmann Saul K. Padover, Leiter einer Gruppe für psychologische Kriegsführung bei der 12. Armeegruppe, zum Rapport in General Bradleys Hauptquartier in einem Hotel in der Stadt Luxemburg bestellt.

Wie die Aachener und ihre amerikanischen Besatzer, so sind auch die Luxemburger und ihre amerikanischen Befreier durch die Ardennenoffensive in großen Schrekken versetzt worden. Doch weil inzwischen Montgomery im Norden und Patton im Süden auf den deutschen Frontbogen zumarschieren und offensichtlich wird, daß dem deutschen Angriff »die Luft ausgegangen ist«, hat sich in Luxemburg wieder zuversichtliche Stimmung entwickelt. Padover hat einen Riecher für die jeweils herrschende Stimmung. Er hält es für etwas mehr als Zuversicht: es herrscht eine Stimmung »aggressiver Vergeltung«, wie er es ausdrückt.

Seine Vorahnung bestätigt sich, als sein Vorgesetzter Oberst Powell ihm seine neue Aufgabe erklärt. Er soll mit seinem Team »die Situation in Aachen klären«. Schon im Oktober hat einer der Herausgeber der amerikanischen Armeezeitung »Stars and Stripes« sich als einfacher Soldat gemeldet und sich als Verstärkung nach Aachen versetzen lassen. Nachdem er einige Zeit unerkannt in der Stadt verbracht hat, kehrt er an seine richtige Stelle zurück und verfaßt einen sehr kritischen Artikel über das Verhalten der Ersten Armee gegenüber den Deutschen in Aachen. Seiner Meinung nach ist die Erste »zu sanft mit den Krauts«.

Die Erste Armee drängt daraufhin Oberbefehlshaber Eisenhower, Maßnahmen gegen den verantwortlichen Offizier zu ergreifen. Aber der Skandal wird noch einmal abgewendet. Inzwischen ist die Lage auch ganz anders geworden. General Bradley, der Befehlshaber der 12. Armeegruppe, ist von der Ardennenoffensive überrascht worden. Er hat keine Lust, sich auch noch eine nachgiebige Haltung gegenüber den Deutschen, ob Zivilisten oder Militärs, vorwerfen zu lassen. Sie sollen bestraft werden! So hat er also keinen Einwand gegen die Pläne seiner Leute von der psychologischen Kriegsführung.

Hauptmann Saul Padover wird später schreiben: »Die psychologische Kriegsführung war daran interessiert, herauszufinden, was in Aachen vor sich ging. Dort hielten sich nämlich hartnäckige Gerüchte in bezug auf die öffentliche Meinung. Die Erste Armee hatte keinerlei Anstrengungen unternommen, Erkundigungen einzuziehen. Während der Rundstedtoffensive wurde Aachen jedoch von der Neunten Armee übernommen. Diese hatte nichts gegen Nachforschungen einzuwenden. Im Gegenteil, sie hieß diese Maßnahmen sogar gut.«

*

Hauptmann Padover, der etwas Deutsch spricht[61]), fährt also mit seinen beiden Leutnants nach Aachen, um eine »Bestandsaufnahme« in der Stadt zu machen, wie Oberst Powell es ihm aufgetragen hat. In einer der zerstörten Straßen finden sie ein Haus, das noch Wände und ein Dach hat. Aber es besitzt weder Gas noch elektrisches Licht, weder fließendes Wasser noch eine Toilette. Dort richten sie sich ein und beginnen mit ihren Nachforschungen in Aachen. Es ist keine leichte Aufgabe.

Die drei Männer haben nicht nur mit dem harten Winter zu kämpfen. Sie müssen ebenfalls feststellen, daß es nach 17.30 Uhr, wenn für die Deutschen die Sperrzeit beginnt, nicht ratsam ist, sich noch auf die Straße zu wagen. Die Militärpolizisten schießen sofort und stellen danach erst die Fragen . . .

Trotzdem braucht Padovers Team nicht lange, um herauszufinden, daß in den Hinterzimmern der amerikanischen Militärregierung im Suermondtmuseum in der Wilhelmstraße heftige Diskussionen stattfinden. Es geht um die Grundsatzfrage, ob ehemalige Nazis oder andere »unerwünschte Personen« in der Verwaltung bleiben sollen, weil sie die einzigen vorbereiteten Zivilisten sind, die das zerstörte Aachen wieder zum Leben erwekken können — oder aber, ob sie nicht tragbar sind[62]). Padover zufolge ist die Militärregierung in drei Lager gespalten. Eine Mehrheit unterstützt die Verwaltung Oppenhoffs. Sie erklärt nüchtern, deren Aufgabe sei »die Leistungsfähigkeit und nicht die Politik«.

---

61) Seine Frau spricht fließend Deutsch. Wir wissen aber nicht, ob sie aus Deutschland stammte.

62) In dieser ungenauen Formulierung des Auftrages liegt Konfliktstoff und der Keim für alliierte Ungerechtigkeit von Anfang an: wo die Alliierten »Nazis« formulieren, fallen darunter sowohl einfache Parteimitglieder wie auch »aktive« und überzeugte Nationalsozialisten — ganz zu schweigen davon, daß der in Frage kommende Personenkreis in Aachen nicht an Greueltaten beteiligt war.

Eine Minderheit, die sich aus dem stellvertretenden Offizier der Militärregierung und zwei Leutnants zusammensetzt, plädiert für den »Ausschluß der Nazis« aus der Verwaltung. Irgendwo zwischen diesen beiden Lagern steht Major Jones, der Offizier der Militärregierung, der wenig über Deutschland weiß und kein Wort Deutsch spricht. Er ist in bezug auf »die Nazis« ganz neutral.

Zuerst untersucht Padover die Haltung von Major Jones, »der seine Hände in Unschuld wäscht«, da er ja die ursprüngliche Zivilverwaltung nicht eingesetzt hat. Doch Jones geht nicht auf Padovers Vorschlag ein, Oppenhoff und seine Mannschaft auszuschalten, auch wenn der CIC den Hauptmann für psychologische Kriegsführung unterstützt. Er erklärt Padover: »Ab heute werde ich die Leute nach drei Kriterien einstellen. Erstens darf ein Deutscher kein begeisterter und aktiver Nazi gewesen sein. Zweitens muß er von der Gemeinschaft geschätzt werden. Drittens muß er ein Mann mit Charakter sein. Und wenn er Charakter hat, dann wird er auch von der Gemeinschaft geschätzt.«

Dennoch ist Major Jones nicht bereit, die Gruppe fallen zu lassen, die ein verärgerter und erregter Padover »die 55 Nazis in der Verwaltung« nennt. Er fragt Padover: »Wo wollen Sie kompetente Leute finden, die keine Nazis sind?« Mit dieser Frage endet das Gespräch.

Dann dehnt Padover seine Untersuchungen auf die Stadt aus. Bald glaubt er entdeckt zu haben, daß, wie er es ausdrückt, »hinter Oppenhoff und seiner Verwaltung der Bischof von Aachen steht und hinter dem Bischof Oberstleutnant S, der für die Auswahl des Oberbürgermeisters und seiner Mannschaft verantwortlich ist«[63]).

---

63) Padover schreibt in seinen offiziellen Berichten tatsächlich nur S (für Swoboda).

Padover erfährt von seinen CIC-Informanten, »daß Swoboda keinen Schritt macht, ohne den Bischof zu Rate zu ziehen«, den er jeden Tag treffe. Ein Offizier der Militärregierung, der »einer Einmischung der Kirche in die Politik nicht zustimmt«, erzählt, »daß Oberstleutnant Swoboda den Bischof wie eine Glucke hütet«.

Als Swoboda erfährt, daß Padover den Bischof verhören will, »beschwört er die Hölle« (wie Padover berichtet). Doch kann er die Untersuchungsoffiziere nicht an der Durchführung ihres Auftrags hindern, den sie vom Hauptquartier der 12. Armeegruppe erhalten haben. Swoboda bittet Padover in einem Brief, von diesem Vorhaben abzusehen, da er, Padover, doch »die Propagandaabteilung der amerikanischen Armee darstellt«. Padover aber zerreißt den Brief, bevor er und seine Assistenten zum Verhör gehen.

*

Bischof Johannes Joseph van der Velden, der Sohn eines Zollbeamten aus Übach-Palenberg, empfängt die Amerikaner in seinem Wohnzimmer. Ein Weilchen spricht man über Belangloses. Padover sagt, daß das runde, volle Gesicht des Bischofs ihn an Winston Churchill erinnere.

Ohne zu lächeln erwidert van der Velden: »Das kann ich nicht ändern«. Schnell kommt Padover zur Hauptsache. Er fragt den Bischof nach seinem ersten Kontakt mit den Amerikanern. Van der Velden antwortet, die NS-Verwaltung habe ihm befohlen, die Stadt zu verlassen. Er habe das abgelehnt und sich im Geka-Haus versteckt, »denn der Hirte verläßt seine Herde nicht«. Dann sei eines Tages ein Jeep mit einem amerikanischen Offizier zu seinem Kellerversteck in der Adalbertstraße gekommen. Er sei vor ihn hingetreten und habe ihm gesagt: »Ich bin der Bischof von Aachen«. »Ich bin auch katholisch«, habe der Amerikaner geantwortet und dem Bischof eine Zigarre angeboten. Dann habe er ihn zum amerikanischen Hauptquartier gefahren.

Später schreibt Padover: »Als der Bischof an dieser Stelle angekommen war, wurde er wesentlich vorsichtiger und argwöhnischer. Er stritt ab, irgendetwas mit der Bildung der ersten Aachener Stadtverwaltung zu tun gehabt zu haben. Er sagte, daß er Oberstleutnant S nur Oppenhoffs Name genannt habe. »Ich unterstütze keine Gruppen in der Politik. Ich bin neutral.«

Padover stellt im Gespräch aber fest, daß der Bischof von den Ermittlungen gegen die Stadtverwaltung unterrichtet ist. Padover vermutet, daß Swoboda dies van der Velden mitgeteilt hat. Der Bischof ist natürlich daran interessiert, die Kirche von jeder Kritik freizuhalten, die sich gegen Oppenhoffs Verwaltung richtet.

Er ist offensichtlich sehr darum bemüht, daß Padover einen guten Eindruck von Oppenhoff und seinem Kreis erhält. So versichert er Padover: »Oppenhoff ist ein mutiger Mann und ein guter Rechtsanwalt. Er ist kein Musterknabe, aber ein verläßlicher Verbündeter. Auch die anderen Bürgermeister sind prächtige Menschen. Ich kenne sie persönlich, auch Dr. Pfeiffer, der nicht katholisch, sondern Protestant ist.« Innerlich lächelt Padover. So! Protestanten sind also auch Menschen . . .

»Oppenhoffs Verwaltung repräsentiert wirklich das Volk«, sagt van der Velden. »Sie müssen ihm Vertrauen schenken. Sie müssen ihm Verantwortung überlassen. Wenn er sagt, daß eine Person vertrauenswürdig ist, dann weiß er, was er sagt, glauben Sie mir. Ein Parteiabzeichen der Nazis an sich ist belanglos. Je tiefer Sie in Deutschland eindringen werden, desto schwerer wird es für Sie werden, Leute zu finden, die keine Parteimitglieder waren.«

Es ist dunkel, als die amerikanischen Offiziere gehen. Sie lassen den Bischof allein im Zimmer zurück; er raucht eine Zigarre.

Eine Weile sitzt Padover still im Jeep, der durch die leeren, gefährlichen Straßen fährt. Er stellt fest, daß der Bischof sich hervorragend geschlagen hat. Ab und zu hat es in seinen hinter dicken Gläsern verborgenen Augen aufgeleuchtet, gerade so, als habe er sagen wollen: »Na, wie bin ich?«

Aber während des ganzen Interviews hat Padover sich nicht des Eindrucks erwehren können, daß van der Velden seinerseits ihn ganz genau beobachtet und jede seiner Reaktionen auf seine (des Bischofs) Worte genau einschätzt und seine Antworten dementsprechend formuliert. Doch glaubt er dem Bischof nicht. Er dreht sich zu seinem Mitarbeiter Gittler um und sagt: »Ich denke, daß wir als nächsten Oppenhoff aufsuchen.«

*

Aber das Gespräch mit Oppenhoff ist ohne Erfolg. Von Anfang an läuft alles falsch. Oppenhoff weiß, daß man seine Verwaltung durchleuchten will, und er ist natürlich nicht gerade begeistert davon. Die Verantwortung, die er mit dieser Arbeit auf sich geladen hat, die Gefahren, die damit verbunden sind, der ständige Druck von Seiten der Amerikaner — das alles zerrt an seinen Nerven. Als Padover eintritt, steht er hinter seinem Schreibtisch auf und begrüßt ihn »in einem Ton, in dem mehr Nachdruck als Herzlichkeit schwingt«, berichtet Padover später.

Der US-Offizier verliert keine Zeit und kommt gleich auf den Kern der Sache. Immer wieder schneidet er Oppenhoff das Wort ab und betont das Wesentliche: die Aufnahme von »Nazis« in die neue Aachener Stadtverwaltung.

Franz Oppenhoff gibt zu, daß seine Verwaltung in der Stadt kritisiert wird, weil in ihr Männer arbeiten, die wahrscheinlich Parteimitglieder sind. Doch nennt er das Verhalten der Gegner »empörend«. Sie haben sogar die Verhaftung aller Parteimitglieder gefordert! »Ich hoffe, daß die Herren Amerikaner nicht solch eine Ungerechtigkeit begehen werden. Nicht alle Parteimitglieder sind schuldig. In Wirklichkeit können nur ein paar zur Verantwortung gezogen werden.«

Er macht eine kurze Pause und zieht an seiner Zigarette. »Es gibt verschiedene Kategorien von Parteimitgliedern. Überzeugte Nazis, die ihre Meinung geändert haben und Nazis, die der Partei aus beruflichen Gründen beitraten. Nur die erste Kategorie kann man belangen. Bei den anderen kann man unbesorgt sein. Und so habe ich es auch gehalten.«

Verärgert hört Padover zu, während der Oberbürgermeister seine Gedanken entwickelt. Er erzählt, daß er mit der amerikanischen Militärregierung zusammenarbeitet, weil seiner Meinung nach die Besatzung für die nächsten zehn Jahre die Garantie biete, daß Deutschland von politischen Parteien und Gewerkschaften verschont bleibe: „Danken wir Gott, daß die Militärregierung und nicht die Deutschen selbst regieren werden!«

Padover bittet Oppenhoff, seine Aussage etwas zu erläutern. Er erklärt[64]): »Die Militärregierung bringt drei Vorteile mit sich. Erstens werden die Amerikaner die Deutschen kennenlernen. Zweitens wird eine Militärregierung alle Redner, Politiker und Agitatoren ausschließen. Drittens können wir unsere Wirtschaft ohne die Einmischung von politischen Parteien und Gewerkschaften in aller Ruhe wieder aufbauen.«

---

[64]) Padover gibt in seinem Bericht Oppenhoffs Aussagen, wie vorher auch die von Bischof van der Velden, »gefärbt« wieder — so, wie sie in die Tendenz seines Untersuchungsergebnisses passen.

»Es versteht sich von selbst«, fährt er fort, überzeugt, daß der amerikanische Offizier ihm zustimmen wird, »daß die amerikanische Militärregierung so klug sein wird, die Deutschen vor politischen Parteien und Gewerkschaften zu bewahren. Keinesfalls«, so betont er nachdrücklich, »dürft ihr Amerikaner Aufrufe an die deutschen Arbeiter richten. Ihr dürft ihnen nichts versprechen.«

Er beendet die Unterhaltung mit einer Erklärung, die den linksorientierten Padover in Wut versetzt. Mit vom langen Reden heiserer Stimme erklärt Oppenhoff: »Europa ist verloren, wenn Deutschland nicht als Gegenstück zu Rußland zum Westen kommt. Wenn die Amerikaner wirklich ihre wahren Interessen erkennen würden, so verbündeten sie sich mit Deutschland gegen die Sowjets.«

Erbost steigt Padover in seinen Jeep. Später schreibt er: »Er redete, als gehöre er einer siegreichen Nation an. In seinen Plänen und Ideen wurde nie offenbar, daß er Bürger eines besiegten Landes und Beamter einer eroberten Stadt war[65]).« Wütend schwört sich Padover, daß es ein paar Entlassungen geben wird, deutsche wie amerikanische, wenn die 12. Armeegruppe erst seinen Bericht in Händen halten wird!

Padovers Bericht beginnt folgendermaßen: »In den letzten drei Monaten ist in Aachen eine neue Elite in Erscheinung getreten, eine Elite, die sich aus Technikern, Rechtsanwälten, Ingenieuren, Geschäftsleuten, Fabrikbesitzern und Vertretern der Geistlichkeit zusam-

---

[65]) Diese Auffassung ist Oppenhoff in der Tat fremd. Im Zeugnis seiner Familie war er »selbstbewußt und sich seiner Zivilcourage und Menschenwürde absolut sicher«. Seine Haltung mag auch dem Bewußtsein entsprungen sein, daß er mit dem nationalsozialistischen Regime nichts gemein hatte, sondern eher im Gegenteil — ohne daß Padover erfaßt, wie weitgehend und unter welchen Gefahren Oppenhoff in den Jahren zuvor diese Haltung vertreten hat.

mensetzt. Diese Elite ist scharfsinnig, aggressiv und hat einen eisernen Willen. Sie besetzt jeden wichtigen Posten in der Verwaltung. Ihr Anführer ist Oberbürgermeister Oppenhoff. Er hat fast alle Bürgermeister und Funktionäre in Schlüsselpositionen ausgesucht. Fast alle vertreten seinen Standpunkt. Hinter Oppenhoff steht der Bischof von Aachen, ein mächtiger Mann voller Scharfsinn und mit einem Kirchenprogramm ...«

»Den Schwerpunkt, insbesondere bei Verhandlungen mit den Amerikanern, legen sie darauf, daß sie ‚Nazigegner' oder ‚Nichtnazi' sind. Sie beweisen dies damit, daß sie der Partei nie beigetreten sind. Wie und weshalb konnten sie dieser Mitgliedschaft entgehen? Oppenhoff behauptet, daß man in seinen Kreisen nicht von der Partei abhing, weil man ‚freiberuflich' tätig war oder so eng mit der Kirche verbunden, daß man aus diesem Grund ‚nicht beitreten konnte' ...«

»Diese Beamten in leitender Stellung wurden nicht zur Wehrmacht einberufen, weil sie sich freiwillig um Stellen in der Kriegsindustrie beworben hatten. Einige von ihnen, darunter Oberbürgermeister Oppenhoff und seine leitenden Assistenten Op de Hit und Faust suchten Zuflucht in Aachens führendem Kriegsunternehmen ... Sie kommen alle aus der oberen Mittelklasse. In den letzten zehn Jahren unter Hitler hatten sie bedeutende Einkommen, zwischen 7 000 und 200 000 Mark im Jahr, mit einem Durchschnittseinkommen von 30 000 Mark jährlich. Keiner von ihnen hat unter dem Naziregime gelitten oder etwa in Wort oder Tat Widerstand geleistet. Die Aufzeichnung belegt, daß sie unter Hitler Erfolg hatten.«

Über Oppenhoffs mutiges Eintreten gegen die Nationalsozialisten in den Kirchen- und Judenprozessen berichtet er nicht. Padover setzt stattdessen seinen Rapport mit einer Zusammenfassung der politischen Einstellung der neuen Verwaltung fort. »Die Leute um Oberbürgermeister Oppenhoff sind nicht sehr demokratisch eingestellt. Sie haben einen deutlichen Widerwillen gegenüber der Weimarer Republik, Abscheu vor Parteiregierungen, Furcht vor der Arbeiterschaft und tiefes Mißtrauen gegenüber liberalen Bewegungen. Mit unterschiedlicher Stärke und Färbung wiederholt der eine oder andere die alten Schlagwörter und Klischees, daß Deutschland durch den Versailler Vertrag ‚entehrt' wurde und daß dieser Vertrag zu hart war.«

Warum sollten aber die deutschen Augenzeugen, die unter der Weimarer Republik gelebt und ihr heilloses, zerstrittenes Durcheinander auch erlitten hatten, eigentlich keine Abscheu vor dieser Zeit haben? Der amerikanische Professor, geprägt durch die stabile Entwicklung der amerikanischen Demokratie, kann sich kaum in die Mentalität der »neuen Untertanen« in Aachen hineinversetzen.

Vor allem: Padover ist zu kurz in Aachen, um schon voll und ganz hinter die Kulissen schauen zu können. Denn es waren keineswegs nur die besten Kräfte, die in Aachen dem Nazibefehl zur Evakuierung und völligen Räumung der Stadt widerstanden hatten. In der Stadt waren nicht nur Linkskreise, sondern vor allem auch ausgesprochene Kommunisten zurückgeblieben, die nicht aus den gleichen ideellen Gründen ihre Mitarbeit zur Verfügung stellten, wie es Oppenhoff selbst zweifellos tat.

So kommt es in Aachen binnen kurzer Zeit dazu, daß in den unteren Organen der neuen Stadtverwaltung manches vorfällt, was nicht dazu geeignet ist, das Vertrauen der Amerikaner zu erwecken. Bei der aus »Hilfspolizisten« zusammengesetzten Schutzmannschaft etwa können sich etliche zweifelhafte Personen verbergen. Der für sie zuständige Dr. Rombach muß schon bald von hundert auf diese Weise eingesetzten Leuten 62 wieder entlassen.

Außerdem: Schon direkt nach der Bildung seiner Stadtverwaltung wird Oppenhoff aus Linkskreisen mehr versteckt als offen zum Vorwurf gemacht, daß er zu viele seiner Geschäftsfreunde aus der Rüstungsfirma Veltrup in verantwortliche Stellungen hat gelangen lassen[66]). Aber wen kannte Oppenhoff sonst? Und: ist die Auswahl in der »Stunde Null« in Aachen unbegrenzt? Wie groß (klein) ist der Kreis der zur verantwortlichen Verwaltung Befähigten wirklich? Oppenhoff kann nur unter denen wählen, die da sind und von deren Fähigkeit er überzeugt ist.

So setzen bald nach Bekanntwerden der Namensliste auch in Aachen jene Intrigen und Denunziationen ein, wie sie bald typisch für die Atmosphäre im Deutschland der »Stunde Null« werden sollen. Dies alles wird schon am 31. Januar 1945, genau drei Monate nach Amtsantritt der neuen Stadtverwaltung, zu 27 Entlassungen in der neuen Oppenhoff-Verwaltung führen. Bezeichnend für Oppenhoffs Stimmung in diesen Tagen ist das Gedicht, das er 1944/45 seinem engen Mitarbeiter Heinrich Faust widmet:

»Wenn beim Ringen um die Klarheit
die Erkenntnis sich erweitert,
Welten stürzen — mancher scheitert:
Wo ist Irrtum, wo ist Wahrheit?

Wenn bei dem gerechten Wollen
Freunde selbst — mit Recht — verzagen,
so muß man es dennoch wagen,
schöpft das Herz nur aus dem vollen!«

---

66) Wir haben Hinweise dafür gefunden, daß die Amerikaner insbesondere diesen Teil der Vorwürfe übernehmen und auch Oppenhoff gegenüber geltend machen.

Unter den im Januar 1945 Entlassenen befindet sich auch der Chef des Personalamtes, Leo Rouette. Am 28. Februar 1945, Oppenhoff wird keinen Monat mehr zu leben haben, folgen weitere, folgenschwere Entlassungen durch die Amerikaner: nach Rouette der nächste Chef des Personalamtes, Matthias op de Hit, die Leiterin des Wohlfahrtsamtes Marita Lingens, Oppenhoffs enger Mitarbeiter Diplomingenieur Heinrich Faust (Leiter des Wirtschaftsamtes), der Direktor des Betreuungsamtes in der Hauptverwaltung, Dr. Edmund Sinn, sowie der Assessor des Landwirtschaftsamtes, Ludwig Behrens.

Padover, dessen Bericht wesentlich zu dieser Entwicklung beiträgt, kann von den Hintergründen, die dazu führen, noch nichts ahnen, als er Oppenhoff bei seinem »Interview« gegenübersitzt, das eigentlich ein Verhör ist. So beendet er seinen Bericht an das Hauptquartier mit einem allgemeinen Kommentar zur Lage der im besetzten Deutschland tätigen amerikanischen Militärregierung.

Diese stelle fast jeden ein, den sie für fähig halte, die Verwaltung wieder in Gang zu bringen. Wörtlich: »So werden auch Nazisympathisanten, Parteimitglieder und deutsche Nationalisten von der Militärregierung als Spezialisten eingestellt. Diese Spezialisten, die bürgerlich sind und aus ähnlichen Milieus stammen wie die Offiziere der Militärverwaltung, auch beruflich, setzen dann Gleichgesinnte in den untergeordneten Stellungen ein. So führt die anfängliche Indifferenz der Militärregierung gegenüber der politischen Situation zu einem politischen Durcheinander.«

Mit diesen Worten schließt Hauptmann Saul K. Padover. Sein Bericht kann jetzt an die Hauptquartiere der Oberkommandierenden geschickt werden. Das »politische Durcheinander« würde auf der Leiter der militärischen Verantwortung immer höher hinaufsteigen, bis es schließlich beim Oberkommandierenden persönlich ankäme, bei General Eisenhower. Und Padover weiß, daß Eisenhower, der für die öffentliche Meinung immer sehr empfänglich ist, reagieren muß. Und zwar besonders deshalb, weil Padover sein Gutachten bestens abgesichert hat — Oberbürgermeister Oppenhoff würde gehen müssen![67])

*

So ist es tragisch und eine Ironie des Schicksals, daß genau an dem Tag, an dem Padover seine Empfehlung abschickt, Oppenhoff aufgrund seiner angeblichen nationalistischen und undemokratischen Haltung zu entlassen, eine andere offizielle Mitteilung SS-General Gutenberger rund 90 Kilometer weiter landeinwärts erreicht. Ein Kurier aus Berlin überbringt das Schreiben von Heinrich Himmler. Es ist knapp und präzise.

Als Gutenberger es liest, wird er weiß im Gesicht. Einen Augenblick lang denkt er daran, es zu zerknüllen und wegzuwerfen. Aber der wartende Kurier, ein SS-Offizier, errät seine Gedanken und sagt ihm, daß der Reichsführer das Papier zurückhaben wolle. Wenn Gutenberger wolle, könne er sich ja eine Kopie davon machen.

Gutenberger nickt mechanisch und wendet sich an den wartenden Raddatz. Mit gepreßter Stimme befiehlt er ihm: »Schreiben Sie das auf!« Raddatz nimmt seinen Füller und Gutenberger liest den Befehl vor. Er lautet: »Der Aachener Oberbürgermeister ist zum Tode verurteilt. Das Urteil ist durch W zu vollstrecken.«

---

67) Insbesondere Max Lerner, Schriftsteller, Universitätsprofessor und Journalist im Presselager bei der Ersten US-Armee in Spa, interessiert sich für die Lage in Aachen.

So sollen die »Werwölfe« sich vom Feind überrollen lassen, um dann in seinem Rücken zu agieren. Aus dem Handbuch »Werwolf — Winke für Jagdeinheiten«.

Heinrich Himmler (3. von rechts) und Hans-Adolf Prützmann (2. von links) mit hohen SS-Führern.

Abbildung Seite rechts: schon bevor das Werwolf-Kommando mit dem Fallschirm bei Aachen abspringt, ist versucht worden, Franz Oppenhoff zu töten, wie dieser als »geheime Reichssache« qualifizierte Brief beweist.

SS-Obergruppenführer Hans-Adolf Prützmann ist der eigentliche Chef der Werwolf-Partisanengruppen. Ursprünglich sollte diese Aufgabe Otto Skorzeny übertragen werden.

Geheime Staatspolizei
Staatspolizeistelle Köln
Sonderkommando Schneider
- Gruppe III - 1536/44 -

Schleiden, den 10. November 1944

(407/44)

GEHEIME REICHSSACHE!

An den
Herrn Leiter der Staatspolizeistelle
in K ö l n.

Betrifft: Besonderer Auftrag des Sturmbannführers Paul S c h m i t z.
Vorgang : Ohne.
Anlagen : Keine.

Am 8.11.1944, gegen 21.oo Uhr, erschien der Sturmbannführer Paul S c h m i t z im Auftrage des SS-Obergruppenführers G u t e n b e r g e r beim Einsatzkommando IV Schleiden und teilte mit, daß er vom SS-Obergruppenführer den Auftrag habe, den Bürgermeister von Aachen umzulegen. Schmitz wollte hier in Erfahrung bringen, wer der Bürgermeister von Aachen sei und wie er sich zu verhalten habe, um überhaupt nach Aachen zu gelangen. Der SS-Obergruppenführer Gutenberger habe ihm gesagt, daß er allein für die sofortige Durchführung dieses Auftrages verantwortlich wäre. Dem Sturmbannführer wurde erklärt, daß sich zunächst in Aachen noch die feindliche HKL. befindet. Außerdem seien in Aachen höchstens 25o bis 3oo Zivilpersonen. Bisher sei über die Einsetzung eines Bürgermeisters überhaupt nichts bekanntgeworden. Wenn auch der Amerikaner durch Funkspruch mitgeteilt habe, daß in Aachen ein Oberbürgermeister eingesetzt worden sei und daß es sich hierbei um einen jüdischen Oberbürgermeister handele, so sei dies wohl auf eine bewusste Irreführung zurückzuführen. Außerdem wurde dem Sturmbannführer mitgeteilt, daß es bisher nicht gelungen sei, Frontläufer in den Raum von Aachen einzuschleusen. Den einzelnen Frontaufklärungstrupps der Armee ist es ebenfalls nicht gelungen, Aufklärungen im Raum von Aachen durchzuführen. Auch bei den Aufklärungstrupps ist von der Einsetzung eines Oberbürgermeisters in Aachen nichts bekannt. Nachdem dem SS-Sturmbannführer die Schwierigkeiten bei der Durchschleusung, sowie das Verhalten im besetzten Gebiet eingehend erläutert worden war, erklärte er, er woll wolle nach Düsseldorf zurückkehren, um dem SS-Obergruppenführer Vortrag zu halten. Bei der Unterhaltung konnte festgestellt werden, daß der SS-Obergruppenführer entweder falsch orientiert ist oder von einzelnen Personen falsch unterrichtet wird. Bisher sind insgesamt 3 Personen hier gewesen, die alle angaben, den gleichen Auftrag zu haben.

Schneider

Gol.

Geheimfoto von SS-General Karl Gutenberger, 1946 im Militärgefängnis in Werl aufgenommen.

Links: halb ein Wolf und halb ein Mensch. Mittelalterliche Darstellung eines »Werwolfes«. — Rechts: Otto Skorzeny lehnt es ab, die »Werwölfe« zu führen.

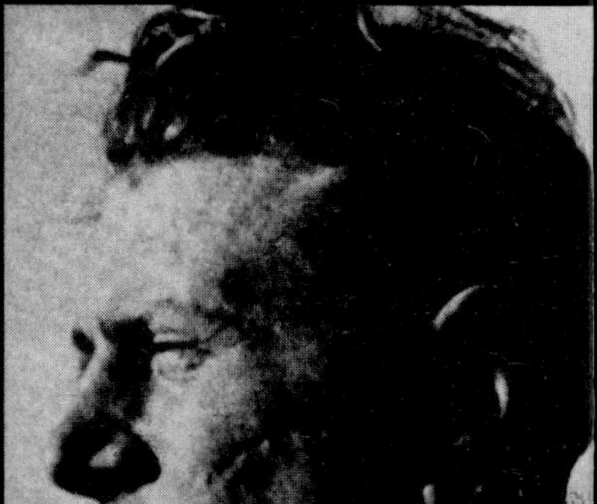

▲

Schloß Hülchrath zwischen Grevenbroich und Neuß, das Trainingslager für die Werwölfe.

▶

Diese Werwolf-Rune, als Anstecknadel zu tragen, fanden wir in Aachen, gegenüber dem Gerichtsgebäude.

Franz Oppenhoff: »Es gibt nichts mehr zu verwalten. Alles und jedes ist neu zu erarbeiten.«

Werwolf oder nicht? Britische Soldaten in Lübeck. Schild: »Dieser Mann hat auf unsere Posten geschossen.«

Familie Etschenberg wird im Oktober 1944 in Aachen-Brand inhaftiert, weil die Kinder angeblich »Werwölfe« sind. Wenig später ist der zehnjährige Berni (5. von links) tot: Schuß in den Rücken, wegen einer gestohlenen Büchse Erbsen.

Dieser 17jährige Hitlerjunge aus Würselen bei Aachen wird noch am 1. Juni 1945 wegen »Spionage hinter den Linien« von den Amerikanern erschossen.

Überall tauchen Plakate des »Werwolf« mit dem Runenzeichen auf, oft auch nur . . .

. . . eilig getippte Handzettel, die Unruhe bei den alliierten Eroberern erzeugen: Handzettel des »Werwolf Oberbayern« vom 25. April 1945.

Der Werwolf"
rbayern

An allen Orten, den 25.4.4

Warnung

an alle Verräter und Liebediener des Feindes.

Der oberbayerische Werwolf warnt vorsorglich alle diejenigen, d
dem Feind Vorschub leisten wollen oder Deutsche und deren Ange
e bedrohen oder schikanieren, die Adolf Hitler die Treue hielt

Wir warnen! Verräter und Verbrecher am Volk büßen mit ihrem Le
und dem Leben ihrer ganzen Sippe.

Dorfgemeinschaften, die sich versündigen am Leben der Unseren,
oder die weiße Fahne zeigen, werden ein vernichtendes Haberfeld
treiben früher oder später erleben.

Unsere Rache ist tödlich!

"Der Werwolf
Oberbayern

IV

Unternehmen Karneval

Verluste können nie hoch genug sein!
Sie säen die Saat für künftige Größe.

Adolf Hitler

Der Fehlschlag der Ardennenoffensive verstärkt Gutenbergers Verzweiflung noch. Seine Erfahrungen hinter der Front sind nervenaufreibend. Einmal gerät er beim Besuch einer Einheit der Gestapo, die von einem Leutnant Schneider geleitet wird (und von der er Leute für die Operation in Aachen zu erhalten hofft), unter Artilleriebeschuß. Vor aller Augen verliert er die Nerven und springt in einen Graben.

Diese Sache wurmt ihn auch später, weil er weiß, daß seine eigenen Leute davon erfahren haben. Inzwischen ist auch klar, daß es sich nur noch um einige Wochen, vielleicht sogar nur noch um eine einzige Woche handeln wird, bis die Nordamerikaner sich von ihrem Rückschlag in den Ardennen erholt haben und dann erneut tiefer nach Deutschland eindringen werden. Innerhalb eines Monats können sie den Rhein überquert haben — und dann, so weiß er, ist alles verloren.

Der Krieg wird vorbei sein, und er wird den Preis dafür bezahlen müssen, auf der Seite der Verlierer zu stehen!

Aber obschon seine innere Stimme ihm immer wieder rät, sich aus der »Aachener Sache« herauszuhalten, weiß er, daß Himmler keinen weiteren Aufschub dulden wird. Er hat genug Verbindungen zu den Spitzenleuten aus der Parteiführung, um genau zu wissen, daß in Berlin eine neue, fast nihilistische Stimmung herrscht.

Es ist, als ob die Parteibosse wüßten, daß das »Tausendjährige Reich«, wie sie das Dritte Reich einmal stolz genannt haben, kurz vor dem Auseinanderbrechen steht. Und als ob sie darauf vorbereitet seien, alles und jeden mit sich in die letzte blutige Katastrophe hineinzureißen. Gutenberger macht sich keine Illusionen darüber, was mit ihm geschehen wird, wenn er den Auftrag nicht ausführt, den Himmler ihm erteilt hat.

Selbst wenn jeder andere in Deutschland weiß, daß man den Krieg verloren hat, wird der Reichsführer SS immer noch an eine letzte Chance für das Dritte Reich glauben. Und er wird jeden bestrafen, der diesen Glauben nicht teilt[68]).

In der ersten Februarwoche 1945 nimmt Gutenberger deshalb die Durchführung des Aachener Auftrags endlich in Angriff. Während das Donnergrollen der alliierten Geschütze in der Eifel immer lauter wird und schon einen Vorgeschmack auf die kurz bevorstehende Offensive bietet, gibt er Wenzel den Befehl, die Mördermannschaft für »Unternehmen Karneval« in Hülchrath zu versammeln.

Wenzel freut sich auf die neue Aufgabe. Er haßt den üblichen Fronteinsatz und ist froh, von dem Fiasko in den Ardennen zurück zu sein, wo er nur eine Zuschauerrolle gespielt hat. Trotzdem haben viele seiner alten Kameraden am »Unternehmen Trojanisches Pferd«[69]) von Otto Skorzeny teilgenommen — ein Kommando, das auch ihn gereizt hätte.

Jetzt ist er wieder in Hülchrath, mit seinem ruhigen Leben in der Etappe und mit Hella, der blonden SS-Telefonistin, die schon jedesmal auf ihn wartet, wenn er zu Gutenbergers Hauptquartier in Düsseldorf muß. Und natürlich mit seiner Freundin, der Schauspielerin, die in Erkelenz wohnt, die ihm so viele Liebesbriefe schreibt und ihn dringend bittet, möglichst schnell wieder zu ihr zu kommen.

Gleichzeitig weiß er aber auch, daß die bequemen Tage in Hülchrath gezählt sind. Entweder werden die Alliierten den Ort bald einnehmen — oder er wird die

---

[68]) Trotzdem ist Himmler ohne Wissen der Öffentlichkeit zu dieser Zeit praktisch schon gezwungen, unter dem Einfluß des SS-Geheimdienstchefs General Schellenberg Möglichkeiten zu Verhandlungen mit den Alliierten ins Auge zu fassen.

[69]) Skorzenys Männer infiltrieren in amerikanischen Uniformen die feindlichen Linien und stiften hinter der Front der Amerikaner erhebliche Verwirrung.

Gruppe nach Aachen führen müssen und Kopf und Kragen riskieren: bei einem Abenteuer, von dem er überzeugt ist, daß es den Verlauf des Krieges nicht im geringsten beeinflussen kann.

Wir wissen nicht, was Herbert Wenzel in diesen Tagen wirklich denkt, als er sich dessen bewußt wird, daß er »Unternehmen Karneval« jetzt endlich vorantreiben muß. Rein äußerlich scheint er sich auf die Aufgabe zu freuen. Aber vielleicht liegt der Grund für diese Freude auch darin, daß er wegen der Planung des Unternehmens etwas länger in der bequemen Etappe sein kann?

Keiner seiner Mitverschwörer ist der Meinung, daß er ein »begeistertes Parteimitglied« ist, oder aber sehr interessiert an dem Unternehmen. Dies sagen sie jedenfalls aus, als sie nach dem Krieg von britischen Sicherheitsoffizieren verhört werden. In ihren Augen ist er ein »geheimnisvoller Mann«, der öfters in die Eifel verschwindet und einen direkten Kontakt zu Prützmann in Berlin zu haben scheint, ansonsten aber das Unternehmen »in routinemäßiger, entschlossener Weise« plant — ohne übermäßige Begeisterung.

Vielleicht glaubt Wenzel auch, der Geheimauftrag biete ihm eine gute Möglichkeit, unterzutauchen und so seinen Kopf zu retten. Wenn er solche Überlegungen wirklich führt, behält Wenzel sie aber für sich. Das einzige Zeichen dafür, wie er vielleicht denkt, ist die übergroße Sorgfalt, mit der er seine Schritte und Kontakte sowohl vor seinen Vorgesetzten als auch vor seinen Mitverschwörern verbirgt. Es scheint, als ob Wenzel auf zwei Hochzeiten tanzt . . .

In der ersten Februarwoche 1945 hält er einen letzten Schulungskurs in Hülchrath. Jetzt beginnt die Werwolf-Organisation Gestalt anzunehmen. Von Berlin ist der Befehl gekommen, die fünfzig ausgebildeten jungen Männer und Frauen in Sechsergruppen aufzuteilen.

Jede Gruppe besteht aus vier Männern, einem Jungen und einer Frau. Der Junge und die Frau sollen als Kundschafter dienen, da laut Prützmann »junge Leute und Frauen wenig Argwohn in besetzten Gebieten wecken«.

Die Männer wiederum werden in zwei Zweiergruppen aufgeteilt. Jeder von ihnen hat die Aufgabe des anderen zu überwachen, falls dieser getötet oder gefangengenommen wird.

Als Wenzel an diesem Nachmittag einen Rundgang durch das Trainingslager macht und nach seinen jungen Leuten sieht, die ihre tödlichen Übungen mit jugendlichem Eifer absolvieren — Werfen mit erbeuteten britischen Eierhandgranaten, Auseinandernehmen einer Panzerfaust mit verbundenen Augen, während die Zeit gestoppt wird, Kampf Mann gegen Mann ohne Waffen — beginnt er seine Gruppe einzuteilen.

Das weibliche Mitglied wird aus deutlichen Gründen ausgesucht — Ilse Hirsch. Er mag die 24jährige nicht. Und er glaubt, daß auch sie ihn nicht leiden kann. Mit bleichem Gesicht, ihrem harten Mund und dem Ansatz zum Doppelkinn ist sie nicht gerade sein Typ. Er bevorzugt blonde, heiratsfähige und etwas leichtlebige Mädchen. Mit solchen Frauen wie der Hirsch kann man vielleicht einen Krieg gewinnen, aber sonst . . . Trotzdem ist sie ideal für das Unternehmen geeignet: sie ist hart, eisern, pflichtbewußt und kennt die Gegend. Sie wird die beste Kundschafterin sein.

Wenzel weiß, daß er zu seinem Stellvertreter in der Gruppe jemanden wählen muß, der Erfahrung im Umgang mit Waffen hat. Denn schließlich müssen er oder sein Vertreter die Tat ausführen. Er braucht also einen erfahrenen Soldaten. Er beschließt, seinen stellvertretenden Kommandeur unter der Handvoll SS-Ausbilder in Hülchrath auszuchen. Schließlich wählt er den SS-Feldwebel Josef (»Sepp«) Leitgeb, einen breitschultrigen, blonden Österreicher aus Innsbruck, Anfang dreißig.

Leitgeb war bereits in Österreich zur SS gestoßen, lange bevor Hitler in seiner Heimat einmarschierte. Wegen einer Schlägerei mit einer österreichischen Gruppe von Nazigegnern hatte er aber seine Heimat verlassen müssen und zur Strafe seine Staatsangehörigkeit verloren. Er flüchtete nach Deutschland, wo er zunächst in die österreichische Legion eintrat, einen halbmilitärischen Verband von österreichischen Nazis, wie er selbst einer war.

Nach dem »Anschluß« war er dann zur allgemeinen SS übergewechselt, der Vorkriegseinheit der Schwarzen Garde, aus der nicht nur die Wächter für die Konzentrationslager stammten, sondern auch der Kern für die Kriegstruppen der Waffen-SS. Leitgeb »hatte Schwein gehabt«, wie er selbst zugab. Während des Krieges war er weder in ein Konzentrationslager abkommandiert, wo selbst die Stärksten nach einiger Zeit schwach wurden, noch zur Waffen-SS an die Front geschickt worden, wo er möglicherweise in einem fernen, sturmgepeitschten russischen Wald eines gewaltsamen Todes hätte sterben müssen.

Leitgeb hatte stattdessen einen »angenehmen Krieg« im Hauptquartier verbracht. Er erzählt, dort sei er Funker gewesen, obwohl sowohl Wenzel als auch Hauptmann Renner (Gutenbergers Mitarbeiter) inzwischen wissen, daß der stämmige, langsam denkende Österreicher völlig hilflos ist, wenn es darum geht, per Funk Kontakt mit jemandem aufzunehmen.

Dennoch ist Leitgeb hart und nervenstark: ein Mann, der die Dinge nimmt, wie sie kommen, auf seine eigene, leichtfertige und unbekümmerte Weise als Österreicher. Außerdem gefällt Wenzel die Art, in der dieser Österreicher mit Frauen umgeht. Da zeigt er sich selbstbewußt, ist kaum von Skrupeln oder Zweifeln geplagt.

Einige Gläser Alkohol, einige Schmeicheleien in seiner Art — und schon liegt jedes Mädchen in einem weichen Hotelbett ...

Wenzel geht einige Male mit dem Österreicher aus und bewundert die Art und Weise, mit der Leitgeb alle Hemmungen seiner Partnerinnen ausräumt und selbst die erfahrensten Frauen um den Finger wickelt. Leitgeb ist nach seiner Einschätzung zwar ein Mann mit wenig Phantasie, aber er weiß sich zu helfen — eine gute Mischung für die bevorstehende Aufgabe. Und es wird sich noch zeigen, daß er Leitgebs Charakter und Fähigkeiten richtig einschätzt.

Wie steht es aber mit dem anderen Kundschafter — einem Jungen, der nach Prützmanns Vorschlag jede Sechsergruppe begleiten soll? An dem Nachmittag, an dem Wenzel die Schule besichtigt, geht er zurück in sein Büro im zweiten Stock des Gebäudes und beginnt damit, die persönlichen Angaben über die Mitglieder der Hitlerjugend durchzusehen, die gerade in der Ausbildung sind.

Draußen bellen Unteroffiziere ihre Befehle über den Hof. Immer wieder ist das häßliche Geräusch zu hören, wenn jemand versucht, bei dem bitterkalten Wetter einen Lastwagen zu starten. Nachdem er die Akten durchgesehen hat, geht Wenzel zu dem von Eisblumen überdeckten Fenster, öffnet es und ruft einem der Unteroffiziere unten im Hof zu: »Schicken Sie Erich Morgenschweiß herauf!«

»Jawohl, Herr Untersturmbannführer!«, bellt der Unteroffizier zurück und stapft auf dem hartgefrorenen Schnee davon, um den sechzehnjährigen Jungen zu holen. Wenzel hat das vierte Mitglied der Partisanengruppe gefunden.

Erich Morgenschweiß wird 1928 in Merkstein bei Aachen geboren. Sein Vater ist Bergmann, genau wie sein Großvater es war und sein Urgroßvater wahrscheinlich auch. Denn in Merkstein geht fast jeder arbeitsfähige Mann in den »Pütt«, in die Grube im Tal, das am Ortsende beginnt.

Aber Erich Morgenschweiß, der gepflegt aussehende Junge mit den blonden Locken und zierlichen Gesichtszügen, hat nie den Wunsch gehabt, in seines Vaters Fußstapfen zu treten. Für Morgenschweiß bedeuten die Gruben Gefahr. In Merkstein gibt es kaum eine Familie, die nicht eines ihrer Mitglieder bei einem Unglück im Bergwerk verloren hat. Und dann der Kohlenstaub, tief in die Ohren und rauhen Fingerknöchel seines Vaters eingedrungen! Selbst das gründlichste Bad kann diesen Kohlenstaub nicht mehr von der Haut des Vaters wegwaschen.

Als für Erich Morgenschweiß nach der Schule die Zeit kommt, arbeiten zu gehen, entscheidet er sich nicht für das Bergwerk, sondern für ein weiteres Schuljahr an einer Aachener Handelsschule. Es ist sein erster Versuch, von Merkstein und dem Pütt wegzukommen. Der zweite Versuch ist der Entschluß, der Hitlerjugend beizutreten. »Die Bewegung« bietet ja genau den Glanz und die Abenteuer, die er in dem kleinen Ort so sehr vermißt.

Erich wird schnell ein pflichtbewußtes Mitglied der Hitlerjugend. Bald schon hat er sich zum Oberhordenführer des Jungvolks emporgearbeitet. Stolz trägt er das begehrte Abzeichen, wenn er auf seinen abendlichen Streifen in den örtlichen Wirtschaften und Lokalen auftaucht, um festzustellen, ob keine Jugendlichen da sind. Er tut dies mit so todernster Miene, daß seine Freunde sich heimlich über ihn lustig machen.

Im Spätsommer 1944, als die Amerikaner näher an die deutsche Grenze vorrücken, wird auch Erich aus Merkstein evakuiert. Von seinen Eltern getrennt und ohne Möglichkeit zu einer Weiterbildung beschließt er, der Hitlerjugend als fest angestellter Jugendleiter beizutreten. Er bewirbt sich und wird angenommen. Im November 1944 wird er nach Schloß Hülchrath geschickt, um die Ausbildung für die neue, geheime Partisanenorganisation zu absolvieren.

Obwohl er normalerweise laut spricht und gerne aufschneidet, ist Morgenschweiß an diesem Nachmittag ziemlich ruhig, als er sich bei Wenzel meldet. Er klopft höflich an die Tür, und als Wenzel ihn hereinruft, schlägt er die Hacken zusammen, streckt den Arm aus und ruft: »Heil Hitler, Herr Untersturmbannführer!«

»Heil Hitler!«, antwortet Wenzel ein wenig müde. Er kann sich nicht recht mit dem Gedanken abfinden, daß diese Floskel Bestandteil des Soldatenlebens geworden ist. Schlimm genug, sie ständig in den Amtsstuben hören zu müssen. Aber seit dem Attentat auf den Führer in diesem Sommer ist auch die Wehrmacht verpflichtet, diesen Gruß zu verwenden. Manchmal ist das einfach zuviel für ihn.

»Setzen Sie sich, Morgenschweiß.« Insgeheim nennt er ihn stets »Fußschweiß«[70]), und manchmal hat er Angst, er könne den Jungen mit diesem Namen ansprechen.

»Danke, Herr Untersturmbannführer«, sagt Morgenschweiß. Als er sich gesetzt hat, wischt er sich den Schweiß von der Stirn. Er kommt direkt aus der Sportstunde und schwitzt trotz der Kälte. Mit der Hand bringt er sein Haar in Ordnung und wartet, bis Wenzel etwas sagt.

»Wissen Sie Bescheid über die Operation Aachen?«, fragt Wenzel.

---

70) So nennen ihn — hinter seinem Rücken — zuerst die übrigen Mitglieder der Gruppe, außer Heidorn, der »Schweißfuß« sagt.

»Ja. Als ich Melder in Lohausen war, sprach man von dem Auftrag. Herr Stubenrauch[71]) erzählte, daß der Oberbürgermeister von Aachen getötet werden soll.«

Wenzel nickt und denkt darüber nach, wie armselig ihre Sicherheitsmaßnahmen doch sind. Gott und alle Welt scheint schon von dem geheimen Plan zu wissen. Aber er will den Jungen nicht tadeln. Er weiß, daß Morgenschweiß ein Schützling Gutenbergers ist, und er will einen Zusammenstoß mit dem SS-Polizeigeneral vermeiden. Das könnte nämlich gefährlich sein.

»Er ist ein Verräter und muß erledigt werden«, fährt Morgenschweiß etwas zögernd fort.

»Ja«, stimmt Wenzel ihm zu. »Kennen Sie die Aachener Gegend?«

»Ich habe dort die Handelsschule besucht, und Merkstein, mein Heimatort, liegt nur wenige Kilometer entfernt.«

Wenzel nickt nachdenklich, als ob er diese Einzelheiten zum ersten Mal hört. Naürlich kennt er sie schon aus der Personalakte von Morgenschweiß. Er fragt sich aber allen Ernstes, ob er diesem unreifen Jungen wirklich sein eigenes Leben anvertrauen kann. Morgenschweiß hat natürlich gewisse Vorzüge. Er ist idealistisch dank seiner Jugend, und wie die meisten seiner Kameraden in Hülchrath, die Feuer und Flamme sind, wird er auch vor dem Töten nicht zurückschrecken, wenn er den Befehl dazu erhalten wird. Denn seit dem Tag, an dem sie dem Jungvolk[72]) beigetreten sind, hat man ihnen eingehämmert, daß jeder, der sich dem Wil-

---

[71]) Stubenrauch, ein ehemaliger Mann aus der Spionageabwehr, gehört inzwischen zur Gestapo und gibt hin und wieder Unterricht auf Schloß Hülchrath, Anfang Januar 1945 macht er Morgenschweiss auf die geplante Aktion aufmerksam.

[72]) Die »Pimpfe«, die jüngsten Mitglieder von NS-Jugendorganisationen.

len des Führers widersetzt, es nicht mehr verdient, noch weiterzuleben.

Dennoch gehört Morgenschweiß nicht gerade zu denjenigen, denen man ein Geheimnis anvertrauen kann. Er spricht zu viel und zu laut. Den beiden anderen, Hirsch und Leitgeb, kann man vertrauen. Sie würden nichts von dem Unternehmen verraten. Bei Morgenschweiß aber liegt der Fall anders. Wenn man ihm sagt, daß er ein Mitglied der Gruppe für Aachen werden soll, könnte halb Düsseldorf es am nächsten Tag wissen; der Junge hat einen Hang zum Angeben.

Wenzel seufzt. Es ist eine schwierige Entscheidung. Er braucht aber einen zweiten Kundschafter — und Morgenschweiß ist der Beste von ihnen. Also muß er es riskieren.

»Ich möchte, daß Sie bei dem Unternehmen in Aachen dabei sind.« Morgenschweiß strahlt. »Herr Untersturm Wenzel«, sagt er enthusiastisch, wobei er das »l« dieses Namens auf seine typisch rheinische Weise rollt, »vielen Dank für die Gelegenheit — für diese großartige Gelegenheit!«

Wenzel nickt und entläßt ihn. Er hat plötzlich das Gefühl, daß er einen Ausflug nach Lohausen braucht, um sich mit Hella zu treffen, der Frau mit dem verführerischen Mund . . .

*

Am 20. Februar 1945 treffen die beiden anderen Mitglieder der Sechsergruppe im Schloß ein, Heidorn und Hennemann, die Gestapo-Leutnant Schneider angeworben hat. Nachdem er gehört hatte, um welchen Auftrag es geht, hatte er im privaten Gespräch einem Freund gesagt: »Ich selbst halte mich aus der ganzen Sache natürlich heraus!«

Die beiden Führer sind ehemalige Grenzpolizisten, die mitten im Krieg zur SS eingezogen worden sind. Als die Alliierten im Sommer 1944 Belgien erreichen, werden sie als Frontläufer eingesetzt — Männer und Frauen, die das Grenzgebiet bei Aachen so genau kennen, daß sie Agenten, Agitatoren, Saboteure und dergleichen zwischen den feindlichen Linien hin und her führen können.

Hennemann ist der ältere der beiden. Er hat sehr viel Erfahrung in diesem gefährlichen Geschäft[73]) und brüstet sich damit, er habe etwa dreißig Führungen erfolgreich durchgeführt und dafür die höchste deutsche Tapferkeitsauszeichnung erhalten — das Ritterkreuz des Eisernen Kreuzes. Insgeheim glaubt sein Kamerad Georg Heidorn nicht, daß der ältere Mann so viele Aufträge ausgeführt hat. Er selbst hat drei Führungen hinter sich, einschließlich einer haarsträubend riskanten Fahrt durch die amerikanischen Linien in den Ardennen, um einen französischen Saboteur bis zu der von den Amerikanern besetzten belgischen Stadt Eupen zu bringen.

Heidorn weiß also aus eigener Erfahrung, wieviel Nerven das kostet. Es stimmt jedoch, da ist er sicher, daß Hennemann in den letzten Monaten sechs- oder siebenmal die amerikanischen Linien überschritten hat. In dieser Zeit haben sie nämlich zusammen gearbeitet, unter Leutnant Schneider. Einmal ist er sogar mit dem Fallschirm hinter der Front abgesetzt worden und hat dabei das begehrte Nahkampfabzeichen[74]) errungen.

Die beiden Männer kennen insbesondere den Dreiländerpunkt zwischen Aachen, Vaals (NL) und Gemmenich

[73]) Gefährlich nicht nur wegen der »normalen« Gefahren an der Front, sondern vor allem deshalb, weil die »Frontläufer« oft Zivilkleidung tragen und daher als Spione erschossen werden können, wenn man ihrer habhaft wird.

[74]) Die Auszeichnung wird links auf der Brust getragen und ist das Zeichen für enge Feindberührung oder Kampf von Mann zu Mann.

(B) ausgezeichnet. Sie sind beide sorgfältig, lieben aber trotz der gefährlichen Arbeit ihr Leben. Sie sind keineswegs bereit, es ohne weiteres aufs Spiel zu setzen.

Hennemann, der ältere der beiden, sieht nicht besonders intelligent aus. Wenn er spricht, steht sein Mund häufig offen und zeigt die häßlichen, gelben Zähne. Trotz seiner äußeren Erscheinung ist er aber ein energischer, mutiger, entschlossener Mann, der sich des Vorteils durchaus bewußt ist, den ihm sein einfältiges Gesicht hinter den feindlichen Linien bietet: niemand würde ihn für einen Spion oder Saboteur halten.

Georg Heidorn sieht mit seinen tiefliegenden Augen und seinem verwegenen Kinn schon eher wie ein Mann der Tat aus. Trotzdem ist es Heidorn und nicht Hennemann, der zuerst zurückschreckt, als er von Wenzel erfährt, was man von ihnen erwartet. Von Anfang an denkt der jüngere Heidorn darüber nach, wie er sich aus dem tollkühnen Unternehmen zurückziehen könnte. Denn seiner Meinung nach kann es nur mit dem Tod aller Beteiligten enden.

In der letzten Februarwoche kommt Gutenberger zu dem Schloß, um zum letzten Mal mit den Verschwörern zu beraten. Als er auf der engen, kurvenreichen Straße von seinem Hauptquartier in Lohausen in Richtung Hülchrath fährt, erkennt er, daß das Ende nicht mehr weit sein kann. Am Horizont unterbrechen die Blitze des Sperrfeuers der Alliierten den tiefen, grauen Winterhimmel in regelmäßigen Zeitabständen.

Immer wieder muß der große schwarze Horch auf die Mitte der mit Löchern übersäten Straße ausweichen, um Kolonnen von Pferdewagen vorbeizulassen, in »Trecks«, wie die Einheimischen sie nennen, überladen mit Männern, Frauen und Kindern und deren Habe. Sie fliehen vor den heranrückenden alliierten Truppen.

Die sechs warten schon auf ihn, als er in Hülchrath ankommt. Wenzel ruft »Achtung«, und während sie Haltung annehmen, erstattet er mit lauter Stimme Meldung.

Gutenberger tippt an seine Schirmmütze und sagt ihnen, sie sollten sich setzen. Dann nickt er Raddatz zu. »Standartenführer!«

Raddatz tritt in die Mitte des Zimmers. Einen Augenblick lang sagt er nichts, sondern blickt rundum auf die blassen Gesichter der Gruppenmitglieder. Obwohl ihm gar nicht zum Lachen zumute ist, muß Karl Gutenberger innerlich lachen. Der kleine Mann genießt solche Augenblicke. Er liebt das Machtgefühl, das diese angespannte Aufmerksamkeit verleiht.

»Na, alter Freund«, sagt er zu sich selbst, indem er auf Raddatz' Rücken starrt, »eines Tages werden sie dich aus dem Gefängnis entlassen, und dann wirst du das dein Leben lang tun. Du wirst wieder in der Schule sein und den I-Dötzen etwas beibringen.«

Raddatz beginnt: »Der Oberbürgermeister ist durch den Volksgerichtshof in Berlin[75]) zum Tode verurteilt, weil er sich als Verräter an der deutschen Sache erwiesen hat«.

Er macht eine Pause und läßt den Satz wirken. Gutenberger ist erstaunt über die Unverfrorenheit seines Untergebenen. Raddatz ist Akademiker — ein gebildeter Mann. Er wird doch wohl selbst nicht glauben, daß der Aachener Oberbürgermeister von einem Gericht zum Tode verurteilt worden ist? Und trotzdem hat er diesen Satz so überzeugend ausgesprochen, als ob er wirklich daran glaube[76]).

---

75) Beim Volksgerichtshof durchsucht man nach dem Krieg die Akten danach, findet aber nie ein schriftliches Urteil gegen Franz Oppenhoff.

76) Während seiner Universitätsjahre studiert Raddatz tatsächlich eine Zeit lang Bürgerliches Recht. Er muß also wissen, daß zur Vollstreckung eines Todesurteils mehr vorliegen muß als nur ein schriftlicher Befehl Himmlers.

Raddatz fährt fort. »Der höchste Offizier des Reiches, Reichsführer Himmler selbst, hat befohlen, daß wir das Todesurteil vollstrecken sollen. Die Sache wird ‚Unternehmen Karneval' heißen!«

Wieder eine Pause, als ob er auf einen Kommentar oder auf Gelächter wartet. Immerhin ist es ein ziemlich ironisch gewählter Deckname. Denn die einzige Art von »Karneval«, die im letzten Kriegsfrühjahr noch stattfindet, ist der grausame, gewaltsame Tod. Wer auch immer diesen Namen ausgesucht haben mag, er ist ein Zyniker! Denn er hat den Tarnnamen nach der Jahreszeit gewählt, in der die Rheinländer am ausgelassensten zu sein pflegen — genau in der Jahreszeit des Karnevalsfestes, zu der die Erschießung stattfinden soll.

Aber seine Zuhörer zeigen keine Reaktion. Vielleicht gehen sie in ihrer Abgestumpftheit nicht auf solche Feinheiten ein. Oder sie wagen es einfach nicht. Er seufzt, weil er es mit solchen Leuten zu tun hat und fährt fort. Kurz schildert er den Plan.

Weil sie vom Nachrücken der Alliierten in der Eifel bedroht sind, ist beschlossen worden, daß das Flugzeug mit den Fallschirmspringern vom Luftwaffenflughafen in Hildesheim aus starten soll. Er liegt bei Braunschweig, weit genug weg von Düsseldorf, das eher gefährdet sein wird.

Dort hatte die »Luftwaffeneinheit 252« einige feindliche Flugzeuge, von den Amerikanern erbeutet, mit denen das Kommando relativ sicher ausgeführt werden kann. Die Erkundigungen haben allerdings ergeben, daß Aachen durch die Flak noch ziemlich stark verteidigt wird. Deshalb sollen sie nicht über der Kaiserstadt selbst abspringen, sondern in Belgien, wo die Amis nicht mit einem Absprung deutscher Agenten rechnen würden.

Während die anderen aufmerksam zuhören, erklärt Raddatz den Führern Heidorn und Hennemann die geplante Strecke. Sie werden in der Nähe des kleinen belgischen Grenzdorfes Gemmenich abspringen, unmittelbar am Dreiländerpunkt.

Von dort aus müssen sie die Gruppe am Stadtrand Aachens vorbei zum Ausgangslager am Pelzerturm führen. Das dicht bewaldete Gelände liegt unmittelbar an der deutsch-belgischen Grenze in der Nähe der Straße von Aachen nach Eupen.

Hennemann und Heidorn nicken zustimmend, äußerlich ruhig. Aber Heidorn überlegt fieberhaft. Er ist lange genug bei der Polizei und der Gestapo gewesen, um zu wissen, daß man jemanden nicht »einfach so« zum Tode verurteilen kann. Selbst wenn der Oberbürgermeister ein Volksfeind wäre und Himmler angeordnet hätte, das Todesurteil an ihm zu vollstrecken, müßte es Dokumente geben, Anweisungen, schriftliche Einzelheiten.

Er schielt zu seinem Kollegen. Aber an Hennemanns sturem Gesicht ist keine Regung abzulesen. Er scheint den Unsinn zu glauben, den Raddatz ihnen erzählt! Heidorn schaudert. Es ist, als ob jemand mit einem eiskalten Finger seinen Rücken hinuntergefahren wäre. Er fürchtet sich vor dem, was vor ihnen liegt.

Als Raddatz die Besprechung beendet, winkt General Gutenberger die beiden Führer nach vorne, um sich die Karte anzusehen. Nachdem er erklärt hat, daß Wenzel und Leitgeb Himmlers Befehl ausführen und Ilse Hirsch und Morgenschweiß in Aachen selbst die Führung übernehmen sollen, bittet er die beiden Führer, einen Fluchtweg zu zeigen. Nur für den Fall, daß die Gruppe sich nach Erledigung des Auftrages auflösen müsse.

Hennemann als der ältere skizziert mit Routine die Richtung, die sie einschlagen müßten. Wenn sie Aachen verlassen hätten, würden sie quer durch das Gelände ziehen und in den dichten Eifelwäldern untertauchen; dabei sollten sie bewohnte Ortschaften tunlichst meiden. Tagsüber könnten sie sich in Hochsitzen oder

Waldhütten verstecken und ausruhen. Deren Lage sei ihm bekannt und er nehme an, daß sie wegen der Kämpfe leer oder verlassen seien.

Nachts müßten sie dann versuchen, durch Gewaltmärsche eine möglichst große Strecke zurückzulegen. Falls man sie tatsächlich einmal anhalten und überprüfen würde, müsse man Ilse Hirsch sprechen lassen. Wenn aber die Angloamerikaner darauf bestehen sollten, ihre Papiere durchzusehen, müßten sie die falschen Ausweise vorzeigen, die Stubenrauch besorgt hatte, und sich als Arbeiter der Organisation Todt[77]) ausgeben. Ihr letzter Treffpunkt solle Gut Hombusch sein, ein einsamer Hof hoch oben auf einem bewaldeten Hügel in der Nähe des Ortes Mechernich.

Leutnant Schneiders Gruppe, zu der Hennemann und Heidorn gehörten, hatte diesen Hof einmal besetzt. Jetzt wohnte dort nur noch Baron Solemacher mit seinen Bediensteten. Das könnte ein ideales Versteck sein, in dem sie völlig von der Außenwelt abgeschnitten ein paar Tage ausruhen könnten, bevor sie sich auf den letzten Teil ihres Weges machen müßten.

Als Hennemann endet, nickt Gutenberger zustimmend und geht in die Mittes des Raumes. »Ich muß Sie darauf aufmerksam machen«, sagt er, »daß dieses Unternehmen äußerst geheim ist. Kennen Sie die Strafe für denjenigen, der einem Unbefugten solch ein Geheimnis verrät?«

Die Runde murmelt etwas zur Bestätigung. Gutenberger läßt Wenzel nach vorne treten. Er nimmt Geld

---

77) Die deutsche Arbeitsorganisation, nach ihrem Chef Todt benannt. Im Winter 1944 besteht sie nur noch aus Jugendlichen und aus nicht mehr wehrtauglichen alten Männern.

aus seiner Aktentasche, es sind dicke Bündel belgischer Franken und Alliiertenmark[78]). Er gibt sie Wenzel.

»Verteilen Sie das unter Ihre Gruppe.«

Wenzels Augen weiten sich, als er das Geld sieht. Aber er nimmt es kommentarlos und verteilt es unter der Gruppe. Jeder erhält ein- bis zweitausend belgische Franken und eine hohe Summe in Alliiertenmark.

Gutenberger wartet höflich, bis Wenzel fertig ist. Dann sagt er ganz beiläufig, als ob er vom Wetter rede: »Unternehmen Karneval beginnt in sechs Tagen.«

Ohne ein weiteres Wort verläßt er den Raum.

*

Die Überlebenden des Mordkommandos haben wenig zu den Ereignissen der folgenden Tage zu sagen, als sie ein paar Jahre später zuerst von den Leuten des British Intelligence Service und danach vom deutschen Staatsanwalt darüber befragt werden. Diese ersten Märztage kommen ihnen allen im nachhinein wie ein böser Traum vor.

Es ist nur wenig darüber bekannt geworden, was während dieser Zeit geschieht.

Obwohl Gutenberger selbst ein letztes Mal nach Hülchrath zurückkehrt und die ganze Gruppe eine Art Abschlußfeier erlebt, auf der er jedem am Ende des Abends »viel Erfolg« wünscht, ist er überrascht, als er sie einige Tage später im Vorzimmer seines Stabes antrifft, der auf Schloß Flick in die Nähe von Kettwig im Ruhrgebiet verlegt worden ist.

---

[78]) Als die Alliierten nach Deutschland kommen, geben sie eine eigene »Militärmark« heraus. Sie ist nur zum Bezahlen in den eigenen Kantinen etc. bestimmt. Es ist nicht bekannt, ob das Geld, das Gutenberger der Werwolf-Gruppe übergab, wirklich echt war, oder ob es sich um Fälschungen handelte, die in den Konzentrationslagern hergestellt werden mußten.

»Was machen Sie denn hier?«, fragt er, als er Wenzel erkennt. Bevor Wenzel antworten kann, führt er ihn schon in sein Büro. Am nächsten Tag werden die sechs Mitglieder der Gruppe in einem Polizeitransporter nach Hildesheim gebracht.

In Hildesheim geht es fast genau so. Niemand scheint etwas von ihnen oder ihrem Auftrag zu wissen. Als Wenzel aber aus dem kleinen Hotel am Bahnhof den Wachhabenden des Fliegerhorstes anruft, antwortet der: »Wenzel? Ja, wir wissen Bescheid.«

Die ungenauen Erinnerungen der Werwolf-Gruppe lassen sich vielleicht durch die wirre Situation erklären, die damals in Deutschland herrscht. In der ersten Märzwoche 1945 hat eine Aufklärungsgruppe der 1. US-Armee die Brücke von Remagen mit Panzern besetzt. General Eisenhower befiehlt, den Brückenkopf noch weiter auszubauen. Ein paar Tage später schon dringen vier amerikanische Divisionen über den Rhein vor.

Gleichzeitig beginnen britische und amerikanische Bomber damit, das Ruhrgebiet abzuriegeln. Systematisch sprengen sie die Ausgangsstraßen, Schienenstränge und Brücken, um eine möglichst reibungslose Rheinüberquerung der britischen Streitkräfte Montgomerys vorzubereiten. Jedem ist klar, daß die Niederlage Deutschlands nur noch eine Sache von Wochen ist. Der »Endkampf« hat begonnen.

Die Gruppe ist nicht besonders fit, als sie in ihrem Hotel in Hildesheim wartet. Schlimmer sogar: Heidorn und Hennemann haben Grippe und Fieber. Leitgeb und Wenzel fühlen sich erschöpft. Ilse Hirschs Husten scheint noch ärger zu werden. Und sogar der sonst so unbekümmerte Morgenschweiß ist niedergeschlagen. Zum ersten Mal hat er klar erkannt, worauf er sich eigentlich eingelassen hat.

Vielleicht verlangen wir zuviel, wenn wir versuchen, den Gefühlen der sechs Verschwörer in dieser Situation zu folgen. Das Dritte Reich ist ein Staat geworden, dessen führende Persönlichkeiten sich wie Schauspieler in einem zweitklassigen Film aufführen. In dieser Welt ist nichts mehr so phantastisch, daß es nicht geschehen könnte: es gibt keine »normalen« Beweggründe und keine »normalen« Gefühle mehr. Propagandalügen, Erpressungen, gefälschte Papiere und Gewalt sind alltäglich geworden.

Die Werwolf-Gruppe, in dieser sonderbaren Welt zuhause, ist bereit, einen Unbekannten auf Anweisung eines Beamten zu ermorden, den sie nie gesehen haben, und dies ohne die geringsten Bedenken.

In all ihren Erklärungen nach dem Krieg ist nichts von Zweifeln, Unentschlossenheit, Angst oder Reue festzustellen. »Es war befohlen«, wiederholen sie ihren Fragestellern. Das ist alles.

*

Es ist ein warmer Abend für diese Jahreszeit.

Der Raum auf dem Fliegerhorst ist mit dicht schließenden Fensterläden für die Verdunkelung ausgerüstet. Es ist zu warm hier drinnen, man riecht Schweiß. Ilse Hirsch preßt ihre Hand an die Nase und riecht die parfümierte Seife, mit der sie sich sorgfältig gewaschen hat, bevor sie Hotel Hotopp verlassen haben. Das Parfüm lenkt sie vom durchdringenden Geruch des Mannschaftsraumes ab, der sie anekelt. Vergeblich redet sie sich ein, alles sei Nervensache — wie die häufigen Gänge von Morgenschweiß zur nahegelegenen Toilette.

Sie schaut sich den schäbigen Raum genauer an. Die Spinde haben Türen, die vom häufigen Aufbrechen beschädigt sind, weil ihre Besitzer oft gestartet sind, ohne jemals wieder zurückzukehren. An den Wänden hängen offizielle Fotos der feindlichen Bombertypen, fleckig geworden, mit Fliegendreck. Der Hauptmann hat sie auf eines der Flugzeuge besonders hingewiesen: ein Bomber genau dieses Typs soll sie zum Einsatzort bringen. Er nennt ihn eine »Fliegende Festung«[79]). Es ist eine von nur vier Maschinen, die die deutsche Luftwaffe von den Amerikanern erbeutet hat. Unter der Eintragung »Do 200« — diesen Dornier-Typ gibt es gar nicht — steht sie im Dienst des Geheimgeschwaders I/KG 200. Dies ist ein Verband, der Geheimagenten im Feindgebiet absetzt[80]).

Ilse erkennt die Maschine von den Angriffen auf Aachen und von den Wochenschauausschnitten wieder, in denen die Flugzeuge der Amis dutzendweise vom Himmel herunterfallen, mit brennenden Motoren, Rauchfahnen am Heck und großen, schwarzen Stücken, die aus den Flügeln herausbrechen. Sie fragt sich, wie die Luftwaffe es wohl fertiggebracht hat, das feindliche Flugzeug unbeschädigt herunterzuholen.

---

79) »Flying Fortress«, B 17-F, gebaut von den Boeing-Werken. Ausgerüstet mit vier 1200-PS-Motoren, dreizehn Maschinengewehren und sieben handbedienten Waffenständen. Höchstgeschwindigkeit 563 Stundenkilometer, Gipfelhöhe 11 582 Meter, Reichweite 3 620 Kilometer.

80) Die deutsche Luftwaffe erbeutet insgesamt vier B 17-Bomber. Eine dieser Maschinen fliegt am 12. Dezember 1942 bei einem Bombenflug von Moleworth in England gegen deutsche Stellungen im Nordwesten Frankreichs und muß auf einem Acker notlanden. Soldaten der deutschen Flugabwehr nehmen die Besatzung gefangen. Das Flugzeug wird von den Engländern »Wolfshund« getauft.
Die drei übrigen erbeuteten Maschinen werden dazu eingesetzt, um sich (mit deutschen Piloten) in die alliierten Bomberverbände einzuschleichen und deren Position an die deutschen Flugabwehrstellen zu funken. Von den vier Beutemaschinen übersteht nur eine den Krieg, die »Fröhliche Marie«. Die drei anderen werden von alliierten Flugzeugen abgeschossen.
Auf dem Flugplatz Hildesheim ist man im übrigen besondere Gäste gewohnt: auch die Pionierabteilung unter Oberstleutnant Witzig und die »Sturmabteilung Koch«, die Eroberer der Festung Eben Emael am Albertkanal (Belgien), waren seit November 1939 hier zusammengezogen und verbrachten einen Teil der Trainingszeit hier, bevor sie am 10. Mai 1940 frühmorgens von Köln-Butzweilerhof aus starteten.

Ein Offizier kommt in den Mannschaftsraum. Es ist derselbe Oberleutnant, den sie mit Wenzel zusammen gesehen hat, als sie auf dem Fliegerhorst ankamen. Er nickt dem SS-Offizier zu und geht zu Hennemann hinüber. Er flüstert dem Führer einige Worte zu und übergibt ihm das Paket mit dem Geld für den englischen Offizier, der für die Deutschen arbeitet. Sobald Hennemann es unter einem bestimmten Grenzstein an der belgisch-deutschen Grenze versteckt haben wird, soll diese Stelle dem Engländer per Funk durchgegeben werden, damit er das Geld als Belohnung für seinen Verrat abholen kann.

Ilse Hirsch registriert, wie Hennemann das Paket mit den 5 000 Dollars wegsteckt und denkt an den englischen Verräter. Was hat er wohl getan, um soviel Geld zu verdienen? Es ist ein kleines Vermögen. Sie sieht ihre Kameraden an. Trotz ihrer blassen Gesichter weiß sie, daß keiner von ihnen jemals zum Verräter werden würde. Sie alle haben geschworen, zusammenzuhalten. Und sie haben versprochen, daß jeder Verräter unter ihnen nicht lange am Leben bleiben würde, um die Früchte seines Verrates genießen zu können.

Wenig später bringt man ihnen Butterbrote und Kaffee in Feldflaschen. Jeder, außer Ilse, erhält eine Pistole, Wenzel einen Schalldämpfer dazu. Dann werden sie durch den überdachten Gang in das Nebengebäude geführt. Es ist der Fallschirmraum, eine große Halle. Sie ist so hell beleuchtet, daß Ilses Augen nach dem Rauch und der dürftigen Beleuchtung im Mannschaftsraum zu tränen beginnen. Sie rümpft die Nase. Den Geruch kann sie nicht genau erkennen, aber es scheint Bohnerwachs zu sein. Sie fragt sich, was hier Bohnerwachs soll.

Dann ist sie schon an der Reihe und bekommt ihren Fallschirm. Ein gelangweilter Luftwaffensoldat holt ihn mit dem Gurtwerk vom Regal und knallt ihn auf die gescheuerte Holztheke. Sie nimmt beides mit mürrischem Gesicht an sich und folgt den anderen nach draußen.

Dort zeichnen sich im Halbdunkel die gewaltigen Umrisse des erbeuteten amerikanischen Bombers ab. Als sie näher kommt, gebeugt unter der Last des Fallschirms und des Gurtwerks, erkennt sie die neuen Metallblechstücke, mit denen die Fliegende Festung repariert worden ist. Die Besatzung steht auf der anderen Seite des Flugzeugs in einer Reihe und schlägt ihr Wasser ab. Ilse schaut weg und fragt sich, warum diese Kerle sich nicht vorher erleichtert haben. Sie weiß nicht, daß eine volle Blase in großer Höhe unerträgliche Schmerzen verursacht, wenn man stundenlang ununterbrochen in seinem Sitz hockt.

Die Mannschaft schwingt sich ins Flugzeug hinauf, leicht und mühelos. Die Werwölfe folgen, aber viel mühsamer. Als alle in der Maschine sind, beginnt die kleine grüne Lampe im Kontrollturm am anderen Ende der Rollbahn zu blinken. Das große Flugzeug schüttelt sich und rüttelt. Der Lärm der Motoren schwillt ohrenbetäubend an. Der Bomber rollt an und gewinnt schnell Fahrt.

Oben in der Kanzel lenkt der Kapitän die »Fliegende Festung« die unsichtbare Rampe empor, als ob er sie nur durch seinen Willen in die Höhe zwingen könne. Sie gewinnen an Höhe und fliegen hinein in die Wolken und die Dunkelheit der Winternacht.

Es ist neun Uhr abends am 20. März 1945. In ein paar Stunden werden sie über der Absprungzone am Aachener Dreiländerpunkt sein!

*

Ilse Hirsch braucht nicht lange, um Namen und Adresse des Ami-Oberbürgermeisters zu erfahren. Im stark zerstörten Aachen geht sie schnurstracks zu ihrer alten

Wohnung am Hasselholzerweg. Das ist eigentlich dumm von ihr. Sie hat im letzten Jahr, 1944, sechs Monate lang in der Wohnung gelebt und in Aachen als Kindermädchen gearbeitet. Jetzt könnte man sie vielleicht erkennen und bei der Polizei anzeigen. Denn die Amerikaner haben in der seit dem 21. Oktober 1944 besetzten Stadt bereits ihre eigene Polizei aufgebaut. Es sind Deutsche, ältere Leute, deren amtliche Erkennungszeichen aus einem Holzknüppel und einer Armbinde bestehen. Aber zum Glück wird sie nirgends erkannt.

In aller Ruhe kann sie sich in ihrer zertrümmerten Wohnung umsehen. Wie die meisten leerstehenden oder verlassenen Häuser in Aachen ist sie geplündert worden. Außer einigen Einmachgläsern im Keller findet Ilse nichts Brauchbares. Die Gläser sind wohl übersehen worden, weil der Eingang zum Keller von heruntergestürztem Mauerwerk und Balken verdeckt ist[81]).

Ilse hält sich nicht lange in der Wohnung auf. Sie weiß, daß am Abend Ausgehverbot für alle Deutschen in der Stadt gilt.

Wenn sie aber etwas herausbekommen will, muß sie durch Aachens Straßen gehen. Also muß sie sich beeilen. Sie nimmt sich einen alten Einkaufskorb aus einer Ecke des Raumes und geht damit auf die Straße. So sieht sie aus wie jede andere Aachener Hausfrau, die in die Stadt geht, um etwas Eßbares aufzutreiben.

*

Schon die erste Frau, die sie fragt, erzählt ihr alles, was sie wissen will. Der Oberbürgermeister heißt Franz

---

81) Nach seiner Amtsübernahme gestattet Oppenhoff den in der Stadt zurückgebliebenen Aachenern, sie könnten sich aus den jeweiligen Nachbarhäusern dort zu findende Lebensmittel holen. Aber nicht nur dies geschieht, sondern auch Plünderungen. Als nach Oppenhoffs Tod nach und nach die übrigen Aachener zurückkehren, führt dies zu Kritik an Oppenhoffs Verhalten.

Oppenhoff und er lebt in der Eupener Straße. Die Frau fragt, ob Ilse weiß, wo das ist. Sie nickt schnell und bejahend. Denn sie will nicht irgendeinen Verdacht aufkommen lassen, daß sie nicht aus Aachen sei: »Ja, an der Strecke zur belgischen Grenze, nahe Köpfchen.« Glücklicherweise erinnert Ilse sich an den Namen des Grenzübergangs. »Ja, das stimmt«, sagt die Frau. »Und die Nummer?«, fragt Ilse genau in dem Moment, als ein Jeep voller lachender, gutgenährter Amerikaner vorbeifährt. Ilse schaut schnell zur Seite.

»Nummer 251. Eine der Villen draußen auf dem Hügel«, sagt die Frau. Ilse bedankt sich und geht weiter. Und sie denkt nach. Sind die anderen noch am Leben — draußen im Wald? Und würde sie Kontakt mit ihnen aufnehmen können? Denn alleine kann sie die Tat nicht ausführen, da sie keine Waffe hat.

An diesem Nachmittag wandert sie langsam aus der zerstörten Stadt, vorbei an den großen, grauen Bunkern, die von den Bomben- und Granatsplittern der letzten Jahre gezeichnet sind, hinauf auf den langen Hügel, der nach Köpfchen ansteigt. Einmal fährt ein Lastwagen mit Amerikanern vorbei. Trotz der Strafen, die auf »Fraternisation« mit deutschen Frauen stehen, pfeifen einige der Soldaten nach ihr.

Nach etwa einer dreiviertel Stunde ist sie an der Kreuzung, an der die Eupener Straße beginnt. Sie rastet einen Moment. Für den zufälligen Beobachter sieht sie aus wie jede andere Frau der eroberten Stadt, die die Gelegenheit des frühlingshaften Sonnenscheins zum Hamstern nutzt. Ilse versucht, die zahllosen militärischen Zeichen der Amis zu verstehen, die rechts und links der Straße aufgestellt sind.

Nach einem Weilchen setzt sie ihre Baskenmütze wieder auf und geht auf die rechte Seite der Eupener Straße, wo die Häuser bald weiten Feldern Platz machen. Das scheint ihr, ist der beste Fluchtweg, wenn es darauf ankommt. Aber andererseits sagt der gesunde Menschenverstand dem Mädchen: Je näher du an die Grenze kommst, desto wahrscheinlicher ist es, daß dort feindliche Truppen sind.

Die Eupener Straße ist eine ziemlich steile Straße, begrenzt an einer Seite von offenen Feldern und den Straßenbahnschienen, auf denen früher die belgischen Arbeiter über die Grenze zur Arbeit nach Aachen gekommen sind. Jetzt sind die Schienen rostig und von Gras überwachsen. In diesen Tagen geht doch aller Verkehr in die andere Richtung.

Auf der anderen Seite begrenzen gediegene Bürgerhäuser die Straße, mit Zwischenräumen bis zu fünfzig Metern zwischen jedem Haus. Ilse fällt besonders auf, daß die meisten Häuser vor neugierigen Blicken von der Straße her durch große Hecken oder durch Reihen von Tannen geschützt sind. Dann steht sie vor dem Haus Eupener Straße Nr. 251, in dem Franz Oppenhoff, der Verräter, wohnt.

Nach einem Augenblick der Unentschlossenheit faßt Ilse sich ein Herz. Sie geht über die Straße mit den Bombentrichtern und öffnet das Tor. Das Haus liegt etwa zwei Meter höher als die Straße. Sie muß sechs oder sieben Stufen hinaufsteigen, um die seitwärts am Haus gelegene Eingangstür zu erreichen. Sie merkt sich alles ganz genau.

Ihr Auge gleitet über eine Liste von Namen, die sorgfältig auf ein großes Stück Papier geschrieben sind, das an die Tür genagelt ist. Später erfährt sie, daß die Amerikaner dies den Aachenern zur Pflicht gemacht haben. Auf dem Papier stehen eine Reihe von Namen, die sie nicht kennt. Aber diejenigen Namen, die sie sucht, sind auch dabei: Oppenhoff Franz, Oppenhoff Irmgard und drei andere Namen: Monika, Christa und Irmgard. Ilse schaut nach den Geburtsdaten hinter jedem Namen. Monika muß acht sein, Christa sieben und Irmgard noch ein

Baby — etwa achtzehn Monate alt. So so, der Ami-Verräter hat also Kinder! Das ändert nicht ihren Entschluß, und also klopft sie an die Tür. Eine hübsche, dunkelhaarige Frau, etwa in ihrem Alter, schaut durch ein Fensterchen. »Sie wünschen?«, fragt sie.

Ilse feuchtet ihre Lippen an, die plötzlich trocken sind. »Ich bin weit gegangen und bin durstig. Können Sie mir vielleicht ein Glas Wasser geben?« Das Dienstmädchen der Oppenhoffs, Elisabeth Gillessen, lächelt und streicht das dunkle Haar aus ihrem hübschen Gesicht: »Natürlich, kommen Sie bitte hinten herum, durch den Garten!«

Ilse geht die Stufen hinab, mit dem Mädchen in den dunklen Keller. »Der Schlüssel der Eingangstür ist verlorengegangen, und weil wir die Tür nicht aufbrechen wollen, benutzen wir den Keller«, sagt das Mädchen. »Sie wissen ja, nachts muß man abschließen. Die Amis ...« Sie läßt den Satz unvollendet. Ilse lächelt. Natürlich sind die Soldaten hinter einem so hübschen Mädchen her!

Die beiden Frauen kommen in eine dunkle Halle. Die Wände sind geschmückt mit Gemälden. Von oben her dringt Kinderlachen. Das Mädchen schnalzt mit der Zunge. »Diese Kinder!«, ruft sie aus. »Auch wenn sie es wollten, mehr Lärm könnten sie einfach nicht machen, nicht wahr?« Ilse nickt, ganz in Gedanken; ihre Augen schweifen umher. Sie sieht, daß der einzige Weg ins Haus durch den Keller führt.

Das Mädchen denkt, daß Ilse nichts sagt, weil sie so durstig ist. »Ich hole Ihnen ein Glas Wasser«, sagt sie hastig und geht in ein anderes Zimmer. In diesem Moment kommt die sechzehnjährige Christel Schütz in die dunkle Halle. Sie bleibt stehen, als sie Ilse Hirsch dort sieht, und sagt gewohnheitsmäßig: »Guten Tag«.

»Guten Tag«, antwortet Ilse. Und dann schaut sie noch einmal hin: Sie kennt dieses Mädchen! An den Namen erinnert sie sich nicht. Aber sie weiß, daß sie mit

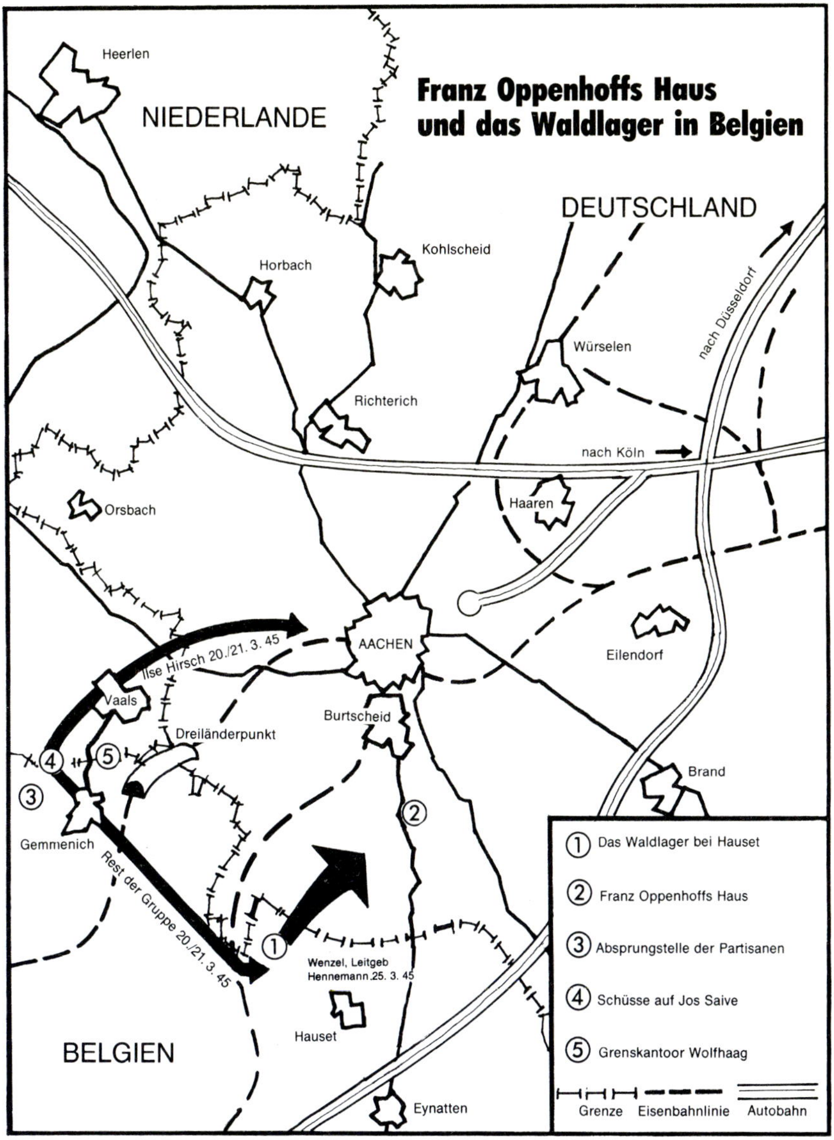
Franz Oppenhoffs Haus
und das Waldlager in Belgien
Heerlen
NIEDERLANDE
DEUTSCHLAND
Kohlscheid
Horbach
Würselen
nach Düsseldorf
Richterich
nach Köln
Orsbach
Haaren
AACHEN
Eilendorf
Ilse Hirsch 20./21. 3. 45
Vaals
Burtscheid
Dreiländerpunkt
Brand
Gemmenich
Rest der Gruppe 20./21. 3. 45
Wenzel, Leitgeb
Hennemann 25. 3. 45
Hauset
BELGIEN
Eynatten
1 Das Waldlager bei Hauset
2 Franz Oppenhoffs Haus
3 Absprungstelle der Partisanen
4 Schüsse auf Jos Saive
5 Grenskantoor Wolfhaag
Grenze
Eisenbahnlinie
Autobahn

ihr in der Mädchengruppe zusammengearbeitet hat, als sie kleine Weihnachtsgeschenke für die Männer an der Front zurechtmachten.

Das Mädchen scheint Ilse nicht wiederzuerkennen. Sie sprechen kurz über das schöne Frühlingswetter. Da kommt das Dienstmädchen mit einem Glas Wasser zurück. Ilse trinkt hastig. Sie ist dankbar dafür, daß sie die Unterhaltung nicht fortzuführen braucht. Das Glas ist leer. Sie murmelt ein paar Dankesworte, packt ihre Baskenmütze und verläßt das Haus so, wie sie es betreten hat: durch den Keller.

Sie beeilt sich beim Gang zurück in die Stadt, weil sie fürchtet, das junge Mädchen könne sich plötzlich wieder an sie erinnern. Aber sie ist noch nicht lange gegangen, da hört sie eilige Schritte hinter sich. Sie fühlt, wie ihr Herz zu hämmern beginnt, dreht sich um — und sieht das Mädchen wieder. Es lacht und ist offenbar bestrebt, sie einzuholen. Ilse hält an und wartet.

»Ich kenne dich, nicht wahr?«, fragt sie, bevor das Mädchen sprechen kann. Christel Schütz starrt sie an. »Mein Name ist Ilse Hirsch. Weißt du noch, wie wir zusammen die Weihnachtsgeschenke fertig machten?« Ihr Gesicht zeigt den Ausdruck des Wiedererkennens. »Ja, natürlich, jetzt erinnere ich mich. Sie waren . . .« — plötzlich hört die Kleine zu sprechen auf.

Ilse kann ihre Gedanken lesen. Sie wollte sagen: »Sie waren Gruppenführerin« (bei dem BDM). »Ich habe keinen Platz zum Schlafen heute nacht«, sagt Ilse, damit das andere Mädchen keine Zeit zum Nachdenken hat. »Ich bin gerade von jenseits des Rheins gekommen. Aber in meiner alten Wohnung hier in Aachen ist nichts mehr.« Während sie spricht, beobachtet Ilse scharf die Reaktion im Gesicht des Mädchens. »Ich suche einen Platz zum Schlafen heute nacht. Morgen will ich dann weitersehen.«

Christels unschuldiges junges Gesicht entspannt sich und hellt sich auf. Ilse merkt, daß Christel das Märchen geschluckt hat. »Warum kommen Sie nicht mit und verbringen die Nacht bei uns«, sagt das Mädchen, dreht sich um und zeigt rückwärts auf den Hügel. »Ich lebe oben im ‚Haus Pelikan'. Wenn Sie wollen, können wir Sie für eine Nacht unterbringen.«

Ilse legt ihren Arm um das Mädchen, schlägt ihr auf die Schulter und sagt: »Ach, das ist sehr nett von dir. Gerne möchte ich das tun!« Zwei Stunden später ist Ilse Hirsch, die nach Aachen gekommen ist, um einen Verräter zu töten, sehr beschäftigt. Sie hilft Christel, einige Räume im Haus Pelikan zu säubern. Ihr sonst totenbleiches Gesicht ist gerötet von der Anstrengung beim Säubern von Fluren und Fenstern.

*

Nachdem Ilse sich von ihnen trennte, hat sich die Werwolf-Gruppe im Wald weit weg vom Dreiländerpunkt gesammelt und in einer Bodenmulde versteckt. Wenzel reckt den Kopf in den Wind, um festzustellen, ob man ihnen folgt. Aber da ist kein verdächtiges Geräusch[82]).

Morgenschweiß erhebt sich vom Boden, streicht seine blonden, welligen Haare rückwärts von der Stirn und sagt: »Ich hab' ihn erledigt.« Er streichelt die kleine belgische Pistole in ihrer Hülle. »Ich habe ihn erledigt. Habt ihr es nicht gesehen?«

»Ach, halt deinen Schnabel«, sagt Leitgeb und atmet heftig. Er schaut auf Wenzel und fragt: »Was jetzt?« Wenzel feuchtet sich die Lippen. »Gib mir eine Chance,

---

82) Obwohl Sergeant Finders die »Saboteure« bei der nächstgelegenen amerikanischen Einheit meldet, unternehmen die Amerikaner nichts — außer daß sie einen Spähtrupp losschicken. Diese Soldaten sammeln nur die leeren Patronenhülsen ein, die man an der Stelle findet, an der Josef Saive niedergeschossen wird.

Sepp, gib mir eine Chance. Zunächst müssen wir rauskriegen, wo wir sind. Was meint ihr?« Er blickt hinüber zu Heidorn und Hennemann.

Heidorn hustet. Er weiß es nicht, und es ist ihm auch egal. Er fühlt sich elend. Nach zwei Nächten im Wald und dem Schock mit dem Zwischenfall an der Grenze im Wolfhaag hat er nur noch einen Wunsch: ins Bett kriechen, einschlafen, die ganze Sache vergessen. Er schließt die Augen. Soll doch der heroische Hennemann das Gespräch führen!

Hennemann ist er selbst — und eben auch so langsam. Nichts kann ihn erschüttern. Er schaut gedankenvoll und redet dabei bedächtig: »Ich denke, wir sind jetzt ganz nah bei Aachen. Irgendwo im Nordwesten der Stadt.«

»Wo?«, beharrt Wenzel. »Ich weiß es nicht genau. Aber ich denke, wir ziehen weiter, und dann finden wir einen Orientierungspunkt.«

Wenzel nickt zustimmend. »Gut, dann laßt uns gehen.« Er erhebt sich und nimmt den Rucksack wieder auf die Schulter. Die anderen tun dasselbe — außer Heidorn. Der hustet laut und bleibt liegen, wo er ist. »Was ist denn mit dir?«, fragt Wenzel.

»Ich fühle mich gar nicht gut«, sagt Heidorn und hustet noch einmal. Wenzels Hand fährt an die Pistole. »Sei kein Narr. Wir müssen auf jeden Fall weiter.«

Widerstrebend steht Heidorn auf. Wenn sie jemals von ihrer unmöglichen Mission zurückkommen, da ist Heidorn sicher, dann kriegt er Krach mit Wenzel. Aber jetzt weiß er genau: Wenzel ist kein Mann, mit dem man spaßen kann.

Sie gehen eine gute Weile, bis sie am »Dreiländerblick«[83]) in Aachen ankommen. Erstaunlicherweise ist es

---

[83]) Von dieser Höhe aus sieht man Deutschland, Belgien und die Niederlande zugleich.

Heidorn, der das erkennt. »Dreiländerblick«, sagt er teilnahmslos zu Hennemann. »Ja, du hast recht«, bestätigt der.

Sie rasten. Und jetzt, nachdem sie ihren Standort kennen, führt er sie zielstrebig durch die dichten Tannenwälder, die Aachen umgeben, auf die Stadt zu. Hennemann hatte vor dem Krieg am Zollamt Köpfchen Dienst getan, nicht weit vom Hause Oppenhoffs entfernt. Er beschließt, die Werwolf-Gruppe über die Grenze wieder auf belgisches Gebiet zu bringen. Dort können sie dann unweit von ihrem alten Lager eine neue Basis einrichten.

So kommt es, daß zur gleichen Zeit, als Ilse Hirsch vor ihrem Besuch im Hause Oppenhoffs in der Eupener Straße noch schnell ihre alte Wohnung in Aachen inspiziert, die fünf Werwölfe über die Eupener Straße huschen — nur fünfhundert Meter vom Hause Oppenhoffs entfernt. Unbeobachtet verschwinden sie im belgischen Grenzwald. Am Morgen des 22. März bauen sie ihr Lager im Aachener Wald, eben außerhalb der Stadt, und planen ihre nächsten Schritte. Eine Zeitlang kommen sie zu keinem Entschluß. Ilses Abwesenheit hat ihre Pläne durchkreuzt und durcheinandergebracht.

Wer wird jetzt die Aufgabe des »Spähers« in der Stadt erfüllen? Schließlich entscheidet Wenzel, daß Sepp mit Morgenschweiß in die Stadt gehen soll. Die beiden sollen die allgemeine Lage erkunden, Name und Adresse des Bürgermeisters finden und, wenn sie können — Ilse Hirsch.

*

Als Wenzel das Gespräch beendet, erhebt Heidorn sich von den Decken. Sein Gesicht ist hochrot vor Fieber, seine Augen glänzen.

»Sepp, wenn es geht, dann schau mal in meiner alten Wohnung in der Bismarckstraße nach. Vielleicht kannst du . . .«

»Halt den Mund!«, unterbricht ihn Wenzel. »Sepp hat wichtigere Dinge zu tun, als nach deiner Wohnung zu schauen, du Dummkopf!«

Heidorn läßt seinen Kopf auf die Decke zurückfallen und bleibt ruhig.

Wenzel wirft einen prüfenden Blick auf die beiden, die in die Stadt gehen sollen. »Ja, du siehst gut aus, Erich«, nickt er Morgenschweiß zu. »Klopf den Staub von deiner Hose. Du darfst dir nicht anmerken lassen, daß du unter diesen Umständen geschlafen hast! Die Amis sind nicht blind, weißt du!«

Morgenschweiß tut in aller Eile, was ihm befohlen ist. Nach einem kurzen Händedruck verschwindet er mit Leitgeb zwischen den Bäumen.

*

Ilse ist froh, wieder von Christels Wohnung wegzukommen. Das Mädchen stellt allmählich doch zu viele Fragen. Ilse Hirsch versucht, ihrer Neugier auszuweichen, indem sie für den Rest des Tages ausgeht. Aber abends muß sie wegen der Sperrstunde zurückkehren; sie will nicht von den Streifen der Amis ohne Ausweis aufgegriffen werden. Bevor sie schlafen gehen, nervt das Mädchen sie wieder mit Fragen. Vor allem will Christel Schütz wissen, was auf der noch deutschen Seite der Front geschehen ist. Und Ilse weiß, daß Christel über kurz oder lang auch ganz offen danach fragen wird, warum sie überhaupt in Aachen ist.

Schließlich läßt sie sich ein Kleid von Christel geben, nachdem sie erklärt hat, daß sie bei der Belagerung von Aachen alles verloren hat. Christel rät ihr noch, sie solle sich so schnell wie möglich einen Ausweis beschaffen. Mit einer Ausrede verläßt Ilse die Wohnung.

Inzwischen ist es schon über achtundvierzig Stunden her, daß sie sich von der Gruppe getrennt hat. In dieser kurzen Zeit hat sie alles nötige erfahren: wer ihr geplantes Opfer ist und wo es wohnt. Aber gleichzeitig hat sie in ihren Gesprächen mit Christel Schütz gespürt, wie die militärische Lage tatsächlich ist — obwohl sie natürlich die Ansicht des Mädchens über die Situation Deutschlands nicht teilt. Aber trotzdem: selbst unter Berücksichtigung des verzerrenden Einflusses der Ami-Propaganda auf das naive sechzehnjährige Mädchen ist auch Ilse Hirsch ziemlich klar, daß das Ende des Dritten Reiches kurz bevorsteht.

Köln, Bonn, Koblenz — alle größeren Städte westlich des Rheins — sind schon gefallen. Und jetzt bereitet der Feind sich schon darauf vor, sogar den Rhein zu überschreiten. Wie lange wird Deutschland noch standhalten können?

Was soll sie in dieser Lage tun? Schließlich, nach ständigem Bohren von Christel, sagt sie ihr, sie müsse ins Hauptquartier nach Köln zurückkehren. Christel wendet ein, sie habe ihr doch erzählt, daß Köln schon den Amerikanern in die Hände gefallen sei. Warum will sie also ihr Leben aufs Spiel setzen, indem sie durch die feindlichen Linien schlüpft?

Ilse nickt gedankenverloren. »Was muß ich denn tun, wenn ich hier in Aachen bleiben will? Welche Formalitäten gibt es?«

»Sie müssen zum Einwohnermeldeamt gehen. Dort haben die Amerikaner ihr Hauptquartier.« Und Christel erklärt ihr, daß sie die Aufenthaltsgenehmigung nicht nur wegen der Maschinenpistolen der Besatzer braucht, sondern auch, um Lebensmittelkarten zu bekommen.

Als Ilse später, nach dem Mord an Oppenhoff und ihrer Flucht, von Offizieren des britischen Sicherheitsdienstes verhört wird, bleibt sie bei der Behauptung, daß sie den Plan zur Ermordung Oppenhoffs nach diesem Gespräch keineswegs aufgegeben habe, weil sie etwa Angst um ihr Leben gehabt hätte. »Vor dem Einsatz haben wir oft darüber gesprochen, daß jeder Verräter innerhalb der Gruppe von uns sofort erledigt werden würde.«

Jetzt aber, nachdem sie zwei Tage lang von den anderen getrennt ist, entschließt sie sich, einen Ausweis zu beantragen, in Aachen Arbeit zu suchen und die ganze Sache zu vergessen. Die anderen sind sicher schon festgenommen worden[84]).

So geht sie also zum alten Arbeitsamt in der Augustastraße, als sie plötzlich hinter sich jemanden flüstern hört: »Ilse!« Sie dreht sich um, das Herz schlägt ihr bis zum Hals. Es ist Morgenschweiß! Seine Fallschirmjägerkombination trägt er nicht mehr. Und obwohl er noch die übergroßen amerikanischen Gummistiefel anhat, sieht er aus wie jeder andere Jugendliche im besetzten Aachen auch.

Etwa zwanzig Meter hinter ihm lehnt Leitgeb an einer von Geschoßeinschlägen übersäten Wand. Nichts deutet darauf hin, daß er mit Morgenschweiß etwas zu tun hat. Eine Hand hält er tief in der Tasche verborgen. Ilse ahnt, daß der österreichische Unteroffizier den Griff seiner Pistole fest umklammert. Er deckt den Jungen.

»Mensch, Ilse!«, sagt Morgenschweiß lebhaft und spürbar erleichtert, »wir dachten schon, du wärest verhaftet oder tot!«

»Ich habe das gleiche von euch gedacht«, entgegnet Ilse und gibt Morgenschweiß die Hand. »Aber woher kommt ihr denn jetzt?«

---

84) Ob das stimmt, ist nicht ganz klar. Allerdings: wenn Ilse davon ausgeht, daß die anderen festgenommen worden sind, muß sie auch damit rechnen, selber verhaftet zu werden. Warum flieht sie also nicht?

Morgenschweiß schaut sorgfältig die Straße hinauf und hinunter, als ob er befürchte, daß jemand mithören könne. Aber niemand ist in der Nähe. »Wir sind oben im Wald, in der Nähe von Köpfchen.«

»Köpfchen«, wiederholt Ilse, »dort ist — der Bürgermeister.«

Morgenschweiß nickt. »Später. Laß uns erst zum Lager zurückgehen.« Die beiden gehen zu Leitgeb. »Sepp«, sagt er, »wir gehen zurück. Ich gehe vor, und du folgst mir dann, Ilse, aber auf Abstand! Sepp kann den Schluß bilden. Verstanden?«

»Ja«, anwortet Ilse. Sie ist wie benommen.

*

Franz Oppenhoff ist müde — sehr müde. Die ständigen Konflikte mit den Amerikanern, die Gefahren der Ardennenoffensive, der lange Winter und der Mangel an Nahrungsmitteln haben ihren Tribut gefordert.

Seine Frau und die Kinder kommen an einem eisigkalten Januartag des noch jungen Jahres 1945 zusammen mit anderen Aachenern auf einem Lastwagen der Amerikaner in die Kaiserstadt zurück. Irmgard, die jüngste der drei Töchter, liegt dick vermummt ganz oben auf dem Lastwagen. Monika holt sich bei der an sich kurzen Fahrt eine Nierenentzündung[85]). Trotz die-

---

85) Major Swoboda bietet Oppenhoff mehrmals an, er könne seine Frau und die Kinder in Eupen abholen und nach Aachen bringen lassen, was Oppenhoff jedoch unter Hinweis auf die Lage der übrigen Aachener ablehnt. Wahrscheinlich, so vermuten wir, will er erst den Verlauf der Ardennenoffensive abwarten. Erst nach Weihnachten, spätestens ab 1. Januar 1945, ist jedoch offenbar, daß die deutsche Offensive mißlungen ist. Oppenhoff ist außerdem nachweislich sehr darum bemüht, für sich und seine Familie keine Sondervergünstigungen von den Amerikanern anzunehmen. Als Swoboda ihm nach der Weihnachtsfeier im Regierungsgebäude (die den Major nach eigener Aussage sehr ergriffen hat) Schokolade und Apfelsinen für seine Kinder in Eupen geben will, lehnt Oppenhoff diese ab. Swoboda wird ärgerlich und drückt ihm mit den Worten »Die gebe ich nicht Ihnen, sondern Ihren Kindern!« wenigstens die beiden Apfelsinen in die Hand.

ser Sorgen um die Kinder: Irmgard Oppenhoff ist vor allem erschrocken über das schlechte Aussehen ihres Mannes nach den gut zwei Monaten, die er jetzt Oberbürgermeister von Aachen ist.

Seine frische Farbe, sein gesundes Aussehen sind dahin. Sein Gesicht ist blaß, er hat Ringe unter den Augen. Seine Frau glaubt, daß er nicht nur unterernährt ist, sondern auch unter starkem psychischem Druck steht.

Früher war ihr Franz ein vergnügter Mann gewesen, ein typischer Rheinländer, der laute, lebhafte Unterhaltungen liebte und nie um ein schlagfertiges Wort verlegen war. Jetzt aber verfällt er oft in langes Grübeln und Schweigen, aus dem ihn oft selbst die Kinder nicht reißen können.

Er spricht immer wieder in makabrer Weise von »der Kugel, die bereits für mich gemacht ist«, als ob er täglich mit einem Anschlag auf sein Leben rechnet, und dies, obwohl seine Frau und seine Freunde ihm ständig versichern, daß der Krieg fast aus und damit die Gefahr für sein Leben gebannt ist.

Aber Oppenhoff ist nicht zu überzeugen.

»Ich kenne ihre Gestapo-Methoden«, sagt er zu seiner Frau mehr als einmal. »Sie werden mich am Ende doch noch bekommen. Irgendwo hat bereits einer ihrer Fallschirmspringer den Auftrag erhalten, mich zu ermorden.«

Irmgard Oppenhoff ist besorgt, aber sie läßt sich gegenüber ihrem Mann nichts anmerken. Als praktische, realistische Frau bemüht sie sich vielmehr, alles zu tun, um ihn zu beruhigen. Jetzt, da der Winter bald vorüber ist und die ersten Sonnenstrahlen hervorbrechen, glaubt sie, Franz von seinen Depressionen befreien zu können. »Nächstes Jahr um diese Zeit werden wir wieder Karneval feiern. Du wirst sehen!«

So plant sie auch, aus dem Wochenende des Palmsonntag im März 1945 etwas Besonderes für ihre Familie zu machen. Zum ersten Mal, seit sie nach Aachen zurückgekehrt ist, würden sie das ganze Haus für sich alleine haben, weil das Paar, das bei ihnen einquartiert ist, das Wochenende in der Stadt verbringen will.

Samstagsmorgens bittet sie ihren Mann, er möge Zucker, Marmelade und Kohlen besorgen. Franz liebt Süßes, und sie will ihm etwas Leckeres zurechtmachen. Am ersten Abend wollen sie alleine im Hause bleiben. Am nächsten Abend, dem Sonntag, sind sie bei den Fausts angesagt, Freunden der Familie, die im Nachbarhaus wohnen. Hier soll eine Besprechung der Männer stattfinden, mit anschließendem geselligen Beisammensein.

Faust hat aus der Brauerei, die wieder eröffnet worden ist, etwas zu trinken organisiert. Irmgard Oppenhoff hat sich vorgenommen, ihren Mann etwas aufzumuntern. Sie freut sich auf das Wochenende!

*

An diesem Samstagmorgen ganz früh wechselt die Werwolfgruppe in ihr letztes Lager. Sie überqueren wieder die Eupener Straße und beziehen Stellung im Wald in der Nähe des kleinen belgischen Dorfes Hauset, keine dreißig Minuten Fußweg von Oppenhoffs Haus entfernt. So wie Hennemann es vorausgesehen hat, begegnen sie niemandem und erreichen ohne Zwischenfall ihr Ziel. Nur Heidorn wird wieder lästig. Während sie marschieren, drängt er Hennemann, »sich aus der Sache herauszuhalten«.

»Ich komme nicht mit«, sagt er zu seinem Kameraden. »Ich gehe sowieso nach Aachen, egal, was du tust. Ich will nichts mit dieser schmutzigen Sache zu tun haben.«

Hennemann geht nicht darauf ein und konzentriert sich darauf, den Weg zu finden.

Der Palmsonntag dämmert heran. Es wird ein schöner, heller Frühlingstag. Die Männer erheben sich steif und verschwinden in den Büschen, um ihre Morgentoilette zu erledigen, während Ilse ihr letztes Einmachglas Obst anbricht. Wenzel hat ihnen verboten, Feuer zu machen, weil sie sich sonst verraten. Alles ist vorbereitet.

Erich, Ilse und Heidorn sollen im Lager bleiben, während Wenzel und Leitgeb unter Führung von Hennemann die Sache erledigen. Von Ilse wissen sie, daß die einzige Gefahr darin besteht, daß ein hoher Offizier der Amerikaner sein Hauptquartier ganz in der Nähe des Verräterhauses hat. Aber Wenzel versichert ihnen lachend, die Amis seien entweder betrunken oder würden schlafen, wenn sie den Verräter erledigten. Denn er plant, um Mitternacht zuzuschlagen. Äußerst unwahrscheinlich, daß sie zu dieser Zeit jemand anderem als dem Opfer begegnen.

Der Tag geht quälend langsam vorüber. Jeder ist gespannt, aber trotzdem spricht niemand mehr über den Auftrag, außer als Wenzel kurz bemerkt, daß die zurückgebliebene Gruppe für den Fall, daß etwas schiefgehen sollte, unter Führung von Heidorn zum Hauptquartier der Werwölfe in Hülchrath zurückmarschieren solle.

Hennemann stimmt zu und schlägt Heidorn vor, sich nach einer eventuellen Trennung an einer von zwei Jagdhütten zu treffen, die sie beide kennen. Sie stehen im Wald in der Nähe des ostbelgischen Grenzdorfes Elsenborn[86]). Wenn man sich dort verpasse, solle eine Hütte bei Reinartzhof der nächste Treffpunkt sein.

---

[86]) Vor 1914, als Eupen-Malmedy deutsches Gebiet ist, dient Elsenborn als Truppenübungsplatz. Die vielen Rekruten, die in das wegen seines harten Klimas und der Abgeschiedenheit im Hohen Venn sehr unwirtliche Lager kommen, prägen den Vers: »O Elsenborn, o Elsenborn, dich schuf der Herr in seinem Zorn!«

Heidorn, der sich krank fühlt, nickt kläglich und drängt Hennemann wieder, er solle doch nicht an der Erschießung selbst teilnehmen.

Aber Hennemann geht noch immer nicht darauf ein.

Heidorn gibt es auf. Er rollt sich in seine Decke und versucht zu schlafen.

Der Nachmittag kommt und die Verschwörer hören hoch über sich das Dröhnen schwerer Flugzeuge. Mehr als eine Stunde lang fliegen sie da oben. Ein- oder zweimal ist Morgenschweiß versucht, aus der Deckung des Waldes zu treten, um sich die feindlichen Flugzeuge anzusehen. Sie fliegen in Richtung Osten. Aber Wenzel befiehlt ihm, in Deckung zu bleiben[87]).

Im Wald wird es warm. An einer sonnigen Stelle legt Ilse sich hin und streckt sich aus; sie fühlt, wie die Wärme der Sonnenstrahlen durch den dünnen Stoff des geliehenen Kleides dringt. Heidorn schnarcht. Die anderen halten ein wenig weiter ebenfalls ein Nickerchen. Nur Hennemann ist immer noch auf den Beinen und geht nervös um den begrenzten Bereich ihres Lagers. Nur noch ein paar Stunden!

Sobald es anfängt, dunkel zu werden, müssen sie aufbrechen.

*

Für die Familie Oppenhoff in der Eupener Straße vergeht der Sonntag auf sehr angenehme Weise. Morgens gehen sie in die Palmsonntagsmesse. Zu Mittag bereitet Irmgard Oppenhoff ihrer Familie ein gutes Essen mit Zwiebeln und Kartoffeln. Danach gibt es »echten Bohnenkaffee« mit drei Löffeln Zucker als besondere Zugabe.

---

[87]) Die Flugzeuge bilden den Schutz und die Nachhut für Montgomerys Übersetzen am Niederrhein.

Nachmittags arbeiten sie im Garten, um das erste Gemüse zu setzen. In den guten alten Zeiten vor dem Krieg hätten sie so etwas nie an einem Sonntag gewagt — aber jetzt, in den schlechten Zeiten... Mit dem Rechen entfernen sie sorgfältig Steine aus dem Boden und erfreuen sich immer wieder am Spiel ihrer Kinder hinter dem Haus. Zufrieden mit ihrer Arbeit beginnen sie, die wertvollen dicken Bohnen zu setzen, von denen sie hoffen, daß sie ihnen im Herbst reiche Ernte bescheren. Franz Oppenhoff kümmert sich auch um ein paar Blumen für den Sommer. Warm scheint ihnen die Sonne auf den Rücken.

Oppenhoff und seine Frau sind glücklich, daß sie zumindest einige Stunden lang in Harnomie beisammen sein können — fern vom Krieg und seinen Problemen. Um 18 Uhr geben sie jedem Kind eine Scheibe Brot mit Sirup. Dann werden die Kinder im oberen unbeschädigten Stockwerk zu Bett gebracht. Monika will nicht sofort einschlafen. Der Vater muß noch einmal hinaufgehen und dem achtjährigen Mädchen einen zusätzlichen Gute-Nacht-Kuß geben[88]).

Schließlich sind die Kinder still. Oberbürgermeister Oppenhoff zieht seine Jacke an und streift die Armbinde über den rechten Arm, damit man seine Funktion erkennen kann, falls sie nach der Sperrstunde nach Hause kommen und von einer amerikanischen Streife angehalten werden. Er spricht noch kurz mit der Haushälterin Elisabeth Gillessen. Nach einem Blick auf die schlafenden Kinder folgt er seiner Frau durch die Kellertür nach draußen.

*

88) Monika ist diejenige von den beiden Töchtern mit einer besonderen Vaterbindung. Dies wird auch auf dem Foto deutlich, das Franz und Irmgard Oppenhoff sowie die Töchter Monika und Christa zeigt.

Hennemann, Sepp Leitgeb und Wenzel verlassen das Lager in Hauset kurz nach Sonnenuntergang. Heidorn, Ilse Hirsch und Erich Morgenschweiß bleiben zurück. Die drei vom Mordkommando verabschieden sich von den anderen mit einem festen Händedruck. Nur Heidorn tut so, als ob er schläft.

Die Kochgeschirre haben sie um die Schulter gehängt; Hennemann als der Führer geht vorn, dahinter folgt Leitgeb, und im Abstand von rund zwanzig Metern marschiert Wenzel.

Sie gehen möglichst leise durch den Wald, überqueren die Grenze nach Deutschland und halten auf die Eupener Straße zu. Es ist ein mondheller Abend. Hennemann kennt den Weg tatsächlich so gut wie seine eigene Westentasche. Sie kommen gut voran. Kurz nach 22 Uhr sind sie an der Eupener Straße, nicht weit vom Haus der Oppenhoffs.

Jetzt übernimmt Wenzel die Führung. Er gibt den beiden anderen ein Zeichen, ihm auf ein Feld in der Nähe zu folgen.

»Du bleibst hier«, wispert er Hennemann zu, »und deckst unseren Rückzug!«

Kurz danach — sie haben nur noch ihre Kochgeschirre versteckt — gehen Wenzel und Leitgeb los. Der ziemlich nervöse Hennemann bleibt zurück. Er steht mutterseelenallein da, mit gezogener Pistole — so, als ob er fest damit rechnet, daß jede Sekunde eine amerikanische Patrouille aus dem Wäldchen da hinten auftaucht.

Inzwischen sind Leitgeb und Wenzel am Haus der Oppenhoffs angekommen: Eupener Straße 251. Leitgeb durchschneidet mit seiner Drahtschere die Telefonkabel. »Alles in Ordnung«, flüstert er. »Sie können mit niemandem mehr Kontakt aufnehmen.«

Auf den dicken Gummisohlen unter ihren Stiefeln durchqueren sie leise den Vorgarten. Sie gehen um das Haus. Wenzel findet auf Anhieb den Eingang zu Keller und Waschküche: genau, wie Ilse es ihnen beschrieben hat. Die Tür ist — natürlich — verschlossen.

Leise läßt er die Türklinke los und schaut zum nahen Fenster. Es ist klein, aber er und Sepp sind schlank genug, um hindurch zu kommen. »Das Fenster«, flüstert er. Der andere nickt. Wenzel drückt langsam, aber kräftig dagegen. Mit lautem Klicken gibt der Sperrhaken nach. Das Fenster springt auf, aber in der Dunkelheit ist nichts zu sehen. Wenzel fühlt, wie sein Herz schneller schlägt. Er schaut zur Seite. Kein Geräusch ist zu hören, niemand hat sie bemerkt. Der Wind rauscht leise in den Baumwipfeln.

Er kriecht so schnell es geht durch das offene Fenster und läßt sich an der anderen Seite herunter. Sepp folgt ihm. Sie schließen die Einstiegsluke. Der SS-Offizier knipst seine Taschenlampe an und leuchtet in den Keller. Der Lichtstrahl erfaßt leere Flaschen, sorgfältig aufgestapelte Kohlen, ein Fahrrad ohne Räder — der übliche Inhalt eines Kellers. Dann leuchtet er auf die Treppe, die nach oben führt. »Hier herüber«, sagt er.

Vorsichtig gehen sie die steinerne Kellertreppe hinauf und kommen in einen kleinen Flur. Noch immer ist nichts zu hören — außer dem Ticken einer Uhr, irgendwo in der Dunkelheit. »Schlafen die alle?«, fragt Sepp.

»Ich weiß nicht«, flüstert Wenzel. »Aber das werden wir gleich haben.«

Vorsichtig setzt er den Fuß auf die unterste Stufe der hölzernen Treppe, die zum ersten Stock führt. Da oben werden die Schlafzimmer sein. Eine der Stufen knarrt ziemlich laut unter Wenzels Tritt. Regungslos bleibt er stehen und wartet unruhig, ob jemand Alarm schlägt. Aber noch immer bleibt alles still.

Dann geht er vorsichtig weiter nach oben und hält sich dabei auf der Seite der Stufen, auf der die Treppe stabiler zu sein scheint. Sepp folgt ihm, die entsicherte Pistole schußbereit in der Hand.

Jetzt sind sie auf der ersten Etage. Wenzel ist zu allem entschlossen. Er nickt dem Österreicher zu, sich fertig zu machen. Dann schmiegt er seinen Körper gegen die Wand, streckt den Arm aus und öffnet langsam die Tür. Sepp richtet seine Taschenlampe nach innen und läßt einen kurzen Lichtblitz aufleuchten. »Kinder«, flüstert er.

Wenzel blickt über seine Schulter. Drei Kinder liegen zusammengekuschelt unter den Plumeaus. »Seine«, sagt er, schließt ruhig die Tür und schleicht mit Leitgeb zum nächsten Zimmer. Es ist leer, genau wie das folgende. Außer den Kindern scheint niemand im Haus zu sein!

Wo steckt Oppenhoff? Hat Ilse gelogen? Haben sie diesen langen Weg zurückgelegt, um von ihrem Opfer zum Narren gehalten zu werden? Haben die Amis ...

Wenzels Gedankengang wird von Leitgeb unterbrochen. »Pst! Da drinnen ist jemand!«

Wenzel schwitzt. Mit seiner freien Hand wischt er sich die Stirn ab und lauscht angestrengt ins Dunkel. Sepp hat recht. Da ist tatsächlich jemand, auf der anderen Seite der Tür. Das tiefe, regelmäßige Atmen einer schlafenden Person ist deutlich zu hören. Er drückt sich selbst fest gegen die Wand und nickt Leitgeb zu. Der Österreicher nimmt die gleiche Haltung ein wie vorher: die Lampe bereit, die Pistole direkt auf die Tür gerichtet. Wenzel ist auf einen Schrei vorbereitet. Sein Herz pocht wild. Entschlossen stößt er die Tür auf.

»Wer ist da?«

Es ist eine weibliche, junge, erschrockene Stimme, die das fragt.

Wenzel schiebt sich vor Leitgeb. Eine junge Frau mit dunklem Haar und einem hübschen, sehr erschrockenen Gesicht sitzt aufrecht im Bett und hält sich das Nachthemd in der klassischen Haltung einer verängstigten Frau vor der Brust fest.

»Wo ist der Bürgermeister — Oberbürgermeister Oppenhoff?« fragt er fordernd. Er hat seine Stimme nur mühsam unter Kontrolle.

Elisabeth Gillessen ist zu Tode erschrocken. Seit die Amerikaner Eupen im September eingenommen haben, hat sie oft genug von Belästigungen Aachener Mädchen durch die fremden Soldaten gehört. Und es gibt nicht mehr allzu viele nette Mädchen in der Kaiserstadt!

GIs versuchen immer wieder, sie in gebrochenem Deutsch und mit ihrem Standardangebot: »Du schlafen mit me, ich bringen du chocolade«, ins Bett zu bekommen.

Jetzt ist also doch noch einer von denen ins Haus eingebrochen, während die Oppenhoffs abwesen sind. Wer anders als ein Amerikaner darf um diese Zeit noch in Aachen unterwegs sein?

Aber der fremde Mann wiederholt seine Worte: »Ich habe gefragt, wo der Bürgermeister ist!«

»Er ist nicht hier«, stottert sie.

»Wo denn?«

»Nebenan bei unseren Nachbarn — im Haus von Faust.«

»Dann steh' auf und hol' ihn her«, sagt der Mann in der Tür.

»Aber dazu muß ich mich doch zuerst anziehen«, protestiert sie, während sie ihre Augen vor dem grellen Licht schützt und versucht, die beiden Fremden an der Tür genauer zu sehen. Alles, was sie erkennen kann, ist eine Art Uniformjacke ohne Abzeichen und etwas, was sie für amerikanische khakifarbene Hosen hält[89]).

---

[89]) Die beiden tragen eine Fallschirmspringerkombination der deutschen Luftwaffe und darunter Zivilkleidung, weil sie nicht erschossen werden wollen, sollte man sie erwischen. Denn nach der Haager Landkriegsordnung gilt, daß ein Gefangener, der mindestens ein einziges militärisches Kleidungsstück trägt, als Kriegsgefangener zu behandeln ist.

Wenzel wendet sich zu Leitgeb. »Mach die Lampe aus.« Dann sagt er zu dem Mädchen: »Zieh dich an. Wir warten unten an der Treppe.«

Das einundzwanzig Jahre alte Hausmädchen der Oppenhoffs zieht sich in aller Eile einen Bademantel über ihr Nachthemd und tastet sich die Treppe hinunter[90]).

Von den beiden Fremden keine Spur! Sie sieht aber, daß im Erdgeschoß alle Türen weit offen stehen, als ob die beiden Männer das Haus durchsucht hätten, bevor sie in ihr Zimmer gekommen sind.

Vor lauter Angst geht sie hastig zur Toilette und schließt sich ein. Dann öffnet sie das Fenster, das den Blick auf die kleine Wiese hinter dem Haus freigibt. Zunächst sieht sie gar nichts. Aber als der Mond hinter einer Wolke hervorkommt, erkennt sie drei Männer. Zwei von ihnen stehen im freien Gelände, der dritte lehnt sich an einen Baum. Sie kann sie ganz deutlich erkennen. Einer von ihnen ist größer und breiter als die anderen (es ist Wenzel).

»Was wollen Sie denn überhaupt?«, ruft sie, weil sie sich jetzt hinter der verschlossenen Tür etwas sicherer fühlt.

»Wir brauchen Ausweise«, sagt einer der drei und kommt etwas näher an das Fenster.

»Wozu braucht ein Amerikaner einen Paß«? antwortet sie.

»Stell' nicht zuviele Fragen, Mädchen«, befiehlt der Fremde. »Geh' und hol' den Oberbrügermeister!«

In diesem Augenblick tritt einer der beiden anderen Männer ins Mondlicht, das die kleine Wiese erhellt. Deutlich kann sie sehen, daß er mit einer Pistole spielt. Leitgeb wirft sie in die Luft, fängt sie wieder auf und dreht sie um seinen Zeigefinger, auf und ab und um den Finger. Wie bei den Cowboys, an die Elisabeth sich aus

---

90) Aachen hat noch keine Stromversorgung.

den amerikanischen Wildwest-Filmen aus der Zeit vor dem Krieg erinnert.

Er braucht Elisabeth nicht noch einmal zu ermahnen. Sie öffnet die Toilettentür und läuft ins Eßzimmer. Dort klettert sie durch das Fenster und hastet hinüber zum Haus von Faust, wo die Nachbarn gemütlich mit den Oppenhoffs zusammensitzen. Kaum ist sie im Zimmer, das von ein paar Kerzen erhellt wird, stößt sie hervor: »Herr Oppenhoff ... Herr Oppenhoff . . . hier sind amerikanische Soldaten . . . sie wollen Sie sprechen . . . Jetzt!«

Franz Oppenhoff ist überrascht. »Amerikanische Soldaten? Um diese Zeit?«

Was wollen sie von ihm, mitten in der Nacht? Ist in Aachen etwas besonderes passiert? Einen Augenblick lang schwankt er. Warum soll er zu ihnen rübergehen? Können sie nicht hierher kommen und mit ihm sprechen? Aber wer weiß, wer es ist. Am Ende sind sie noch gekränkt wegen seiner Unhöflichkeit.

»Gut, Elisabeth«, sagt er. »Ich komme.«

Er zieht seine Handschuhe an und rückt die Armbinde zurecht. Zu Faust gewendet sagt er: »Sie sprechen gut Englisch. Es ist besser, Sie kommen mit.« Faust steht auf, und die beiden Männer gehen nach draußen, wo Elisabeth Gillessen wartet. Sie gehen hinüber, und unterwegs gibt Oppenhoff ihr den Schlüssel zur Kellertür. »Schließ auf«, sagt er. »Wo sind die Amerikaner?«

Das Hausmädchen braucht nicht zu antworten, denn in diesem Augenblick treten zwei der drei auf ihn zu. Der eine fragt: »Sind Sie der Oberbürgermeister von Aachen?« Sie sprechen Deutsch.

Faust sagt auf Englisch: »What do you want?«

Der erste Fremde, es ist Wenzel, antwortet wieder auf Deutsch: »Wir sind keine Amerikaner. Wir sind deutsche Flieger. Vor vier Tagen sind wir bei Brüssel abgeschossen worden. Jetzt versuchen wir zu den deutschen Linien zu kommen. Können Sie uns Ausweise besorgen, Herr Oberbürgermeister?«

Während er da im Mondlicht steht und Elisabeth sich einige Meter weiter an der Kellertür zu schaffen macht, schüttelt Oppenhoff den Kopf. »Das kann ich nicht. Sie sollten sich bei den Amerikanern melden und sich ergeben. Der Krieg ist ja doch fast aus. Es ist nur noch eine Sache von Tagen.«

Statt einer Antwort stößt Leitgeb hervor: »Heil Hitler!«

Faust, der neben Oppenhoff steht, ist überrascht. Es ist schon einige Zeit her, daß er diese Worte zum letzten Mal gehört hat. Irgendwie kommt ihm die ganze Sache nicht geheuer vor. Argwöhnisch mustert er die Männer genauer, während Oppenhoff weiter redet. Dabei bemerkt er, daß einer der beiden (Hennemann wartet etwas entfernt) eine Pistole in der Tasche hat. Es ist eine deutsche, Fabrikat Walther. Faust kennt sie aus der Zeit, als er Versuchsingenieur in der Abteilung für kleine Waffen bei Rheinmetall gewesen ist[91]).

Er merkt auch, daß die beiden Flieger keine Rangabzeichen an der Uniformjacke tragen und daß sie ohne Kopfbedeckung sind. Langsam wird ihm die Sache unheimlich. Besser, wenn er Hilfe holt!

Oppenhoff sagt gerade: »Ich will Ihnen aber gerne etwas zu essen holen«, als Faust ihn unterbricht: »Ich gehe zu uns ins Haus und sehe, was ich dort finden kann.« Ohne Umstände macht er kehrt und geht so schnell zurück wie er kann, ohne Verdacht bei den Fremden zu erregen.

Inzwischen hat Elisabeth die Kellertür geöffnet. »Mach dir keine Sorgen, Elisabeth«, versucht Oppenhoff sie zu beruhigen. »Es sind abgeschossene deutsche Flie-

---

[91]) Danach ist er Oppenhoffs Kollege bei Veltrup.

ger. Schmier ihnen ein paar Butterbrote, oder was du sonst gerade finden kannst.« Dann wendet er sich wieder den Männern zu. »Einen Augenblick bitte, ich gehe ihr helfen.« Er geht die Stufen hinab in den dunklen Keller.

Als er weg ist, zischt Leitgeb Wenzel zu: »Wenn er wieder raufkommt!«

Im Mondlicht scheint Wenzels Gesicht noch bleicher als sonst.

»Ja, jetzt«, antwortet er heiser.

Fast zögernd zieht er die Pistole mit dem langen Schalldämpfer. Leitgeb sieht zu seinem Schrecken, daß die Hand des Offiziers dabei zittert. »Mach schnell«, drängt er. »Der andere ist weg, um die Amis zu alarmieren. Glaub mir, Wenzel!«

Von unten hört man ein Geräusch. Es ist Franz Oppenhoff, der zurückkommt.

Elisabeth, die den braunen Brotlaib schneidet, sieht ihm noch nach und registriert, daß er seine Hände tief in den Jackentaschen vergraben hat. Das ist eine typische Geste für ihn. Sie ist lange genug bei den Oppenhoffs, um zu wissen, daß der Hausherr sehr nervös ist, wenn er das macht.

Die Schritte kommen näher. Leitgeb und Wenzel pressen sich halb geduckt dicht an die Hauswand neben der Kellertür. Leitgeb hört, wie Wenzel schnell und flach atmet. Da kommt der Verräter — aber Wenzel macht keine Anstalten zu ziehen!

»Los!« zischt Leitgeb.

Wenzel antwortet nicht.

»Du feige Sau!« zischt der Österreicher und reißt ihm die Pistole aus der Hand.

»Was?« Oppenhoff öffnet den Mund, um zu protestieren, aber es ist schon zu spät. Alles passiert in Sekundenschnelle.

Leitgeb richtet die Pistole mit dem Schalldämpfer auf Oppenhoffs Kopf. Jetzt weiß er, aus welchem Holz Wenzel geschnitzt ist! Trotz seiner Geheimnistuerei, seiner strammen Haltung, seiner unterschiedlichen Uniformen, — seiner Erzählungen über die Zeit bei Skorzeny und all' der anderen Dinge ist der SS-Offizier letzten Endes nur ein elender Feigling! In seiner Wut richtet Leitgeb die Pistole direkt auf die linke Schläfe des Bürgermeisters. Einen Sekundenbruchteil zögert er, dann drückt er ab.

In der Küche macht Elisabeth immer noch die Brote. Plötzlich hört sie ein Geräusch. Es macht »Tschiii!«. Sie denkt, irgendetwas ist gefallen. Sie geht die Treppe im Haus halb hinauf und schaut durch das große Buntglasfenster im Treppenhaus, dessen Mittelfensterchen man öffnen kann. Irgendetwas muß da draußen sein, aber sie kann es nicht erkennen.

»Herr Oppenhoff!?«

Nichts, keine Antwort. Sie ruft noch einmal. Wieder nichts. Weder eine Spur von Franz Oppenhoff, noch von den Männern. Plötzlich wird ihr unheimlich. Sie bekommt Angst. Was soll sie jetzt tun? Sind die Männer noch im Haus? Sie ist fast gelähmt vor Schrecken.

Faust ist inzwischen mit bleichem Gesicht zur Gesellschaft zurückgekehrt. Bevor er etwas sagt, zündet er sich an einer Kerze eine Zigarette an. Ihm gegenüber sitzt Irmgard Oppenhoff am Tisch. Sie sieht, daß seine Hand zittert. Beim Anzünden fallen Wachstropfen auf die Tischdecke. Heinrich Faust zieht an der Zigarette. »Keine Sorge.« Er sieht Irmgard Oppenhoff an: »Alles Routine.«

»Wo ist er?«, fragt sie.

»Deutsche Flieger. Sie sind in der Nähe von Brüssel abgeschossen worden und versuchen, sich zu den deutschen Linien durchzuschlagen. Sie brauchen Ausweise und etwas zu essen. Ihr Mann sorgt für ein paar Butterbrote.«

Irmgard Oppenhoff erschrickt. Ihre Augen weiten sich. Wie sie später erklärt: »Die Nachricht durchfuhr mich wie ein Blitz!«

»Wir können meinen Mann nicht mit ihnen allein lassen«, ruft sie und springt auf. »Um Gottes Willen! Wenn es Deutsche sind und mein Mann ihnen etwas zu essen gibt, kann ihn das sein Leben kosten!«

Später kann sie nicht mehr genau sagen, ob sie damit meinte, die Amerikaner könnten ihn wegen der Unterstützung flüchtiger deutscher Soldaten belangen, oder ob sie dachte, die Fremden seien die Henker, von denen ihr Mann immer gesprochen hatte.

Sie blickt Op de Hit an, einen alten Bekannten ihres Mannes. »Wollen Sie mit mir kommen?«

Sofort erhebt er sich. »Ja, kommen Sie!« Zusammen hasten sie ins Freie.

»Da hinten kommt jemand«, flüstert Wenzel und erwacht aus der Trance, in die er verfallen ist, seit Leitgeb ihm die Pistole abgenommen hat. »Abhauen!«

Leitgeb hält ihn zurück. »Moment noch, du Stümper!«, zischt er wütend. »Wir brauchen einen Beweis.« Er beugt sich zu Oppenhof herab, der tot auf der Kellertreppe liegt. Deutlich ist das Einschußloch in der linken Schläfe zu sehen. Er zerrt schnell die Bürgermeister-Armbinde herunter und nimmt dem Toten die Handschuhe ab. Plötzlich hören sie Schüsse.

»Amis!« ruft Leitgeb mit gedämpfter Stimme.

Die Streife einer nahegelegenen amerikanischen Fernmeldeeinheit sucht nach der Stelle der Unterbrechung in der Leitung, die Leitgeb zerschnitten hat. Und dabei haben die Amerikaner Hennemann entdeckt, der sich im Schatten eines Baumes niedergekauert hat. Die Soldaten eröffnen ohne Anruf das Feuer. So schnell er nur kann, rennt Hennemann weg, hinter sich ununterbrochen Schüsse. Weiße Leuchtkugeln zischen in den Himmel.

Endlich erreicht er eine Nebenstraße. Er spurtet von dort quer über die Eupener Straße, dann hinein in die Felder auf der anderen Seite. Plötzlich merkt er, daß jemand ihm folgt. Er zieht die Pistole. Die dunkle Gestalt kommt näher. Der Mann ist allein. Hennemanns Finger umklammert den Abzugbügel der Waffe. Dann erkennt er Wenzel. Er keucht, Schweißtropfen laufen über sein blasses Gesicht.

»Wo ist Sepp?«

»Auf der anderen Seite der Straße ... bei ihm ist alles in Ordnung ... Los, fort von hier ... schnell!« Zusammen laufen sie weiter.

Irmgard Oppenhoff reißt die Hand vor den Mund und erstickt einen Schrei, als sie ihren Mann zusammengebrochen auf den Stufen vor der Kellertür findet. Sie wendet sich zu Op de Hit. »Franz ... Franz ist tot!«

Der Hauptauftrag von Unternehmen Karneval ist durchgeführt.

Die Grube »Adolf« in Merkstein bei Aachen, 1945. Das Aachener Bergbaurevier ist kriegswichtig für die Alliierten. Während die alliierte Presse verbreitet, die Bergwerke seien »für die Deutschen gerettet«, werden die geförderten Kohlen abtransportiert.

»Vom kleinen Hotel in der Nähe des Bahnhofes in Hildesheim ruft Wenzel auf dem Fliegerhorst an.«

Christel Schütz (4. von rechts) 1945 in Aachen mit britischen Soldaten.

Eupener Straße 251 in Aachen: das Haus von Familie Oppenhoff heute.

An dieser Stelle fällt der tödliche Schuß: Franz Oppenhoffs Mörder hockt auf dem Mäuerchen (rechts) am Kellereingang hinter dem Haus. Oppenhoff wird in die linke Schläfe getroffen, als er aus dem Keller in den Garten tritt, wo die drei »Werwölfe« warten.

◀ Elisabeth Gillessen damals, das Hausmädchen der Oppenhoffs.

Unten links: die Todesanzeige der Stadtverwaltung Aachen für Franz Oppenhoff. Unten rechts: Georg Heidorn nach seiner Festnahme.

†

Oberbürgermeister

Franz Oppenhoff

fiel am Spätabend des 25. März 1945 feigen Meuchelmördern zum Opfer.

Der Verstorbene hat das Verdienst, in bitterster Kriegszeit unter Hintansetzung aller persönlichen Interessen den Verwaltungsaufbau in der schwer zerstörten Stadt Aachen in Angriff genommen zu haben. Die Stadt Aachen dankt ihm dies über das Grab hinaus.

Die feierlichen Exequien finden am Mittwoch, dem 28. März 1945, um 9,30 Uhr im Dome statt. Die Beisetzung erfolgt am gleichen Tage um 11,30 Uhr auf dem Ost-Friedhof (Adalbertsteinweg).

Die Bevölkerung wird dem Verstorbenen die letzte Ehre erweisen und an den Trauerfeierlichkeiten teilnehmen.

Aachen, den 26. März 1945.

Die Stadtverwaltung

V

Flucht durch die Eifel

Je stärker der Sturm, desto härter der Widerstand.

Dr. Joseph Goebbels, Reichspropagandaminister, im April 1945

Die Nachricht, daß der erste von den Alliierten eingesetzte Bürgermeister einer eroberten deutschen Stadt ermordet worden ist, geht durch die ganze Welt. Die »New York Times« berichtet die Tat unter der Schlagzeile »Nicht zu den Nazis gehörender Bürgermeister von Aachen durch drei deutsche Fallschirmspringer in Uniform getötet«. In einem Kommentar dazu heißt es: »Die Mörder erschossen den Bürgermeister wie einen Verbrecher und entkamen. Hitler hat Deutschen, die kollaborieren, oft mit Vergeltung gedroht.«

Die Londoner »Times« ist zurückhaltender und bringt nur den Bericht der Nachrichtenagentur Reuter: »Oppenhoff, 41, war Anwalt und ein halbes Jahr lang Bürgermeister. Er war ein Katholik vom rechten Flügel, hatte aber nie aktiven Widerstand gegen die Nazis geleistet. Er wurde von den Alliierten wegen seiner Erfahrung in Verwaltungsfragen und wegen seines Ansehens in katholischen Kreisen ausgewählt.« Die »Times« zeigt sich schockiert angesichts der Tatsache, daß solche Dinge immer noch in Deutschland passieren können. Die Zeitung berichtet, daß »die diensttuende Streife in dieser Straße die drei Männer verfolgte und auf sie schoß, sie aber nicht festnehmen konnte«. Dies ist ein Tadel an den Amerikanern.

Die Nachricht von Oppenhoffs Tod wird in den Hauptquartieren der Alliierten in Frankreich und Luxemburg als ein Rückschlag gewertet, besonders, als Goebbels' Propagandamaschine in den letzten Märztagen in Aktion tritt und bekanntgibt, welche Organisation den Mord begangen hat. Bei den Alliierten kommt der Verdacht auf, daß der Mord als »Startsignal« für weitere deutsche Aktionen dient. Insofern gewinnt die Tat mit Einfluß auf die Strategie der Alliierten für den Rest des Krieges in Europa.

Am 29. März präzisiert die Deutsche Nachrichtenagentur DENA, daß »der Oberbürgermeister von Aachen, Rechtsanwalt Franz Oppenhoff, auf Anordnung des ‚Deutschen Volksgerichts' wegen ‚Kollaboration mit dem Feind' hingerichtet worden ist«. Diese Behauptung, die auf Berichten der Alliierten beruht, weil Berlin bis dahin noch nichts aus erster Hand von der Werwolf-Gruppe gehört hat, die noch auf der Flucht ist, wird von der nationalsozialistischen Presse aufgegriffen.

So schreiben die »Flensburger Nachrichten« am 31. März 1945: »Laut Bericht der offiziellen englischen Nachrichtenagentur Reuter, der von den alliierten Militärbehörden bestätigt worden ist, wurde der von den Alliierten eingesetzte Bürgermeister von Aachen, Franz Oppenhoff, vor wenigen Tagen von deutschen Freiheitskämpfern getötet. Wir möchten den Nachrichten diese Information hinzufügen: Sofort nachdem er in den Dienst des gehaßten Feindes eintrat, war Oppenhoff vom ‚Gericht zur Erhaltung der deutschen Ehre' zum Tode verurteilt worden.«

Der Berliner »Völkische Beobachter« schreibt am 31. März 1945 unter dem Motto: »Verräter verfallen dem Gericht«: »Der von den Amerikanern gekaufte ‚Bürgermeister' von Aachen wurde von deutschen Freiheitskämpfern erschossen. Als die Amerikaner nach wochenlangen blutigen Kämpfen sich endlich in den Besitz der alten deutschen Kaiserstadt Aachen setzen konnten, fand sich tatsächlich ein ehrloses landesverräterisches Subjekt, das aus ihrer Hand den Posten eines sogenannten Bürgermeisters gegen klingenden Lohn aus ihrer Hand annahm. Sein Name war Franz Oppenhoff, und sein Auftrag lautete, das von sadistisch hassenden Feinden über das ganze Volk verhängte Vernichtungsurteil an der zurückgebliebenen Aachener Bevölkerung zu vollstrecken.

Jetzt muß das amtliche englische Nachrichtenbüro Reuter melden, daß dieser ehrvergessene Söldling des Landesfeindes schon nach kurzer, unrühmlicher Amtstätigkeit von seiner gerechten Strafe ereilt worden ist. Er wurde in der Nacht zum Mittwoch von deutschen Freiheitskämpfern erschossen. Ergänzend erfährt man hierzu, daß ein Gericht zur Wahrung der deutschen Ehre diesen ehrvergessenen Verräter schon bei Übernahme seines Judasamtes zum Tode verurteilt hatte und dieses Urteil nunmehr vollstrecken ließ[92]).«

Ganz anders reagieren natürlich die »Aachener Nachrichten« auf das Ereignis. In ihrer 10. Ausgabe, am 28. März 1945, schreiben sie, zwei Tage vor dem Völkischen Beobachter: »Die Bevölkerung weiß, daß dieser feige Mord ein von den Nazis kaltblütig ersonnenes Verbrechen ist, das bis in alle Einzelheiten von den Hitler-Gangstern vorbereitet und durchgeführt wurde. Von ihren Führern geschickt, haben sich die Mörder nach Aachen durchgearbeitet, hier die Gepflogenheiten ihres Opfers ausspioniert und dann die Tat vollbracht. Mit unglaublicher Roheit führten sie den Dolchstoß in den Rükken der Bevölkerung, um sich für die Niederlage auf den Schlachtfeldern zu rächen. Das Opfer dieses teuflischen Plans, der Oberbürgermeister, war ein Deutscher, der in ehrlichem Willen bemüht war, das von den Nazis hinterlassene Chaos zu beseitigen.«

In den letzten Märztagen und in den ersten Aprilwochen steht die Presse voll von Geschichten, die wahr oder erfunden sind, mit denen aber immer bezweckt wird, die Spionagedienste der Alliierten durch die Aus-

---

[92]) Joseph Goebbels notiert in seinem Tagebuch unter dem 29. März 1945: »Bisher haben die Angloamerikaner an der Westfront, wie Eisenhower erklärt, 250 000 Gefangene gemacht. Eine beschämende Zahl, die einem die Röte ins Gesicht treibt. Erfreulich ist die Meldung, daß der von den Angloamerikanern in Aachen eingesetzte Bürgermeister Oppenhoff in der Nacht vom Dienstag zum Mittwoch von drei deutschen Partisanen erschossen worden ist.«

sicht zu beunruhigen, man müsse einen hinhaltenden Partisanenkrieg gegen die Deutschen führen, sobald der wirkliche Kampf vorüber sei. Man versucht, den deutschen Widerstandswillen für die letzte große Schlacht aufzubauschen.

Am 1. April wird der Schock, den die Ermordung Oppenhoffs im Lager der Alliierten ausgelöst hat, noch durch die erste Sendung einer neuen deutschen Rundfunkstation verstärkt: Radio Werwolf.

Reichspropagandaminister Joseph Goebbels notiert sich dazu in seinem Tagebuch: »Durch beschleunigte Maßnahmen ist es jetzt endlich gelungen, den Sender Werwolf schon am Abend des ersten Ostertages zum ersten Mal zu Gehör zu bringen. Der Sender sendet auf der alten Welle des Deutschlandsenders und besitzt eine beträchtliche Stärke. Das Programm für die erste Sendung wird mir in Einzelheiten vorgetragen, und ich selbst schreibe dazu einen außerordentlich revolutionären Aufruf, in dem ich auf die reguläre Kriegsführung und auf die Außenpolitik des Krieges nicht die geringste Rücksicht nehme. Am Abend wird die Sendung über den Werwolf-Sender übertragen und dann zum Teil auch auf die regulären Sender des Reiches übernommen. Die Sendung macht einen ausgezeichneten Eindruck. Es ist direkt erfrischend, einmal einen Ton zu vernehmen, wie er früher in der Kampfzeit üblich gewesen ist.«

Radio Werwolf hat trotzdem nichts mit Himmlers Organisation zu tun. Aber die Spionageoffiziere und Bedienungsleute der Abhörgeräte der Alliierten, die die erste Sendung mitschneiden, können das nicht wissen. Zum ersten Mal kennen sie jetzt den Namen der Organisation, die Oppenhoff ermordet hat[93]). Und bei den-

[93]) Himmler ist gegen eine Veröffentlichung, weil »der Gegner damit eine wunderbare Ausrede für seinen Partisanenkrieg hat«.

jenigen, die die deutsche Geschichte kennen, weckt dieser Name Erinnerungen an die alten deutschen Femgerichte.

*

Den Begriff, der sich wahrscheinlich vom altniederländischen Wort »veem« (Genossenschaft, Zunft) ableitet, gibt es seit dem 13. Jahrhundert. Er bezeichnet Gerichte, die vor allem in Westfalen und Schlesien im Zuge der territorialen Bemühungen um Landfrieden im »Heiligen Römischen Reich deutscher Nation« Befugnisse zur Aburteilung schwerer Verbrechen beanspruchen. Wenn die Haupttätigkeit der Femgerichte auch ins 14. und 15. Jahrhundert fällt, so werden sie doch erst gegen Ende des 18. Jahrhunderts aufgelöst.

Sie sind nach der Art eines Geheimbundes organisiert. Eine Verurteilung geschieht meist auf Tod durch den Strang. Jeder »Wissende« ist verpflichtet, das Urteil zu vollstrecken. Der Wissende muß auch »die heilige Feme aufrecht erhalten vor Frau und Kind, vor Vater und Mutter, vor Schwester und Bruder, vor Feuer und Wind, vor allem, auf das die Sonne scheint oder der Regen fällt, vor allem zwischen Himmel und Erde«.

Aber auch nach dem 18. Jahrhundert gibt es hin und wieder noch Femgerichte — und Fememorde. Besonders nach dem Ersten Weltkrieg, ab 1920, nennen sich Rechtskreise so, die auf diese Weise Rache an den »Novemberverbrechern« nehmen wollen, die in ihren Augen an der »Novemberrevolution« im Deutschen Reich des Jahres 1918 schuld sind. Prominenteste Mordopfer dieser Feme werden Matthias Erzberger (1921) und Außenminister Walther Rathenau 1922[94]).

---

94) Oppenhoff hat vor seiner Ermordung nachweislich mindestens einmal gesagt: »Es wird mir noch ergehen wie Rathenau.«

Auch der Name »Werwolf« hat alte deutsche Tradition — sogar eine noch ältere als die der Feme. Als »Werwölfe« oder Hunde bezeichnen sich schon kriegerische Stämme der Germanen. Sie nennen sich auch »hundingas« (Hundeköpfe), kleiden sich in Tierfelle und heulen und bellen, wenn sie angreifen. Das germanische »wer« bedeutet »Mann«, Werwolf also »Mannwolf« oder Menschenwolf. Nach dem Aberglauben werden unglückliche Menschen in einen reißenden Wolf verwandelt, das heißt: sie sind halb Mensch, bis zur Taille, ab dort aber ein Wolf. 1589 gesteht ein Peter Stump aus Bedburg, als Werwolf fünfzehn Kinder, zwei Frauen und einen Mann erwürgt und anschließend ihr Gehirn verzehrt zu haben.

Hermann Löns veröffentlichte 1910 ein Buch unter dem Titel »Der Wehrwolf«, das die Verteidigung von Heidebauern (unter ihrem Anführer Harm Wulf) im Dreißigjährigen Krieg schildert. Als Warn- und Erkennungszeichen verwenden die Bauern die sogenannte »Wolfsangel«[95]). Dieses Zeichen ist dem mittelalterlichen Fanggerät für Wölfe oder Füchse nachgebildet, dessen Hauptbestandteil, ein Doppelhaken, zur Befestigung des Köders und eben dem »Angeln« des Wolfes (durch das Maul) dient. Die Bauern bringen die Wolfsangel zunächst als Warnzeichen an Bäumen an, indem sie diese mit drei Schlägen des Beiles einhauen: »einen hin, einen her, und den dritten in die Quer«.

1923 übernimmt ein rechter »Wehrwolf-Kampfbund« das Wolfsangelzeichen auf dem Titelbild seiner Mitgliederzeitschrift, und später auch die Nationalsozialisten: die HJ-Adjutanten tragen es als dienstliches Erken-

---

95) Siehe den Umschlagdeckel (Rückseite). Das dort abgebildete Zeichen ist die getreue Kopie einer Werwolf-Anstecksspange, die wir 1972 in der Sammlung alter Orden und Abzeichen in einem Antiquitätenladen am Aachener Adalbertsteinweg kauften — genau gegenüber dem Gerichtsgebäude.

nungszeichen. Als abgewandeltes Divisionszeichen führen es unter anderem die 4. SS-Polizei-Panzergrenadierdivision und die 2. SS.-Panzerdivision »Das Reich«. An diese uralte Tradition knüpfen Prützmann und Himmler an, jedoch nicht als originelle »Erfinder«, sondern weil der Name »Wolf« und in geringerem Maße auch »Werwolf« längst Bestandteil der nationalsozialistischen Terminologie geworden ist[96]). Es ist geradezu erstaunlich, welche Vorliebe dem Namen »Wolf« gilt[97]).

Auch Goebbels' »Radio Werwolf« macht bewußt Anleihen bei den alten Traditionen, die unheilvoll und drohend im Bewußtsein mitschwingen. In diesen letzten Wochen des Krieges ist Goebbels in seinem Element. Endlich kann der geborene Demagoge, der die Welt haßt, weil er klein und mißgestaltet ist, seinem Haß freien Lauf lassen. Dabei hat es für ihn keine Bedeutung, ob dieser Haß gegen den Feind gerichtet ist oder aber gegen das eigene Volk, das ihn »im Stich gelassen hat«. Die Deutschen müssen aus ihrer bürgerlichen Gleichgültigkeit wachgerüttelt werden. Man muß ihnen vor Augen führen, daß sie mit untergehen müssen, wenn Deutschland fällt.

---

[96]) Der linke Haken der Wolfsangel geht von links unten schräg nach rechts oben von der waagerechten Querlinie aus, der rechte Widerhaken von der Querlinie aus nach unten, und zwar von rechts schräg nach links unten. Kreuzt man zwei dieser Wolfsangelzeichen, dann ergibt sich verblüffenderweise ein Hakenkreuz in der richtigen Form.

[97]) Für alles, was mit dem Wolf zusammen hängt. Adolf Hitler läßt sich in seiner Kampfzeit »Wolf« nennen, sein beliebtestes Hauptquartier bei Rastenburg in Ostpreußen heißt »Wolfsschanze«. Sein Hauptquartier im Westfeldzug bei Bruly le Peche nennt er »Wolfsschlucht«. In seinem programmatischen Werk »Mein Kampf« berichtet er von den SA-Männern und ihren Saalschlachten: »Wie Wölfe stürzten sie sich in Rudeln von acht und zehn immer wieder auf ihre Gegner.« Das spätere Hauptquartier Winniza in der Ukraine führt sogar den Namen »Werwolf« selbst. Admiral Dönitz läßt seine U-Boote »in Wolfsrudeltaktik« nach den gegnerischen Schiffen jagen, Skorzeny reist einige Zeit lang unter dem Decknamen »Dr. Wolff« und Hitler hat eine Vorliebe für die (wolfsnahen) Schäferhunde.

Radio Werwolf ist das ideale Instrument dazu. Immer wieder ist im Äther zu hören: »Zerstör den Feind oder zerstöre dich selbst!« »Die Revolution hat kein Ende«, verbreitet Radio Werwolf. »Eine Revolution ist nur dann zum Scheitern verurteilt, wenn diejenigen, die sie machen, aufhören, Revolutionäre zu sein. Mit den Kulturdenkmälern zerbröckeln auch die letzten Hindernisse zur Erfüllung unserer revolutionären Aufgabe. Jetzt, wo alles zerstört ist, müssen wir Europa neu aufbauen. Bisher haben private Besitztümer uns bürgerliche Zwänge auferlegt. Statt daß die Bomben alle Europäer getötet haben, haben sie nur die Gefängnismauern niedergerissen, in denen sie gefangengehalten wurden. Bei dem Versuch, Europas Zukunft zu zerstören, hat der Feind nur die Vergangenheit zerschmettert. Damit ist alles Alte und Verschlissene beseitigt.«

Vor allem die jungen Männer und Frauen, die noch nicht die Wirklichkeit an der Front erfahren haben, aber von Jugend an mit der Selbstaufopferungs-Philosophie der Jugendorganisation der Nazis indoktriniert worden sind, eilen jetzt unter Himmlers Banner, um in der neuen Organisation zu dienen. Sie sind bereit, bis zum letzten zu kämpfen, angefeuert durch einen Schwall neuer Schlagworte, die Goebbels über seine Propagandastation verbreitet wie etwa »lieber tot als rot« und »Volk ans Gewehr« oder »der Endsieg ist unser« und: »je stärker der Sturm, desto härter der Widerstand«.

Himmler stört es sehr, daß Goebbels mit »Radio Werwolf« begonnen hat[98]). Denn zu oft wird folgender Satz

[98]) Goebbels versucht, Himmler mit »Radio Werwolf« zu einer schärferen Gangart bei den Partisaneneinsätzen zu zwingen. In seinem Tagebuch notiert er Ende März 1945, er sei »mit der Arbeit unserer Werwolf-Organisation nicht zufrieden. Sie läuft erst sehr langsam an und es scheint nicht der richtige Druck dahinter zu stehen. Ich werde beim nächsten Vortrag beim Führer eventuell versuchen, mir selbst diese Organisation anzueignen«.

ausgestrahlt: »Wir werden weiterkämpfen, auch wenn wir eine militärische Niederlage erleiden«. Seiner Meinung nach darf man dem deutschen Volk nicht einreden, daß es der Wehrmacht nicht gelingen könnte, den Angriff der Alliierten aufzuhalten.

Nur wenige Tage vorher hat General Reinhard Gehlen von der deutschen Abwehr[99]), der lange den Aufbau der polnischen Widerstandsbewegung untersucht hatte, ihm einen sorgfältig ausgearbeiteten Plan für ein deutsches Vorgehen nach dem gleichen Muster überreicht. Himmlers Reaktion läßt Generalmajor Schellenberg, den SS-Brigadeführer aus dem Reichssicherheitshauptamt, der seinem Vorgesetzten den Plan vorstellt, um sein Leben bangen.

»Das ist völliger Unsinn«, brüllt der Reichsführer. »Wenn ich mit Wenck[100]) über einen solchen Plan spräche, würde man mich als ersten Defätisten des Drittes Reiches anklagen. Die Sache würde dem Führer brühwarm aufgetischt!« Und er fährt fort, indem er auf »die hohen Stabsoffiziere« schimpft, die hinter der Front in Sicherheit sitzen und Pläne für die Zeit nach dem Kriege schmieden, anstatt wie er selbst an die Front zu gehen und weiterzukämpfen.

Nach Himmlers Vorstellungen sollen die Werwölfe eine paramilitärische Organisation sein, die nicht nach

---

99) Der geheimnisvolle Gehlen (sein Bruder Arnold war später Soziologieprofessor in Aachen) ist zuständig für die Abteilung »Fremde Heere Ost« und im Nachkriegsdeutschland Chef des Bundesnachrichtendienstes (BND). Bei Kriegsende taucht er mit seinem Material in Bayern unter und bietet den Amerikanern seine Kenntnisse über die Russen an. Der CIA nimmt an, und Gehlen beginnt praktisch sofort, mit den Amerikanern zusammen zu arbeiten (Organisation Gehlen). 1971 sorgt Gehlen für eine Weltsensation, als er bekanntgibt, daß die »Braune Eminenz« Martin Bormann, der erste Mann nach Hitler, in Wirklichkeit ein sowjetischer Spion gewesen sei.

100) General der Panzertruppen und Oberbefehlshaber der 12. Armee im Osten. Später kämpft er an der Elbe: Wenck soll den Führerbunker unter der Reichskanzlei in Berlin entsetzen.

einer Niederlage eingreifen, sondern nur als Hilfstruppe den Krieg hinter die Linien der Alliierten tragen soll, wie eine von vielen Divisionen. Zu diesem Zweck muß die Werwolf-Organisation aber geheim bleiben. Nachdem Goebbels jetzt aber die neue Gruppe von Widerstandskämpfern der breiten Öffentlichkeit angekündigt hat, muß er etwas unternehmen, um die große Zahl der eifrigen jungen Freiwilligen unterzubringen, die nach vorne drängen.

Prützmann, der formal Leiter der Organisation ist, erhält die Anweisung, Ausbildungsschulen für die Freiwilligen zu gründen und die Berliner Ministerien nach geeigneten weiblichen Ausbildern für diese Schulen zu durchkämmen. Die männlichen Ausbilder sollen von der SS kommen. Prützmann macht sich ohne Schwung an die Arbeit.

Seine Persönlichkeit hat sich stark verändert, seit er im vergangenen November zum Chef der Werwölfe ernannt worden ist. Sein Stolz ist dahin. Er weiß, daß der Krieg für Deutschland verloren ist — und er würde bald für seine Verbrechen im Osten zur Rechenschaft gezogen.

Seine Stimmung schwankt zwischen Momenten der Zuversicht, in denen er glaubt, er könne seine Haut retten, indem er untertaucht (wie viele seiner Kameraden von der SS und der Gestapo es planen) und verzweifelten Stunden im Alkoholrausch, wenn er sich dessen bewußt wird, daß es nur noch einen Ausweg für ihn gibt — Selbstmord.

Aber obwohl Prützmann sich nicht sehr um die Organisation kümmert, die er zu führen hat, erfüllen seine Untergebenen, enthusiastische junge SS-Offiziere und Funktionärinnen der Jugendorganisationen und des Arbeitsdienstes, ihre Pflicht um so mehr. Sie glauben an die Organisation Werwolf, die mit Himmlers Worten »aus dem nationalsozialistischen Geist hervorgegangen ist«. Überall werden Schulen gegründet, in denen die Freiwilligen lernen, feindliche Nachschub- und Nachrichtenverbindungen zu unterbrechen, indem sie die Reifen zerschneiden oder Zucker in die Benzintanks schütten. Die Ausbildung beschränkt sich aber nicht auf Sabotage.

Die Schüler lernen auch, wie man tötet, indem man Brunnen oder Nahrungsmittel vergiftet. Einige Gruppen erhalten sogar speziell zu diesem Zweck relativ große Mengen Arsen. Denn, wie Himmler selbst in diesem Frühling erklärt: »Jeder Bolschewik, jeder Brite, jeder Amerikaner, den wir auf deutschem Boden antreffen, ist unsere legitime Beute. In solchen Fällen braucht unsere Bewegung nicht die Abkommen zu berücksichtigen, die von den regulären Truppen eingehalten werden müssen.«

Und diese in der Ausbildung stehenden potentiellen Mörder sollen sich nicht nur auf den Feind beschränken, sondern auch jeden Deutschen töten, der mit ihm kollaboriert. Von Prützmanns Büro kommt der Befehl: »Jeder Bürgermeister in dem von den Alliierten besetzten Gebiet ist bei der erstbesten Gelegenheit zu beseitigen«[101]).

Meistens sind die Werwolf-Trainingslager in den Vorstädten Berlins oder in den umliegenden Landkreisen. Als die Russen näher an die Reichshauptstadt heranrücken, müssen weiter draußen Ausbildungsstätten geschaffen werden. So wird ein SS-Oberst namens Siebl nach Österreich entsandt, damit er dort nach Möglichkeiten sucht. Siebl eröffnet das erste Ausbildungslager für Werwölfe mitten in einem Gebiet, das auch die Spionagedienste der Alliierten inzwischen unter dem Namen

---

[101]) Ironischerweise wird auch der eigene Bruder von Oberst Neinhaus, der Bürgermeister von Heidelberg, Dr. Neinhaus, mit dem Tode bedroht, weil er die Stadt kampflos übergeben hat. Albert Speer hatte sich auch für die kampflose Übergabe verwendet, um die Stadt zu schonen.

»Alpenfestung« kennen. Der Name ist eher eine zufällige Wahl. Er erzeugt aber schon bald große Unruhe unter den Alliierten.

*

Im Dezember 1944 zeigt sich die alliierte Presse besorgt über den ungebrochenen Widerstand der Deutschen. Am 15. Dezember prophezeit der Militärsachverständige der kommunistischen Zeitung »Daily Worker«, Hitler werde sich nie ergeben, sondern in das bayerische und österreichische Alpengebiet fliehen und dort mit den Elitetruppen der SS und den Gebirgsjägern hartnäckigen Widerstand leisten.

Auch während der Ardennenschlacht vergißt Goebbels die »Alpenfestung« nicht. Bei einem geheimen Treffen mit allen deutschen Verlegern und führenden Journalisten im Dezember sagt er ihnen listig, sie sollten die »Festung« niemals erwähnen. Wenn sie in der ausländischen Presse Berichte darüber läsen, sollten sie diese auf keinen Fall in der eigenen Presse abdrucken. Das Gespräch zeigt Wirkung. Die Journalisten verlassen die Besprechung in dem Glauben, daß die »Alpenfestung« tatsächlich besteht.

Einen Monat später, nachdem die Gegenoffensive in den Ardennen gescheitert ist, bildet Goebbels eine spezielle Journalisteneinheit, um Artikel über das geheimnisvolle Verteidigungssystem in den Alpen zu schreiben — Geschichten über uneinnehmbare Stellungen, unterirdische Versorgungslager, Elitetruppen zur Verteidigung, in Bergstollen etablierte Fabriken und anderes mehr.

Die amerikanischen Zeitungen greifen diese Dinge sofort auf. Das inzwischen eingestellte illustrierte US-Magazin »Colliers« zum Beispiel bringt in der Januarausgabe 1945 einen detaillierten Artikel über ein gewaltiges Programm für einen Partisanenkrieg, das von den Nazis in der Nähe von Bad Aussee aufgestellt worden sein soll, nicht weit vom Haus des Führers in Berchtesgaden, »mitten in der Alpenfestung«.

Nach Aussagen des amerikanischen Verfassers wird die Elite der SS und der Hitlerjugend ausgebildet, um nach dem Krieg in diesem Gebiet einen Partisanenkrieg zu führen. Wenn die Nazis den Krieg verlieren, soll irgendwo oberhalb von Bad Aussee, vielleicht sogar in einem neutralen Land[102]), ein neues Hauptquartier aufgebaut werden, von dem aus die »Werwölfe« — der Journalist nennt diesen Namen — unter dem Befehl von SS-Obergruppenführer Dr. Ernst Kaltenbrunner, dem Chef des Reichssicherheitshauptamtes, Angriffe auf die Besatzungstruppen der Alliierten führen sollen.

Andere angloamerikanische Zeitungen folgen, und die Spionagedienste der Alliierten beginnen sich geradezu hektisch für die »Alpenfestung« zu interessieren, obwohl die amerikanische OSS-Einheit[103]) in Zürich unter der Leitung von Allen Dulles bereits im September 1944 vorausgesagt hat, daß die Deutschen im bayerisch-österreichischen Gebiet hartnäckigen Widerstand leisten würden. Während die Pressekommentare in Amerika an Umfang zunehmen, beginnen der Spionagedienst SHAEF unter dem britischen General Kenneth Strong und der Abwehrdienst der 12. Armee unter Brigadekommandeur General Sibert damit, die neue Bedrohung zu untersuchen.

Obwohl General Strong weiß, daß seine Kollegen im Spionagedienst von Montgomery's 21. Armee dem Ge-

---

102) Zu dieser Zeit glaubt der Schweizer General Staff, daß die Deutschen nach ihrer Niederlage die Schweiz besetzen und das dort vorhandene gut ausgebaute System unterirdischer Bunker in den Bergen zu einem langen Endkampf nutzen wollen.

103) Office of Strategic Services, Amt für strategische Dienste, Vorgänger der CIA.

danken an die Alpenfestung und einen längeren Partisanenkrieg nur wenig Bedeutung beimessen, berücksichtigt er die Sache in vollem Ernst im Zusammenfassenden Spionagebericht der SHAEF vom 11. März 1945.

Als sie von der »nationalen Festung« berichten, wie es in der Zumammenfassung heißt, vertreten die Leute vom SHAEF-Spionagedienst die Meinung, »daß zusammengetragene Grundinformationen und eine begrenzte Anzahl fotografischer Beweise es jetzt ermöglichen, eine endgültige Schätzung über den Stand der Pläne für den hartnäckigen Widerstand der Nazipartei aufzustellen ... Die wichtigste Tendenz der deutschen Verteidigungspolitik scheint hauptsächlich auf den Schutz des Alpengebietes ausgerichtet zu sein ... Unsere Übersicht zeigt mindestens zwanzig Orte mit Untergrundtätigkeiten aus jüngster Zeit, und dies vorwiegend in den Gebieten von Feldkirchen, Kufstein, Berchtesgaden und Golling, wo Informanten an der Basis über unterirdische Anlagen für Lager und Personal berichtet haben. Berichte über mehrere unterirdische Fabriken sind ebenfalls bestätigt worden. Darüber hinaus sind mehrere neue Baracken und Barackenlager auf Luftaufnahmen entdeckt worden, besonders in der Gegend von Innsbruck, Landeck und dem Berghof[104]). Es scheint also, daß Berichte von der Basis über ausgedehnte Vorbereitungen zur Unterbringung eines deutschen Maquis nicht unbegründet sind«.

Wenig später veröffentlicht General Patchs Siebte Armee ebenfalls ihre Entdeckungen über die »Festung«. Dieser Bericht geht weiter als die Auslegung des SHAEF, und obwohl er angeblich auf zuverlässigen Angaben beruht, sorgt er für die wildesten Gerüchte. Nach Aussagen der Spionageleute der Siebten Armee hat

---

104) Hitlers Haus auf einem Berggipfel bei Berchtesgaden, nicht weit von der österreichischen Grenze.

Himmler Vorräte für 100 000 Mann bestellt. Die Alpenfestung soll von achtzig schlagfertigen Einheiten verteidigt werden.

Es wird von Zügen berichtet, die mit neuartigen Kanonen ins Gebiet fahren. Fabriken seien gebaut worden, die eine komplette Messerschmitt herstellen können. Wenn alles fertig sei, sollten sich rund 200 000 ehemalige SS-Soldaten in das Gebiet zurückziehen und zusammen mit den Werwölfen, »die stark vom Nazigeist erfüllt sind«, bis zum letzten Mann kämpfen.

Im großen Kartenraum beim alliierten Oberkommando in Reims füllt sich eine Spionagekarte mit der Bezeichnung »Gemeldete Nationale Festung« nach und nach mit roten Markierungen! Die Karte, die etwa dreißig Quadratkilometer bayerisches und österreichisches Gebiet sowie einen ganz kleinen Teil Norditaliens zeigt, ist schon bald mit einer Fülle von Eintragungen versehen. Jede Eintragung ist von einem militärischen Symbol begleitet, um die feindliche Anlage näher zu kennzeichnen. Nahrungsmittel, Munition, Kraftstoffvorräte, Baracken, Bunker, unterirdische Fabriken, Truppenunterkünfte, Zickzacklinien für Festungsvorrichtungen und Sammelstellen für Partisanen — jeder Tag bringt neue Entdeckungen, von denen allerdings keine hieb- und stichfest belegt worden ist!

Trotzdem meinen sowohl Oberbefehlshaber General Eisenhower als auch sein Spionagechef General Kenneth Strong, daß sie ernstzunehmen sind. Strong sagt zu Eisenhowers Stabschef, General Bedell Smith: »Die Festung ist vielleicht noch nicht dort. Aber wir müssen Maßnahmen ergreifen, um zu verhindern, daß sie dorthin kommt!«

Bedell Smith stimmt zu. In seinen Augen gibt es »durchaus Anlaß zu der Annahme, daß die Nazis ihre letzte Stellung zwischen den Felsen ausbauen«.

Eigentlich ist der britische General, der vor dem Krieg in Berlin Militärattaché war und die deutsche Militärhierarchie daher kennt, vorsichtiger. Er glaubt nicht alles, was in dem Bericht der Siebten Armee steht, kann ihn aber auch nicht unberücksichtigt lassen.

Im Februar hat eine der amerikanischen Spionageabteilungen ein deutsches Dokument abgefangen, aus dem hervorgeht, daß die Werwölfe »äußerst fähige, erfahrene und mutige Männer ... als Leiter« aussuchen. Und die Einnahme eines Trainingslagers der Werwölfe in Süddeutschland überzeugt ihn, daß die Deutschen für den Fall, daß die Alliierten nicht bald vorrücken, imstande sein werden, »ein weitverzweigtes Netz von Widerstandsnestern aufzubauen, das durchaus unsere Operationen beeinträchtigen könnte«.

Jedenfalls: Es steht fest, daß General Eisenhower die Werwölfe und die Alpenfestung im Frühjahr 1945 sehr ernst nimmt. Er schreibt in seinen Memoiren: »Falls man es den Deutschen erlaubt hätte, die Festung aufzubauen, hätten sie uns dazu zwingen können, daß wir uns in einen langwierigen partisanenartigen Kampf oder eine teure Belagerung eingelassen hätten. Sie hätten dann ihre verzweifelte Hoffnung aufrechterhalten, daß es durch Meinungsverschiedenheiten unter den Alliierten gelingen könnte, günstigere Bedingungen zu schaffen als die einer bedingungslosen Kapitulation. Es war bewiesen, daß die Deutschen beabsichtigten, den Versuch dazu zu unternehmen«.

Und weiter: »Eine andere Absicht der Nazis, die dem Aufbau einer Festung in den Bergen sehr ähnlich war, bestand in der Organisation einer Untergrundarmee, die den bezeichnenden Namen ‚Werwölfe' erhielt. Das Ziel der Werwolf-Organisation, die nur aus loyalen Anhängern Hitlers zusammengesetzt werden sollte, waren Mord und Terrorismus. Es wurden sowohl Mädchen und Jungen als auch Erwachsene in die geheime Organisation aufgenommen — in der Hoffnung, die Gegend in Angst und Schrecken zu versetzen und das Besatzungsproblem so schwierig zu machen, daß die Eroberungstruppen wahrscheinlich froh gewesen wären, wieder fortzukommen. Um diesem Vorhaben Einhalt zu gebieten — und eine solche Entwicklung war immer möglich wegen der leidenschaftlichen Hingabe vieler junger Deutscher ihrem Führer gegenüber — mußte das gesamte nationale Gebiet überrollt werden, bevor die Organisation wirksam werden konnte.«

Trotzdem belastet das Problem und seine Auswirkungen auf die öffentliche Meinung in Amerika Eisenhower sehr. Einige ihm schlecht gesonnene Kritiker in Amerika behaupten, Eisenhower denke bereits in diesen letzten Kriegswochen an seine politische Nachkriegskarriere und sei allzu sehr darauf bedacht, daß seine »Presse« zu Hause gut ist[105]).

Vielleicht geht das zu weit. Aber wahr ist, daß Eisenhower sich sehr darum kümmert, wie die Öffentlichkeit in den Vereinigten Staaten über ihn denkt. Und schließlich gewinnt seine Sorge um die Öffentlichkeit die Oberhand. Ende März 1945 werden die 4 000 bis 5 000 enthusiastischen, fanatischen jungen deutschen Männer und Frauen, die noch in ihren geheimen Werwolf-Lagern ausgebildet werden, sowie die unverteidigte, unbewaffnete Alpenfestung zwei wichtige Faktoren bei der Festlegung der künftigen Strategie der Alliierten in

---

105) General Patton sagt mit überraschendem Weitblick im März 1945 voraus, Eisenhower werde »eines Tages Präsident«. Zynisch fügt er hinzu, der einzige Grund, weshalb »Ike« ihn und seine Armee besuchen komme, bestehe darin, daß er mit seinen Soldaten »einen Haufen Wählerstimmen« darstelle. R. Ingersoll, früherer Zeitungsverleger und Mitarbeiter Bradleys, macht die gleiche Feststellung und weist darauf hin, daß Eisenhower sich sehr um die öffentliche Meinung bemühte: »Die großen Paraden in New York und Washington waren jetzt geschlossener als sechs Monate vorher.«

Deutschland. Sie tragen mit dazu bei, das Gesamtbild Europas zu verändern.

Denn Eisenhower schickt Winston Churchill ein Telegramm, in dem er ihn davon unterrichtet, daß er zu dem Entschluß gekommen ist, an der Elbe mit seinen Truppen halt zu machen und Berlin nicht einzunehmen. Der Grund: er müsse sich auf die Einnahme der »Alpenfestung« konzentrieren, die als Bollwerk der Werwolf-Partisanen eine große Gefahr darstelle.

Diese Nachricht schlägt in London wie eine Bombe ein! Churchill und seine Berater glauben nämlich nicht an eine solche Werwolf-Festung.

*

Eine halbe Stunde vor Mitternacht. Ilse Hirsch schreckt hoch aus schlechtem Schlaf. Sie weckt Heidorn, der fährt hoch, und automatisch sucht seine Hand die Pistole.

Aber sie ist weg. »Mensch, meine Pistole ist weg«, stottert er und blickt in das blasse Mädchengesicht. Ilse ignoriert die unausgesprochene Frage. Später kommt Heidorn dahinter, daß die anderen die Waffe mit sich genommen haben.

»Sie sind noch immer nicht zurück!« wispert Ilse. »Und ich denke auch nicht, daß sie zurückkommen.« Plötzlich ist Heidorn hellwach. »Was sollen wir machen?«, meint er. Ilse runzelt die Augenbrauen.

»Ich möchte sie nicht verlassen. Das wäre nicht kameradschaftlich. Aber ich denke, wir können nicht mehr lange warten.«

»Das ist richtig, Ilse«, sagt Heidorn. »Glaubst du, du kannst uns bis zum Rhein führen?« »Natürlich«, antwortet Heidorn. Das ist genau das, was er schon immer wollte, seit sie aus dem Flugzeug gesprungen sind. »Also, laß uns abhauen!«

Ilse rüttelt den Jungen wach. »Wir verlassen das Lager jetzt!« Morgenschweiß springt hoch und packt wie die anderen nervös sein Bündel. Die Dinge, die sie nicht mehr brauchen, zerstreuen sie rund um das Lager[106]).

Sie wollen gerade weggehen, da hören sie hinter den Bäumen ein Geräusch. So, als ob sich im Unterholz etwas bewegt. Wie im Schock starren Heidorn und Ilse sich an. Sie regen sich nicht. Der Junge macht seine Pistole fertig.

Dann hören sie eine Stimme, die alle sofort erkennen. »Ich bin es!« Der österreichische Akzent von Sepp ist unverwechselbar.

»Wo sind die anderen, Hennemann und Wenzel?« fragt Ilse. Sepp Leitgeb schüttelt den Kopf. Noch immer ringt er nach Atem. »Getötet — gefangengenommen . . . in eine Ami-Kontrolle gelaufen . . . auf uns gefeuert . . . ich . . . bin . . . von ihnen getrennt worden . . . die Amis sind hinter mir her.« Sepps Worte bestätigen die Befürchtungen der Zurückgebliebenen!

Sie geben Leitgeb kaum Zeit, sein Bündel zu packen. Sie fliehen Hals über Kopf. Vor ihnen liegen die dichten Wälder der Eifel. Nur weg von Aachen! Weg von den feindlichen Soldaten, die ihnen auf den Fersen sind!

Noch vor Mitternacht, an diesem Sonntag, dem 25. März, geben sie das Lager auf und marschieren die ganze Nacht lang durch die Eifelwälder. Während sie marschieren, findet Sepp seine Fassung wieder. Und er erzählt ihnen, daß Wenzel sich als feiges Schwein erwiesen hat, daß er zögerte, den Verräter zu erschießen. Schließlich sei er noch gezwungen gewesen, ihm die Waffe mit dem Schalldämpfer zu entreißen und es selbst zu machen.

---

106) Diese Sachen werden später von einer amerikanischen Patrouille gefunden.

Als Beweis zeigt Leitgeb ein paar graue Handschuhe aus Wolle und die Armbinde, die er dem Toten abgenommen hat. Auf der Binde steht auf englisch »Town Mayor« (Bürgermeister). Er erklärt den anderen, daß Oppenhoff diese Binde am Arm getragen hat: zum Zeichen dafür, daß er die offizielle Erlaubnis besaß, auch nach der Sperrstunde noch auf den Straßen sein zu dürfen. Lachend zieht Leitgeb die Armbinde über und sagt: »Wenn wir in eine Ami-Kontrolle geraten, dann werde ich denen erklären, daß ich der Bürgermeister der nächstgelegenen Stadt bin — und dann lassen die uns laufen.«

Den Nachmittag des 26. März verbringen sie in einem Hochsitz und ruhen sich aus. Die schon recht wacklige Konstruktion aus Brettern und Flechtwerk ist kalt, zugig und so eng, daß sie sich nicht einmal bequem ausstrekken können. Aber andererseits bietet der Hochsitz ein gutes Versteck, und sie haben rundum gute Sicht. Gegen Abend klettert Heidorn steif die Holzleiter mit den zerbrochenen Sprossen hinunter und geht auf einen nahen Hügel, um herauszufinden, wo sie genau sind. Nach einigen Minuten kommt er zurück.

»Nein, ich geb's auf.« Schweigend sehen ihn die anderen an. Er kann die Jagdhütte an der Grenze also nicht finden, in der er sich mit Hennemann treffen soll, falls sie voneinander getrennt würden[107]).

»Was jetzt?«, fragt Morgenschweiß. Der Führer zuckt mit den Achseln. »Wir werden eben alleine zum Rhein weitermarschieren — wie geplant. Ich kenne eine Stelle, an der wir uns einige Tage ausruhen können. Danach müssen wir dann über den Rhein.«

»Wie weit ist es bis zu dieser Stelle?«, fragt Sepp. Heidorn hebt wieder die Achseln. »Ich schätze, ein oder

---

[107]) Beim ostbelgischen Töpferdorf Raeren, nahe bei Aachens Grenze, sowie eine zweite Hütte bei Elsenborn.

zwei Nächte Fußmarsch von hier.« Sepp nickt bedächtig. Dann beugt er seine breiten Schultern vor. »Also gut, gehen wir los!«

Sie marschieren die ganze Nacht hindurch und gönnen sich kaum eine Pause. Heidorn geht vorn, Morgenschweiß bildet das Schlußlicht. Gegen Morgen, als das erste Tageslicht den Horizont erhellt, läßt Heidorn sie anhalten.

Prüfend schaut er nach vorn. Kaum sichtbar, im Süden, können sie einen kleinen Ort ausmachen mit einem dicken, doppelten barocken Zwiebelturm an der Kirche. »Ich glaube, ich weiß, wo wir sind«, sagt Heidorn langsam: »Bei Simonskall. Da unten der Bach, das ist die Kall.«

Leitgeb reibt sich die Augen. »Also, dann los, weiter. Wir schaffen noch ein Stück, bevor die Bewohner wach werden. Wir umgehen den Ort und suchen ein Lager.«

Das tun sie sehr wachsam und sorgfältig: niemand dort bemerkt sie. Aber vorwärts geht es nur langsam. Die Tage ohne richtiges Essen beginnen, ihren Tribut zu fordern. Sie haben gerade den Ort hinter sich gelassen und sehen die weiße Mauer des Damms, den Heidorn als die Dreilägerbach-Talsperre erkennt, als es passiert.

Leitgeb ist etwa fünfzig Meter voraus und an der linken Seite der Gruppe. Er sucht sich seinen Weg durch dichtes, dampfendes Gras. Und plötzlich gibt es eine Explosion.

Der Boden hebt sich. Ein enormer Klumpen frischer brauner Erde wird in die Luft gejagt, als wenn darunter eine gigantische Schleuder arbeite. Es gibt einen rot-gelben Blitz, und einen Sekundenbruchteil später erreicht die Gruppe eine heiße Explosionswelle. Irgend jemand schreit. Und das Schreien endet in einem schmerzvollen Gurgeln. Vögel fliegen von den nahen

Bäumen und protestieren zeternd gegen die Störung. Dann Totenstille.

»Ach du mein Gott!« ruft Heidorn. Sein Gesicht ist totenbleich. Er stiert auf die Stelle, an der einen Augenblick zuvor noch Leitgeb gestanden hat. Aber jetzt steht der Österreicher nicht mehr. Stattdessen liegt er, verquer und hingestürzt, in einem Trichter aus frischer, brauner Erde, die noch raucht.

»Eine Mine, wir sind in einem Minenfeld«, ruft Morgenschweiß. Ilse fühlt einen kalten Schauer auf dem Rücken — ein Minenfeld!

Heidorn faßt sich als erster. Er ist früher schon in Minenfelder geraten. Er bewegt nicht einen Fuß und dreht sich um zu Morgenschweiß. »Schnappt nicht über! Kein Grund zur Panik. Die Minen liegen da vorne unter dem Erdboden. Es war sein Gewicht, das die Explosion ausgelöst hat.«

»Ist er tot?« fragt Ilse. »Ich weiß es nicht. Aber wir müssen ihm seine Papiere wegnehmen. Wenn man ihn mit den Papieren findet, wissen die Verfolger, daß wir noch am Leben sind.«

»Soll ich mal nachschauen gehen?« Morgenschweiß bricht als erster das Schweigen. Ilse staunt erneut über den Mut des Jungen. »Gut«, sagt Heidorn, »aber paß auf!«

Und er ist froh, weil er sonst die Sache selbst hätte machen müssen. Langsam geht Morgenschweiß zum Platz, wo Leitgeb liegt. Es sieht aus, als ob er kniend betet, während er die Papiere holt. Dann deckt er den Körper mit Blättern und Zweigen zu.

Wieder zurück, breitet er resignierend die Hände aus. »Die eine Seite seines Gesichtes ist weggerissen. Er ist schon tot, der arme Sepp.«

Keiner antwortet. Heidorns Blick geht nach vorn. Hoffentlich hat niemand die Explosion gehört. Und wenn — von den Einheimischen würde niemand kommen. Auf ein solches Geräusch hin könnte nur eines kommen: amerikanische Soldaten.

Sie drehen sich vorsichtig um und folgen Heidorn, der führt. Sie gehen den Weg zurück, den sie gekommen sind. Denn der ist nicht vermint. Und während der Körper des Mannes, der Oppenhoff erschossen hat, unter Laub und Zweigen in der Eifel zu erstarren beginnt, bereitet man sich in Aachen auf die Beerdigung des getöteten Oberbürgermeisters vor . . .

*

Elisabeth Gillessen hat Angst — nichts als Angst. Herr Oppenhoff antwortet nicht, und von den Männern draußen ist keine Spur zu sehen. Aber plötzlich, da hinten in Richtung Waldstadion, sieht sie eine rote Leuchtkugel aufsteigen. Dann fallen Schüsse!

In ihrer Panik läuft sie auf den Speicher. Verängstigt klettert sie zum Boiler und versteckt sich dahinter. Dann sitzt sie da, außer Atem und nur im Nachthemd und dem Bademantel, und überlegt, was sie jetzt tun soll. Am besten bleibt sie hier und verhält sich mucksmäuschenstill. Dann fängt die Einundzwanzigjährige an zu beten. Wie sie später berichtet: »Zwischendurch gingen meine Gedanken wie verrückt hin und her. Ich hatte Angst, daß die Männer noch in der Nähe waren. Und was hab' ich gefroren!«

Bis morgens früh um fünf Uhr. Dann hört sie, daß ein Auto vor dem Haus ankommt. Vorsichtig klettert sie hinter dem Boiler hervor und ruft nach unten. »Hallo, hallo!« Sie erkennt Professor Schwippert.

»Wo ist Herr Oppenhoff?«, ruft Elisabeth.

»Er ist tot«, antwortet Schwippert.

Tot! Sie hat es ja geahnt!

Langsam kommt sie nach unten. Inzwischen sind noch andere Autos angekommen, alle mit Amerikanern besetzt. Ab halb sechs wird Elisabeth Gillessen verhört. Das Haus wimmelt nur so von Amerikanern. Der Konferenztisch, den man im Haus Oppenhoff öfters benutzt hat, ist dicht an dicht von Amerikanern besetzt. Sie sprechen Deutsch und sagen zu ihr: »Nun erzählen Sie mal, wie alles gewesen ist. Jede Einzelheit ist wichtig!"

Das geht so bis um zehn. Dann ist Heinrich Faust an der Reihe. Zwischendurch wird Elisabeth wieder in das Zimmer gerufen, und dann sagt einer der Amerikaner: »Jetzt sagen Sie mir endlich die volle Wahrheit, sonst kommen Sie sofort ins Gefängnis. Sie haben eben gelogen!«

Elisabeth verläßt weinend das Zimmer. Dann muß sie eine Decke holen. Der tote Oberbürgermeister wird damit zugedeckt. Dabei sagt Elisabeth zu Frau Oppenhoff, die Amerikaner würden sie wohl ins Gefängnis stecken.

Irmgard Oppenhoff beruhigt das Mädchen. »Nein, Elisabeth, bestimmt nicht. Wenn die das tun, dann gehe ich mit dir ins Gefängnis!« Kurz nach zehn Uhr kann Elisabeth sich nicht mehr auf den Beinen halten. Sie legt sich ins Bett und schläft endlich ein.

Mehrere Tage lang wird das Haus umstellt. Die Leiche des 42 Jahre alt gewordenen Franz Oppenhoff haben die amerikanischen Behörden zur Untersuchung mitgenommen. Dann kehrt der Tote in das Haus an der Eupener Straße zurück. Irmgard Oppenhoff läßt ihren Mann im offenen Sarg im Wohnzimmer aufbahren. Der achtjährigen Monika und der siebenjährigen Christa hat sie zunächst erklärt, der Papi sei im Krankenhaus. Dann muß sie den Kindern die Wahrheit sagen: der Papi ist gestorben. Sie führt sie in das Wohnzimmer, und Monika erinnert sich: »Das ganze Zimmer und der Sarg[108]) rundum waren mit Schneeglöckchen geschmückt

[108]) Den hellen Eichensarg hat Brauereibesitzer Sauren aus Aachen-Burtscheid besorgt. Oppenhoffs Leichnam wird vor der Beerdigung von einem amerikanischen Militärarzt obduziert.

und mit Blumen, die die Aachener gebracht hatten. Ganz deutlich sah ich den Einschuß an Vaters linker Schläfe — das Bild ist mir noch heute gegenwärtig.«

Am Mittwoch, dem 28. März 1945, dem Mittwoch vor dem Osterfest, findet die Beerdigung statt. Ein Wagen mit zwei Pferden, von Freunden der Familie bereitgestellt, bringt den Sarg zu den Exequien im Aachener Dom. Frau Oppenhoff und die beiden älteren Kinder werden auf Schritt und Tritt von zwei Amerikanern begleitet. Bischof van der Velden hält selbst die Totenmesse und spricht Gedenkworte. Der Dom ist brechend voll.

Gegen Mittag zieht der Trauerzug zum Ostfriedhof. Die Kinder werden von Elisabeth Gillessen zuhause verwahrt. — Die Feier dauert Stunden. Ein Freund Oppenhoffs klagt: »Er, der so vielen den Mut gab, wieder aufrecht zu stehen, er mußte fallen, getroffen vom Geschoß des Mörders.«

Hans Schwippert tritt an das offene Grab, um im Namen der Mitarbeiter zu danken: »In ihrer aller Namen sage ich Dir Dank für diese Sorge, Dank für Dein Kämpfen, Dank für Dein warmes, rechtliches Herz. In ihrer aller Namen nehme ich Abschied von Dir. Zur Weihnacht hast Du uns in unvergeßlicher Stunde in den Ruinen zur tätigen Liebe aufgerufen. Zu Ostern wolltest Du uns rufen zur Hoffnung. Fünf Stunden vor Deinem Tod hast Du davon gesprochen. Du wolltest, daß wir auferstehen und hoffen. So stelle ich diesen Abschied unter das Zeichen der Hoffnung. Wir senken Deinen Leib in die Erde, aus der jetzt und immer wieder das Blühen kommt. So auch senken wir ein Dein Vermächtnis des Rechts in die Herzen, damit es aus diesen Herzen wieder blühen möge in und unter den Menschen.«

Die Stadtverwaltung Aachen veröffentlicht einen Aufruf zum Tode von Franz Oppenhoff, der auch in der Stadt angeschlagen ist. Die schwarzumrandeten Zettel hängen an Ruinen und intakten Gebäuden, am Tor des Domes wie am Regierungsgebäude. Darauf heißt es: »Oberbürgermeister Franz Oppenhoff fiel am Spätabend des 25. März 1945 feigen Meuchelmördern zum Opfer. Der Verstorbene hat das Verdienst, in bitterster Kriegszeit unter Hintansetzung aller persönlicher Interessen den Verwaltungsaufbau in der schwer zerstörten Stadt Aachen in Angriff genommen zu haben. Die Stadt Aachen dankt ihm dies über das Grab hinaus. Die feierlichen Exequien finden am Mittwoch, dem 28. März 1945, um 9.30 Uhr im Dome statt. Die Beisetzung erfolgt am gleichen Tage um 11.30 Uhr auf dem Ostfriedhof (Adalbertsteinweg). Die Bevölkerung wird dem Verstorbenen die letzte Ehre erweisen und an den Trauerfeierlichkeiten teilnehmen.«

So tun die Aachener es auch — aber dann gehen die Menschen in der zerschossenen Stadt wieder heim zu ihren täglichen Sorgen und Nöten: etwas zu essen finden, etwas Wärme — und möglichst nichts vom Krieg hören.

Das Haus an der Eupener Straße bleibt noch einige Zeit bewacht. In der Woche nach Ostern kommen wieder Amerikaner, um Elisabeth zu verhören — das meint sie jedenfalls. In Wirklichkeit sind es alliierte Kriegsberichterstatter, die natürlich Uniform tragen. Immer und immer wieder muß sie die Geschichte erzählen, bis Frau Oppenhoff dafür sorgt, daß sie eine Bescheinigung erhält, daß sie nicht verpflichtet ist, Auskunft zu geben.

Abends sitzen die beiden Frauen öfters bei Handarbeiten zusammen. Besonders Elisabeth hat immer Angst. Sie hat das Gefühl, daß hinter dem heruntergelassenen Rolladen einer steht, der nur darauf wartet, auch sie zu erschießen. Sie hat keine ruhige Minute mehr.

*

Inzwischen ist die Situation der Flüchtenden nicht viel besser. Am Spätnachmittag des 28. März führt Heidorn sie an Schleiden vorbei und bringt sie zur winzigen Bucht der Olef — und in neue Schwierigkeiten.

Ilse Hirsch arbeitet sich neben Heidorn durch das Unterholz, als sie stolpert. Und dann gibts plötzlich einen Flammenstoß, gefolgt von einem dumpfen Rumpeln. Heidorn fühlt einen Schlag auf den Arm. Noch im Fallen begreift er, was passiert ist: Ilse ist über einen Draht gestolpert, der mit einer Mine verbunden ist!

Getroffen sind sie alle. Morgenschweiß im Rücken und an der Hand. Ilse schwer am rechten Knie. Wie üblich reagiert Morgenschweiß als erster. Der Junge fällt hin. Seine dunkle Jacke ist schnell vom Blut getränkt. »Ich bin getroffen. Sie haben mich im Rücken getroffen!«

»Halt den Mund!« sagt Heidorn. »Wir haben alle etwas abbekommen.« Er geht rüber zu Ilse, die auf dem Erdrand liegt, den die Mine aufgeworfen hat.

Ihr sonst schon bleiches Gesicht ist diesmal noch viel blasser. Sie blutet schwer. Mit einer Hand umklammert sie das Knie und versucht vergeblich, das Blut zu stillen. »Komm«, sagt Heidorn, »versuch mal, aufzustehen.« Aber sie kann sich kaum halten und muß sich wieder setzen. Morgenschweiß und Heidorn schauen lange schweigend auf das Mädchen am Boden. »Was sollen wir jetzt mit ihr machen?«, fragt Morgenschweiß. Heidorn antwortet nicht.

Und dann spricht Ilse, vorsichtig, wie ein kleines Kind, das die Worte einzeln formt: »Ihr geht jetzt besser ... laßt mich hier zurück ... wenn ihr weit weg seid, rufe ich um Hilfe ... vielleicht kommt jemand und findet mich.«

Heidorn schaut auf Morgenschweiß. Aber diesmal sagt der Junge nichts. Er will nicht helfen, die Entscheidung zu treffen. »Gut, Ilse«, sagt Heidorn, »dann gehen wir.« Automatisch, wie in Trance, sagt Morgenschweiß zu Ilse: »Alles Gute.« Er ist in diesem Augenblick nicht fähig, die richtigen Worte zu finden.

Sie drehen sich langsam um und machen sich vorsichtig auf den Weg durch den Wald, in dem es dunkler wird. Dabei gehen ihre Augen sorgsam über den Boden, um Minen rechtzeitig zu entdecken.

Für Ilse ist alles vorbei ... Ihre Kameraden haben sie verlassen! Verzweifelt beobachtet sie, wie sie sich entfernen. »Wenn sie doch nur ein einziges Mal zurückschauen würden«, denkt sie bei sich. Aber sie tun es nicht. Sie verschwinden aus ihrem Blickfeld. Jetzt ist sie völlig allein ...

Am nächsten Tag schon wird sie gefunden. Ein Bauer hört in den frühen Morgenstunden schwache Rufe aus dem Wald. Er hält seinen Wagen an, bindet das Pferd fest und geht nachschauen. Er findet die erschöpfte Ilse. Sie lehnt an einem Baum und hat viel Blut verloren. Für sie ist Unternehmen Karneval zu Ende. —

Für die beiden anderen Werwölfe gibt es noch keine Ruhe. Stunde um Stunde marschieren sie durch die hügelige Eifellandschaft, umgehen ängstlich jedes der zerschossenen Dörfer, an dem sie vorbeikommen, und atmen auf, wenn sie wieder außer Sichtweite der Häuser sind. Aber ihr Marschtempo läßt nach. Morgenschweiß bleibt immer häufiger zurück, und obwohl Heidorn auf ihn wartet, damit er aufholen kann, merkt er, daß der Junge kurz vor dem Ende seiner Kräfte ist. Sein Gesicht ist totenblaß geworden — wie bei den Soldaten, die Heidorn in den Ardennen hat sterben sehen. Er erkennt, daß Erich nicht mehr lange weiter kann.

Sie haben Kall südwestlich umgangen, als sie nach einer Weile zum ersten Mal das Geräusch von schnell fließendem Wasser bemerken.

»Was ist das?«, fragt Morgenschweiß, der hinter Heidorn herstolpert.

»Es ist die Ufrt«, antwortet Heidorn.

Der Junge wischt sich den Schweiß von der Stirn. »Müssen wir da hinüber?«

Heidorn nickt. Einige Minuten später stehen sie am Ufer. Heidorn ist überrascht. Meist ist die Urft leicht zu überqueren. Aber nach diesem langen, harten Winter, einem der härtesten seit Jahren, führt sie mehr Wasser als üblich. Während Morgenschweiß müde zu Boden geht, klettert Heidorn am Ufer hinab und trinkt mit der holen Hand das eiskalte Wasser. Er sieht sich nach einer guten Stelle zum Überqueren um. Dann wendet er sich dem Jungen zu, der mit geschlossenen Augen im feuchten Gras liegt. Heidorn geht zu ihm hin.

»Los, komm!«, sagt er scharf.

Morgenschweiß steht langsam und wackelig auf und geht, während Heidorn ihn stützt, zum Wasser hinunter. Aber als er das Wasser sieht, bekommt er Angst.

»Das schaffe ich nicht«, ruft er. »Ich kann nicht einmal richtig schwimmen — ich werde ertrinken!«

Er reißt sich los und kriecht mühsam zurück. Wasser tropft von seinen Schuhen. Oben läßt er sich wieder zu Boden fallen. »Ich bin fertig«, stöhnt er, »ich kann nicht mehr!« Heidorn vergißt einen Augenblick das Wasser vor sich und starrt den geschlagenen Jungen an. Er weiß, daß Morgenschweiß die Wahrheit sagt. Er ist wirklich fertig.

»Gut, Erich. Ich lasse dich hier. Wenn ich weg bin, kannst du um Hilfe rufen. Es wird sicher bald jemand vorbeikommen.«

Morgenschweiß antwortet nicht einmal mehr. Heidorn wirft einen letzten Blick auf den Jungen, dreht sich um und taucht ins Wasser. Er kommt tiefer und tiefer, muß sich konzentrieren. Alle Gedanken an das Schicksal von

Erich Morgenschweiß sind wie weggeblasen. Er ist der einzige, der noch übrig ist[109]).

*

In den frühen Morgenstunden des 1. April, es ist der Ostersonntag, kämpft Heidorn sich die lange Einfahrt zum einsam bei Mechernich gelegenen Gut Hombusch hoch, das einst das Hauptquartier seiner alten Einheit gewesen ist. Das große Anwesen zwischen Mechernich und Satzvey liegt auf einem dichtbewaldeten Hügel und ist gut geschützt. Für Heidorn ist es das perfekte Versteck. Hier will er sich von seiner Erschöpfung erholen, bis er wieder kräftig genug ist, um bis zum Rhein zu marschieren[110]).

Heidorn nähert sich sehr vorsichtig dem Haus. Er hält nicht für möglich, daß jetzt noch deutsche Truppenteile hier sind. Deshalb ist er doppelt und dreifach vorsichtig. Andererseits, so überlegt er: Wenn hier Amis wären, dann müßte da irgendwo auch ein Fahrzeug stehen. Die fahren ja immer überall rum. Aber es gibt weder Jeeps noch Lastwagen da vorn. Er sieht auch keine Spuren von Fahrzeugen.

Mit letzter Anspannung seiner Kräfte tritt er in den Hof des Gutes. Vorsichtig bleibt er dicht an den Hauswänden, intensiv achtet er auf jedes Geräusch. Er sieht

---

109) Erich Morgenschweiss wird bald darauf von Frau Sülz gefunden. Sie nimmt ihm die Pistole ab, wirft sie fort und bringt Erich in das katholische Krankenhaus in Vussem, wohin man auch Ilse Hirsch gebracht hatte. Ilse hatte aber wegen der Kälte, der sie ausgesetzt war, eine Lungenentzündung bekommen und wurde in eine Lungenheilstätte verlegt — sie war schon wieder weg, als Morgenschweiss dort eingeliefert wurde.

110) Wir erfuhren erst später, daß ganz in der Nähe von Gut Hombusch ein geheimes Munitionslager des Werwolf war. Als es nach dem Krieg gefunden und gesprengt wurde, entstand ein riesiger Trichter. Uns ist nicht bekannt, ob Heidorn davon wußte.

Spuren einer überhasteten Flucht von deutschen Truppen; Ausrüstungsgegenstände liegen überall herum; in der offenen Tür liegen Gasmasken und andere Teile, die er als Gegenstände seiner alten Truppe identifiziert.

Dann hört er plötzlich eine Stimme. Er meint, sie kommt aus Richtung der Küche des Gutes. Heidorn beeilt sich, ungehört in die Nähe zu kommen. Unter dem Küchenfenster stehend dreht er sein Ohr auf die Hauswand zu, um besser hören zu können. In der Tat, da ist jemand drin. Und: er spricht Deutsch!

Es durchzuckt ihn wie ein Blitz, als er die zwei Stimmen jetzt deutlich unterscheiden kann. Der Akzent der einen Stimme ist für ihn unverwechselbar. Der da redet, ist der SS-Untersturmbannführer Herbert Wenzel. Und er redet mit Hennemann!

Heidorn hat die beiden nicht mehr gesehen, seit sie sich unweit der Eupener Straße in Aachen aus dem gemeinsamen Lager aufmachten, um Oppenhoff zu ermorden.

*

Am 21. April 1945 beruft Eisenhowers Stabschef Walter Bedell Smith eine »inoffizielle« Pressekonferenz ein, in der er Eisenhowers Gründe dafür darlegt, nicht nach Berlin vorzustoßen und die Reichshauptstadt damit den Russen zu überlassen[111]).

Dann spricht er über die Alpenfestung. Er gibt vor den versammelten Korrespondenten zu, daß die alliierten Spionagedienste tatsächlich nur sehr wenig über die

---

[111]) Von Anfang an hatte es Streit zwischen den Amerikanern und Engländern gegeben, die (die später tatsächlich verwirklichte Vorgehensweise) abgelehnt hatten. Montgomery vielmehr war dafür, bei Aachen (statt der Einkesselung der Stadt) direkt durchzustoßen, ebenso im Ruhrgebiet, um dann Berlin zu nehmen. Auch Churchill neigte dieser Lösung zu.

Festungsanlagen des letzten Widerstandes wissen, aber: »Wir glauben langsam, daß es mehr sein wird, als wir bisher erwarten.«

Er erklärt, daß die Alpenfestung wahrscheinlich sehr stark ausgebaut sei und Berlin keine Bedeutung mehr habe. Wenigstens sei die Stadt »in keiner Weise vergleichbar mit der Bedeutung der sogenannten nationalen Festung«.

Als er gefragt wird, wie Patton und Patch es anstellen werden, die NS-Festung einzunehmen, antwortet er, vielleicht würden die »konventionellen Kämpfe« noch einen Monat lang dauern. Aber dann könnte eine längere Zeit mit Einsätzen von Freiheitskämpfern folgen. Denn es gebe zur Zeit »starken Druck aus Washington«, wieder Soldaten im Pazifikkrieg einzusetzen. Und obwohl Eisenhower den Sieg in Europa verkünden könne, sei es möglich, daß der Partisanenkrieg in den fernen Alpen danach noch Wochen und sogar Monate dauere, selbst wenn die Festung bereits gefallen sei.

Die »Masse an Menschenmaterial«, also an Deutschen, hervorragend ausgebildet und hervorragend aufeinander abgestimmt, wie so vieles bei ihnen, biete die Möglichkeit eines längeren Widerstandes. Vor allem auch dann, wenn sie die Felsenspitzen und Schluchten im Süden erreichten, das Gebiet der »nationalen Festung«.

Als der Korrespondent Drew Middleton von der »New York Times« die Pressekonferenz verläßt, ist sein anfängliches Gefühl, der Krieg sei praktisch beendet, wie weggewischt. Er setzt sich in den Presseraum und beginnt mit seinem Artikel. Gemäß Bedell Smiths Hinweis, die Informationen seien »inoffiziell«, schreibt er behutsam.

Aber als er fertig ist, muß auch dem oberflächlichsten Leser einleuchten, daß Middleton davon überzeugt ist, die Vernichtung der »nationalen deutschen Festung« sei Eisenhowers wichtigstes militärisches Problem. Dies könne nicht nur einen vollen Einsatz der beiden amerikanischen Armeen erforderlich machen, nämlich der Dritten und der Siebten, sondern es könnten sogar die Russen als Verstärkung nötig werden, die dann über Österreich heranrücken müßten.

*

Auf der deutschen Seite hat man ähnliche Probleme — weniger wegen der Frage, ob es nun eine »Alpenfestung« als letztes Widerstandsbollwerk gibt oder nicht, sondern wegen junger, fanatisierter Deutscher, die man als Hitlerjungen oder als Werwölfe hat begeistern können. Im März 1945 sind alleine in Berlin offiziell rund 5 000 siebzehnjährige Hitlerjungen unter Waffen. Eines ihrer »Bataillone« mit 300 jungen Leuten wird von einem Sechsundzwanzigjährigen geführt ... Durch Goebbels' geschickte Propaganda und die Geheimnisse, die sich um den Werwolf ranken, glaubt die Jugend an aufregende Abenteuer.

Am 31. März 1945 notiert Joseph Goebbels in seinem Tagebuch: »Im übrigen ist der Führer der Überzeugung, daß er in etwa acht bis zehn Tagen die Löcher im Westen wieder notdürftig zuflicken wird ... Ich verspreche ihm, daß ich die Partisanentätigkeit in kürzester Frist in den besetzten Westgebieten in die Höhe bringen werde. Nachdem der Bürgermeister von Aachen niedergelegt worden ist, sollen jetzt der jüdische Polizeipräsident von Köln und der Bürgermeister von Rheydt an die Reihe kommen. Jedenfalls bin ich der Überzeugung, daß es uns in nicht allzuferner Zeit gelingen wird, jeden deutschen Verräter auf der westlichen Feindseite zur Strecke zu bringen[112]).«

Zwei Tage, bevor amerikanische Einheiten Quedlinburg erobern, wird dort ein Arzt, angeblich Deserteur, von einem dreißigjährigen HJ-Bannführer erschossen, der mit seinem Bann Hitlerjungen bei einer Werwolfeinheit im Harz eingesetzt ist. Den blutigen Uniformrock zeigt der Bannführer später im Werwolflager seinen Hitlerjungen mit den Worten: »So stirbt ein Verräter!«.

Der Höhere SS-Polizeiführer Rhein-Westmark, Jürgen Stroop, berichtet im Gefängnis nach dem Krieg einem Mitgefangenen, er habe schon im November 1944 den Befehl erhalten, bei Bonn (im HJ-Wehrertüchtigungslager Königswinter) »die gesamte Hitlerjugend für die Ziele des Werwolf auszubilden«.

Überall tauchen Plakate, Handzettel oder Kritzeleien an Hauswänden auf, die mit dem Zeichen der Wolfsangel versehen sind — manchmal auch nur schnell in die Maschine getippte Erklärungen, über die das Werwolfzeichen mit der Hand gemalt wird, wie ein Schreiben des »Werwolf Oberbayern«.

In Aachen hatte sich schon vorher Hysterie breitgemacht, besonders aber seit dem Mord an Oppenhoff. Als Ende Oktober 1944 vier Jungen im Alter zwischen vierzehn und acht Jahren im Freunder Steinbruch bei Aachen mit einem (beschädigten) gefundenen Gewehr geballert hatten, waren sie mitsamt den Eltern — insgesamt acht Personen — für einige Tage als »Werwölfe« verhaftet und ins Gefängnis gebracht worden. Nach der Entlassung wurde dann eines der Kinder, der zehnjährige Berni Etschenberg, von den Amerikanern durch ei-

---

112) Die Aktionen in Köln und in Rheydt (der Geburtsstadt von Goebbels) können nicht mehr durchgeführt werden. In Rheydt war Stadtdirektor Heinrich Vogelsang zum Bürgermeister gewählt worden.

nen Schuß in den Rücken getötet: die Kinder hatten sich aus einem Panzer ein paar Büchsen Erbsen geholt und wollten damit weglaufen[113]).

Ähnlich tragisch, aber noch schlimmer, ist der Fall eines sechzehn Jahre alten Aachener Hitlerjungen. Sein Vater war in der NSDAP und hatte für die Partei Nahrungsmittellager in Würselen bei Aachen zu verwalten. Wegen dabei vorgekommener Unregelmäßigkeiten wurde er verhaftet und von den Nationalsozialisten zum Tode verurteilt.

Um die Schande für die Familie wiedergutzumachen, meldet der Junge sich freiwillig für Sonderaufträge, die ihn durch die amerikanischen Linien führen. Als er dabei von den Amerikanern gefangen genommen wird, lassen diese ihn am 29. März 1945 »wegen Spionage gegen die amerikanischen Truppen« trotz seiner Jugend zum Tode verurteilen und wenig später zusammen mit einem siebzehn Jahre alten Schicksalsgenossen erschießen[114]).

Den letzten Anstoß zu noch größerer Unruhe bei den Alliierten und entsprechende Gegenmaßnahmen geben zwei andere Fälle: der Tod eines engeren Mitarbeiters von Feldmarschall Montgomery und die Entdeckung der »Arbeitsanleitung« für die Werwölfe. Der 25jährige John Poston, Offizier im 11. Husarenregiment und seit dem Afrikafeldzug einer der bevorzugten Verbindungsoffiziere von Montgomery, ist einer von seinen sogenannten »Augen und Ohren«. Dies sind Offiziere, die jeweils für kurze Zeit an Frontabschnitte kommandiert werden, um nach ihrer Rückkehr Montgomery aus erster Hand zu berichten.

---

[113]) Ausführlich ist dieses Ereignis beschrieben und mit Fotos dokumentiert in: Wolfgang Trees, Krieg ohne Sieg, Schicksale in Europa 1935 — 1945, Aachen 1978 (Zeitungsverlag Aachen), Seite 13 — 20.

[114]) Noch am 5. Juni 1945, knapp vier Wochen nach Kriegsende.

Einige Leute in Montgomerys taktischem Hauptquartier nennen Poston »tollkühn«. Immer wieder fährt er »Abkürzungen« auf Straßen hinter den Linien, die aber noch nicht gesäubert sind. Eines Tages stößt er dabei auf eine Gruppe fanatischer junger Deutscher, die ihm in einem Hinterhalt auflauern. Trotzdem steuert er seinen Jeep direkt auf die Gruppe zu. Natürlich wird er von einem Schuß getroffen. Der Wagen landet im Graben. Poston schießt, solange er noch Munition hat, verblutet aber im Straßengraben[115]). —

Die streng geheime Werwolf-Arbeitsanleitung wird beim Kampf um das Ruhrgebiet von den Alliierten entdeckt. Die alliierten Spionageoffiziere, die sich mit dem Werwolf befassen, sind wie elektrisiert. Unter dem Titel »Werwolf — Winke für Jagdeinheiten« halten sie zum allerersten Mal ein offizielles Dokument der geheimen Organisation in ihren Händen. In der Broschüre wird in allgemein verständlicher Form erklärt, wie die Werwölfe bei der Durchführung ihrer wichtigsten Aufträge hinter den Linien der Alliierten vorzugehen haben.

Sie enthält Anleitungen über die »Liquidierung« von deutschen Kollaborateuren und (was für die Alliierten wichtiger ist) über Sabotage an den Nachrichtenverbindungen des Gegners. Unter der Überschrift »Organisation« ist zu lesen: »Die besondere Aufgabe der Jagdeinheiten besteht in weitreichenden und sorgfältig geplanten Aufträgen im Rücken des Feindes. Diese Jagdaufträge sind das Rückgrat eines jeden Krieges im kleinen Maßstab. Jagdeinheiten sollen dazu dienen, örtliche Widerstandsbewegungen zu fördern.«

---

115) Montgomery ist so betroffen von dem Tod Postons, daß er in einen Brief an die Londoner »Times« schreibt: »Es kann nur wenig junge Offiziere geben, die diesen Krieg so von innen gesehen haben wie John Poston . . . Ich war ihm sehr zugetan und bin sehr traurig.«

Die Spionageleute haben den Schlüssel für die steigende Zahl von Zwischenfällen weit hinter der angloamerikanischen Front in der Hand! Immer mehr Einheiten, besonders in der Etappe, berichten von durchschnittenen Kabeln, verdrehten Wegweisern, unter Beschuß geratenen Lastwagen, in Brand gesteckten Nachschublagern und dem spurlosen Verschwinden von einzelnen Soldaten, die leichtsinnig genug gewesen sind, sich ohne Begleitung von ihren Kameraden zu entfernen.

Von der Dritten Armee kommt die aufsehenerregende Nachricht, ein amerikanisches Feldlazarett sei dreißig Kilometer hinter der Front von Partisanen eingenommen worden und 72 Stunden lang besetzt gewesen. Dabei seien (laut Bericht) alle männlichen Lazarettinsassen ermordet und die Krankenschwestern vergewaltigt worden; danach sei ein in der Nähe gelegenes Munitionslager in die Luft geflogen, wobei das Lazarett zerstört worden sei[116]).

Nach all' diesen Vorfällen gibt der Spionagedienst von SHAEF in Paris eilig Anweisung an alle Frontsoldaten, im Umgang mit der deutschen Zivilbevölkerung äußerst vorsichtig zu sein, auch bei Frauen und Kindern. Denn, so heißt es in dem Rundschreiben: »Ihre Haltung gegenüber Frauen in Deutschland ist falsch. Wissen Sie, daß deutsche Frauen dazu ausgebildet worden sind, Sie zu verführen? Ist das ein Messer im Rücken wert? Frauen können eine Waffe auf der Brust, zwischen den Brüsten, am Bauch, am Oberschenkel, unter dem Gesäß,

---

116) In Wirklichkeit wird das Lazarett von regulären SS-Truppen eingenommen, die im Kampf zwei Soldaten und einen Offizier töten. Anschließend sind die deutschen Soldaten mit Fahrzeugen des Lazarettes davongefahren, zu einem Munitionslager. Als Patton von dem »furchtbaren Ereignis« hört, faucht er wütend: »Das beweist wieder einmal meine Meinung, daß kein Bericht über Ereignisse, die nach Einbruch der Dämmerung geschehen sind, allzu ernst genommen werden soll. Sie werden immer übertrieben.«

in einem Muff, in einer Handtasche, unter einer Kapuze oder in einem Kleid verbergen. Können Sie Frauen durchsuchen? Die Antwort auf diese Frage ist schwierig. Ihr Leben könnte dabei auf dem Spiel stehen. Sie können vielleicht eine Waffe finden, indem Sie sie zwingen, ihre Kleider hier und da fest an den Körper zu ziehen. Wenn Sie aber nach einem kleinen Gegenstand suchen, müssen Sie die Durchsuchung von einer anderen Frau vornehmen lassen, und zwar gründlich und in einem vertraulichen Raum.«

Ein Brigadekommandeur erklärt später: »Das laute Vorlesen dieses aufschlußreichen Dokumentes hat viele zu engerem Kontakt mit deutschen Frauen ermuntert!« Aber obwohl das weitverbreitete Rundschreiben eher Belustigung bei der kämpfenden Truppe hervorruft, die solche Ängste der Nachhut wegen der Werwölfe nicht allzu ernst nimmt und sie als Beispiel dafür ansieht, wieweit die »Grünschnäbel hinter der Front« vom wirklichen Krieg entfernt sind, sind Leute wie General Bradley sehr besorgt über die jüngsten Vorfälle.

Inzwischen treibt General Patton seine Soldaten aber nach wie vor mit unbekümmertem Eifer vorwärts. Er sorgt dafür, daß die Divisionen, die noch keine Verluste erlitten haben, in die Kämpfe mit einbezogen werden, »bevor alles vorbei ist«. Am 22. April rückt sein III. Korps an die Donau vor und hält sich bereit, nach Linz und Salzburg zu stoßen. Und obwohl seine Spionageoffiziere ihn ständig vor einer furchtbaren Waffe des letzten Widerstandes warnen, wie Giftgas oder eine geheimnisvolle Bombe, »die alles in Staub auflöst«, treibt der »Cowboy-General« (Hitler über Patton) seine Leute mit der ihm angeborenen Ungeduld weiter.

Denn Patton glaubt weder an die Werwölfe noch an die Alpenfestung. Für ihn ist der Angriff auf Bayern und Österreich nur »eine Marschübung«. Er ist nur noch daran interessiert, mitten durch die angebliche Alpenfestung in die Tschechoslowakei zu kommen.

Dem erstaunten, biederen Bradley antwortet er, als dieser ihn fragt, warum wohl jeder in der Dritten Armee unbedingt die Tschechen befreien wolle: »Verstehst du das nicht?! Die Tschechen sind unsere Alliierten, und deshalb ist der Umgang mit ihren Frauen nicht verboten. Auf zur Tschechoslowakei und zur Verbrüderung!«[117]).

Aber das ist nur ein Witz am Telefon. Die Wahrheit ist: Patton hat als einer der wenigen alliierten Kommandeure klar erkannt, daß der Krieg doch praktisch vorbei ist. Die Deutschen sind geschlagen, einschließlich »Werwolf«.

*

Am 24. April 1945 fahren kurz nach Mitternacht fünf schwarze »Horch« vor einem kleinen Haus an einem Park in der alten Hansestadt Lübeck vor. Aus dem ersten Wagen steigt Heinrich Himmler, gefolgt von seinem Leibwächter und dem Mann, dessen Organisation den Aufklärungsoffizieren der Alliierten soviel Kopfzerbrechen bereitet: SS-General Hans-Adolf Prützmann. Die Männer der Begleitmannschaft werfen nervöse Blicke nach rechts und links, um sich zu vergewissern, daß sie nicht gesehen werden. Dann betritt man eilig das Haus. Es ist die schwedische Botschaft.

Am Eingang werden sie von Graf Folke-Bernadotte empfangen. Er führt Himmler und seinen Adjutanten

---

[117]) Sobald die amerikanischen Soldaten Deutschland erreichen, sind sie freundlich zu den Zivilisten. Dann erläßt Eisenhower das »Verbrüderungsverbot« (nonfraternization). Patton nimmt das Verbot aber nicht ernst. Daraufhin verlangt Eisenhower, daß er sich ausdrücklich vergewissere, daß seine Soldaten keinen Umgang mit deutschen Frauen haben.

Schellenberg, der das Treffen vorbereitet hat, in einen kleinen mit Kerzen erleuchteten Raum. Sie haben sich kaum gesetzt, als das schrille Klingeln des Warnsignals durch das Haus tönt, das einen Luftangriff ankündigt. »Sollen wir im Bunker weiterreden?« fragt der schwedische Diplomat, während er Himmlers bleiches Gesicht im flackernden Kerzenschein beobachtet.

Himmler zögert einen Augenblick. Dann entschließt er sich, mit in den Bunker zu gehen. Dort konferiert er eine Stunde lang und holt sich Rat, was denn als nächstes getan werden solle — so als mache er nur eine Umfrage. Einmal zuckt Prützmann nur verächtlich mit den Schultern und dreht seinem Chef den Rücken zu. Bernadotte, Vizepräsident des schwedischen Roten Kreuzes, hat schon mehrmals in dieser Angelegenheit mit Himmler Kontakt gehabt.

Jetzt stellt er fest, daß der SS-Führer erschöpft ist und sich zusammennehmen muß. Höflich bietet er seinen Gästen etwas zu trinken an. Himmler nimmt nur Mineralwasser. Er verabscheut Alkohol und Tabak. Plötzlich sagt er: »Sie haben Recht. Der Krieg muß beendet werden. Ich gebe zu, daß Deutschland besiegt ist.«

Bernadotte bleibt still und wartet darauf, daß Himmler sagt, was er denkt. Himmler fährt fort, daß nun alles davon abhänge, wie die Alliierten die Deutschen behandeln würden. »In der jetzigen Situation sind meine Hände nicht gebunden. Ich bin bereit, an der Westfront zu kapitulieren, um soviel deutsches Gebiet wie möglich vor einer russischen Invasion zu bewahren, nicht aber an der Ostfront. Ich war immer ein Erzfeind des Bolschewismus, und ich werde das immer bleiben.« Er macht eine Pause. Dann fragt er Bernadotte direkt, ob er seine Vorschläge den Alliierten unterbreiten wolle.

Der Graf ist skeptisch. Er glaubt nicht daran, daß der Westen darauf eingehen wird. Die Alliierten fordern eine Kapitulation an allen Fronten. »Ich weiß, daß dies sehr schwierig sein wird«, erwidert Himmler, »aber ich möchte versuchen, Millionen von Deutschen vor einer russischen Besetzung zu bewahren.«

Schließlich erklärt Bernadotte sich damit einverstanden, Himmlers Wunsch zu entsprechen. Er fragt aber trotzdem, was die Deutschen wohl tun wollen, wenn die Alliierten ihren Vorschlag nicht akzeptieren. Himmler zögert keine Sekunde. Er spricht die Worte, als glaube er wirklich an das, was er sagt: »Dann werde ich das Kommando an der Ostfront übernehmen und im Kampf getötet werden.« An der Tür noch wendet sich Himmler zu dem Grafen und fragt in der Attitüde eines Bourgeois, der immer »das Richtige« tun will: »Unter Leuten von Welt — soll ich Eisenhower die Hand geben?«[118])

Der Graf hebt kaum merklich die Augenbrauen. Himmler dreht sich um und geht zu seinem Wagen, gefolgt von seiner ordensgeschmückten Begleitung. Diesmal setzt er sich selbst ans Steuer. Er gibt ruckartig Gas, als könne er den Ort seiner Konspiration nicht schnell genug verlassen. Der Wagen macht einen Satz nach vorn und schießt durch eine Hecke in den Stacheldrahtverhau, der die Botschaft umgibt. Himmler flucht, die Wagenkolonne hält. Schwedische Angestellte und SS-Offiziere schieben das Auto wieder auf den Weg. Zuletzt taumelt Himmler nervös heraus.

Der schwedische Diplomat schließt die Tür hinter den Deutschen und sagt zu seinen Botschaftsangestellten, dieses kleine Unglück habe großen Symbolwert. Obgleich Himmler zu Schellenberg und Prützmann sagt, das Treffen mit Bernadotte zur Besprechung der deutschen Kapitulation sei »der bitterste Tag in meinem ganzen Leben«, findet sein Beispiel Nachahmung. Während in Deutschland begeisterte und fanatische junge

---

[118]) Er hatte vorher im Gespräch gesagt, er wolle Eisenhower persönlich treffen und sich ihm ergeben.

Männer verzweifelt unter der Werwolf-Flagge kämpfen, um die unausweichliche Niederlage hinauszuschieben und dabei das Risiko eingehen, als Spione und Saboteure erschossen zu werden, trifft sich nicht nur ihr oberster Chef Himmler mit dem Feind, sondern auch Hans-Adolf Prützmann. Der Himmler-Stellvertreter für den »Werwolf« will seinen Kopf retten.

*

Am 1. Mai 1945 übernimmt Großadmiral Karl Dönitz, Hitlers Marineoberbefehlshaber und Verantwortlicher für den Seekrieg, die Aufgabe als deutscher Staatschef, nachdem Hitler im Berliner Bunker Selbstmord verübt hat. Dönitz hat sein Hauptquartier in den Marinekasernen in Flensburg-Mürwick, nahe der dänischen Grenze.

Jetzt, da die Amerikaner und Russen sich an der Elbe mit ihren Truppenteilen getroffen haben, gibt es in Deutschland nur noch zwei — und nicht mehr — Zentren des Widerstandes gegen die siegreichen amerikanisch-englisch-russischen Armeen: zwischen Jugoslawien und Österreich im Süden und rechts der Elbe bis zur dänischen Grenze im Norden. Überall sonst sind die Kämpfe beendet.

Feldmarschall Schörner, den Hitler in einem seiner letzten Befehle mit dem Kommando der nichtexistierenden »Alpenfestung« beauftragt hat, flieht von den Resten seiner Armee in der Uniform eines Feldwebels. Er erreicht nie »die Festung«.

Auch Otto Skorzeny reist nach Süden in Richtung Alpenfestung. Er muß feststellen, daß sie nicht existiert. Schlimmer noch: in seiner Heimatstadt Wien und in München sogar schießen Bayern und Österreicher auf andere Bayern und Österreicher. Angewidert gehen Skorzeny und einige Kameraden in die Berge und warten, bis die Amerikaner sie hier finden werden

Wenn auch die Verantwortlichen der Werwölfe erkannt haben, daß der Krieg zuende ist, so handeln die fanatischen jungen Männer und Frauen nicht danach, die fest an die NS-Parolen glauben. In den noch von den Deutschen gehaltenen Gebieten führen sie ihren Kleinkrieg weiter, während rundum reguläre deutsche Truppenverbände zu Tausenden, ja Hunderttausenden kapitulieren. In Norddeutschland weigert sich eine Gruppe von SS-Leuten, der sich zur Unterstützung jugendliche Werwölfe angeschlossen haben, sich der 11. Panzerdivision zu ergeben. Sie graben sich im Segeberger Forst ein und bereiten sich auf einen Kampf mit zwei alliierten Bataillonen vor. Sie weigern sich sogar noch, als Dönitz selbst von Flensburg aus Befehl an sie ergehen läßt, sie sollten sich ergeben. Verzweifelt gibt Dönitz schließlich der eigenen Achten Fallschirmjägerdivision Order, gegen sie vorzugehen. Da erst geben sie sich geschlagen, aber nicht, bevor viele von ihnen fallen!

Am anderen Elbufer kämpfen die letzten Flüchtigen der Werwolfschule Gatow sich ihren Weg zum Fluß in Zehn-Mann-Gruppen frei. Es sind Soldaten und Zivilisten, Männer und Frauen. Doch angesichts der britischen und amerikanischen Soldaten, die sie auf der anderen Uferseite schon erwarten, machen sie kehrt. Mit einer Handvoll Waffen versuchen sie, die Spitzen der siegreichen russischen Verbände aufzuhalten. Aber ihr Widerstand dauert nicht lange. Die russischen Panzer überrennen sie einfach.

Selbst die größten Fanatiker geben schließlich auf. Am Nachmittag des 30. April 1945 erklärt Reichsleiter Martin Bormann vor seinem für diesen Abend geplanten Ausbruch[119]) aus dem umzingelten »Führerbunker« unter

---

[119]) Er wird aber verschoben und erst am 1. Mai 1945 unternommen.

der Berliner Reichskanzlei: »Der Werwolf ist aufgelöst. Weitere Aktionen und die Vollstreckung von Todesurteilen sind zu unterlassen.«

Rüstungsminister Albert Speer, der sich schon vorher mit Erfolg gegen die Zerstörungsaktionen nach dem Motto »verbrannte Erde« (Nerobefehl) im Reichsgebiet wandte, hat eine Schallplatte mit einer Rede aufgenommen, in der es wörtlich heißt: »Die Tätigkeit des Werwolf und ähnlicher Organisationen ist sofort einzustellen. Sie gibt dem Gegner berechtigten Anlaß zu Repressalien und sie schädigt außerdem die zu Erhaltung der Volkskraft notwendigen Voraussetzungen.« Aber Dönitz verbietet die Ausstrahlung des Textes über den Werwolf-Sender.

Am 5. Mai 1945, morgens um acht Uhr, läßt Dönitz selbst die Aufhebung der Werwolf-Organisation über den Rundfunk verbreiten: die Tatsache, daß jetzt Waffenstillstand herrsche, bedeute, »daß ich jeden deutschen Mann und jede deutsche Frau darum bitten muß, jede illegale Aktivität in der Werwolf-Organisation oder in ähnlichen Organisationen zu beenden«. Dies könne dem deutschen Volk nur schaden.

Für den Bereich der Wehrmacht erläßt Feldmarschall Keitel am gleichen Tag den gleichen Befehl. Der Chef des Generalstabes der Luftwaffe Koller sendet Funksprüche an alle erreichbaren Luftwaffenkommandos, »jede Betätigung für Werwolf oder Unterstützung derartiger Unternehmen unter allen Umständen zu unterlassen«.

Still und enttäuscht werfen die verratenen Überlebenden der rund 5 000 Freiwilligen, die sich erst gut zwei Monate zuvor freiwillig zum »Werwolf« gemeldet haben, ihre Waffen weg oder verstecken sie. Sie kehren zurück in eine Welt, die in ihren Augen unwiderruflich zerstört ist. Die Organisation Werwolf existiert nicht mehr[120]).

*

Hennemann und Wenzel hatten Gut Hombusch nur mit viel Glück erreicht. 24 Stunden haben sie vergeblich auf Heidorn und die anderen gewartet. Als sie sich endlich auf den Weg machen, verirren sie sich mehrmals. Aber jetzt sind die drei Überlebenden vereint. Nachdem sie sich lange genug ausgeruht haben und Heidorn wieder zu Kräften gekommen ist, brechen sie auf, um an den Rhein zu kommen.

Als sie das Ufer erreichen, weigert Wenzel sich aus für die anderen unerklärlichem Grund, mit über den Fluß zu schwimmen. Stattdessen taucht er auf einem nahen Bauernhof bei Stommeln unter, nicht weit vom Rhein entfernt. Gut Velderhof ist eines der Verstecke, das den Teilnehmern am Unternehmen Karneval empfohlen worden war, bevor sie Schloß Hülchrath verlassen hatten.

Wenzel fühlt sich dort sicher. Er verläßt das Gut während seines Aufenthaltes kein einziges Mal, selbst nicht, um ins Dorf zu gehen. Er arbeitet zusammen mit dem Besitzer, Barthel Schumacher, auf den Feldern und spielt

---

120) Als am 28. Februar 1946 die Brotration in der britischen Zone (zu der auch Aachen gehört) um die Hälfte gekürzt wird und andere Schwierigkeiten auftreten, gibt es in Aachen wieder nationalsozialistische Flüsterpropaganda. Die Polizei muß Plakatanschläge gegen die Militärregierung entfernen, die mit »Die Werwölfe« unterschrieben sind. Auch einige führende Persönlichkeiten der Stadt erhalten anonyme Drohbriefe, die mit »Werwolf« unterschrieben sind. Ein letztes Mal gibt es eine Werwolf-Wandparole in Aachen anläßlich der Verleihung des Internationalen Karlspreises der Stadt Aachen 1955 an Winston Churchill, eine Entscheidung des Karlspreisdirektoriums, die in der Aachener Öffentlichkeit nicht ungeteilten Beifall findet.

hin und wieder abends mit den anderen Skat. Meistens aber bleibt er für sich.

Schumacher erklärt später den Untersuchungsbeamten, er sei ein harter Arbeiter gewesen. Wenzel ist immer höflich und hilfsbereit. Schumacher: »Man konnte an seinen Manieren feststellen, daß er aus gutem Hause war.« Der Gutsbesitzer fragt ihn eines Tages, als sie auf dem Feld arbeiten, ob er Offizier gewesen sei. Wenzel bemerkt lediglich, er habe den Rang eines Oberleutnants gehabt. Das ist alles.

Die einzige Person, der er mehr erzählt, ist Agnes Meisen, die Magd auf dem Hof. Wenzel interessiert sich für das nicht häßliche Mädchen und erzählt ihr, daß er aus Südwestafrika stamme, wo seine Eltern eine Farm besäßen. Auch läßt er sie wissen, daß er einen Onkel in Halberstadt in der russisch besetzten Zone hat. Doch als sie mehr erfahren will, wird er wieder so verschlossen wie zuvor. Wenzel verfolgt ein bestimmtes Ziel. Deshalb ist er auch jetzt wieder so verschwiegen, wie er es denen gegenüber war, mit denen er im letzten Kriegswinter das Unternehmen Karneval vorbereitet hat. Wenzel will überleben!

Anfang August 1945 verläßt er Gut Velderhof. Er geht, ohne großes Aufsehen zu erregen. Schumacher sagt er, daß er zu seinem Onkel nach Halberstadt wolle. Die Polizei stellt später fest, daß dieser Onkel gar nicht existiert. Der listige ehemalige Führer des Aachener Werwolfkommandos überquert erst jetzt den Rhein und verschwindet für immer.

Daß er richtig taktiert hat, zeigt die Tatsache, daß Hennemann und Heidorn zwar schwimmend über den Rhein kommen, drüben aber sofort von einer amerikanischen Streife entdeckt und ausgerechnet in ein Internierungslager bei Aachen gebracht werden. Dort gelingt es ihnen, die Vernehmungsbeamten davon zu überzeugen, daß sie harmlos sind. Wieder können sie Aachen verlassen und versuchen, zu ihren Frauen zu kommen.

Morgenschweiß erholt sich überraschend schnell von seinen Verletzungen. Trotz seiner scheinbar schwachen körperlichen Konstitution verfügt er über große Kraftreserven. Nach nur zehn Tagen Krankenhausaufenthalt kommt er bei einem Freund aus der HJ-Zeit in Mechernich unter. Er brüstet sich mit seinen Taten, aber keiner glaubt ihm. Sein Freund Theo erklärt später gegenüber der Polizei: »Er erzählte sowieso immer Geschichten, und wir dachten, das sei eben eine neue in seiner Serie.« Schließlich kehrt Erich zu seinen Eltern zurück.

Ilse Hirsch braucht mehr Zeit, um wieder auf die Beine zu kommen. Ihre Lungen versagen, sie muß für längere Zeit in eine Heilstätte. Schließlich wird sie entlassen. Sie kommt bei einer Frau unter, die sie auf der Pflegestation kennengelernt hat und nutzt schließlich eine Gelegenheit, mit einem Lastwagen in ihre Heimatstadt zu fahren, wo ihre Eltern leben.

*

Hans-Adolf Prützmann versucht zunächst, eine Stellung als Verbindungsoffizier zwischen Heinrich Himmler und dem neuen Staatsoberhaupt Karl Dönitz zu erlangen. Deshalb löst er seinen Stab auf und schickt ihn nach Süddeutschland. Auf einem Geleis bei Pasing, in der Nähe von München, kommt das rollende Werwolf-Hauptquartier an. Der Sonderzug wird der Reichsbahn übergeben, der Stab selbst macht sich per Auto auf den Weg in die »Alpenfestung«.

Ein letztes Mal versuchen die Männer in Garmisch-Partenkirchen einen Anschlag auf ein Gebäude, das von den Amerikanern besetzt ist, weil sich darin die geheime V2-Forschungsstelle Wernher von Brauns befindet. Die Parole für das Unternehmen heißt »nuniweiwe« (nur nicht weich werden), aber das Unternehmen mißlingt.

Prützmann selbst hat sich schon vorher von seinem Stab getrennt und ist nach Flensburg in das Hauptquartier der neuen — letzten — Reichsregierung gefahren. Aber Dönitz hat weder Bedarf noch Interesse an einer Verbindungsstelle seiner Regierung zu Himmler.

Enttäuscht überlegt Prützmann, welche Auswege ihm bleiben. Vielleicht kann er mit einem U-Boot entkommen? Aber das geht nicht. Dönitz hat alle Häfen sperren lassen. Auch mit dem Flugzeug kann Prützmann nicht fliehen, zum Beispiel nach Südamerika. Die einzigen noch greifbaren Langstreckenmaschinen vom Typ »Condor« sind in Norwegen stationiert, für ihn unerreichbar[121]).

Schließlich gibt Prützmann auf. Er wird von den Engländern gefangen genommen. Wenige Tage nach der Kapitulation des Deutschen Reiches wird er gründlich durchsucht und in ein Lager gesteckt. Aber 24 Stunden nach seiner Festnahme zerbeißt er auf der Toilette die unentdeckt gebliebene Zyankalikapsel und stirbt sofort.

Der Reichsführer SS macht es ähnlich. Auch für Heinrich Himmler hat Dönitz keine Verwendung. Vorhaltungen aus der Umgebung von Dönitz, er müsse sich stellen, weist er von sich. Obwohl der Großadmiral an seinem Schreibtisch bei Himmlers Besuch eine schußbereite Pistole hat (und bereit ist, Himmler notfalls zu erschießen), gibt der »Reichsheini« sich zufrieden. Kleinlaut verläßt er den Raum, nachdem Dönitz seine Dienste abgelehnt hat.

---

[121]) Dänemark und Norwegen sind noch in deutscher Hand. Der einzige, der den Versuch macht, ist der belgische SS-General Léon Degrelle. Sein Flugzeug stürzt aber kurz vor der spanischen Küste wegen Treibstoffmangels ab. Degrelle überlebt und bleibt in Madrid.

Dann rasiert er sich seinen Schnurrbart ab, legt eine schwarze Binde über das linke Auge und taucht in Begleitung von zwei SS-Männern seiner Leibwache als »Feldwebel Heinrich Hitzinger« unter. Sie ziehen in Richtung Süden durch Schleswig-Holstein und bleiben zunächst unerkannt.

Am 23. Mai 1945 werden sie an einem britischen Kontrollpunkt von den »Redcaps« aufgehalten, die den Auftrag haben, nach Himmler zu fahnden. Um 14 Uhr an diesem Tag werden die drei Männer in das Vernehmungslager »031« bei Lüneburg gebracht. Alle »Neuen« müssen vor Hauptmann Tom Selvester erscheinen. Diesem Offizier, der vorher bei einer Aufklärungseinheit gearbeitet hat, fallen Himmler und seine beiden Begleiter sofort in der Gruppe auf. Zwei sind hochgewachsen und elegant. Der dritte aber, wie er später seine Eindrücke wiedergibt, ist »ein kleiner, schlecht aussehender und ärmlich gekleideter Mann«.

Diesen nimmt er als ersten ins Verhör. Nach einer Weile, so Selvester wörtlich, »zog der kleine Mann die Augenbinde ab und setzte eine Brille auf«. Jetzt ist seine wahre Identität leicht erkennbar. Er sagt mit ruhiger Stimme: »Heinrich Himmler«.

Sofort wird er durchsucht. Man findet einen »Selbstvernichter« bei ihm. Die 21. Armee-Aufklärungsgruppe wird auf der Stelle von der Festnahme unterrichtet. Noch am Abend trifft Oberst Michael Murphy im Lager ein, der Chef des Geheimdienstes im Hauptquartier von Feldmarschall Montgomery. Murphy ordnet eine zweite, gründlichere medizinische Untersuchung an. Denn er fürchtet, daß Himmler noch immer Gift bei sich hat.

Murphy hat recht. Der untersuchende Arzt entdeckt etwas Dunkles im hinteren Rachen von Himmler. Als er den Kopf des Reichsführers etwas besser ins Licht rükken will, reißt der sich los und zerbeißt die Kapsel. Der

Tod tritt augenblicklich ein. Die beiden wichtigsten Verantwortlichen des Werwolf sind tot. Aber trotzdem muß noch eine Rechnung beglichen werden: die mit den Mördern Franz Oppenhoffs.

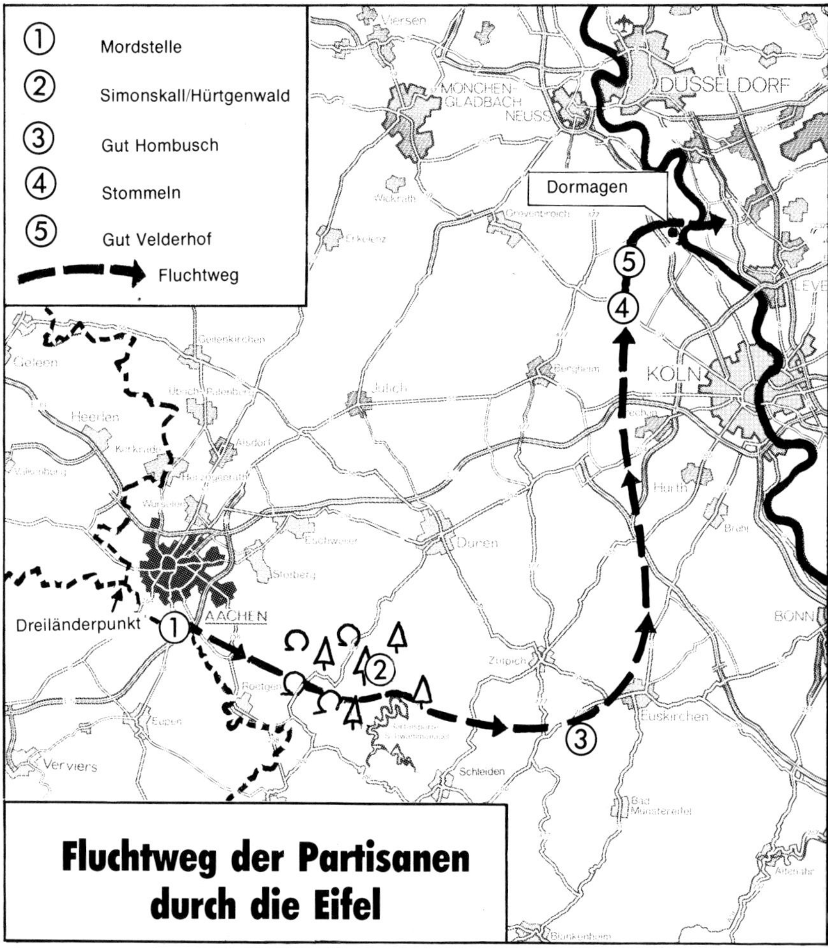

Fluchtweg der Partisanen durch die Eifel

Telefon: Geschäftsstelle Nr. 263 Bankkonto: Kreissparkasse Aachen Nr. 2371

Aachener NACHRICHTEN

Erscheint vorläufig mittwochs

Einzelpreis 20 Pf.

Wöchentliche Zeitung für die Aachener Gegend

Jahrgang Nr. 10 — *Herausgegeben mit Genehmigung der Alliierten Militärbehörde* — 28. März 1945

DURCHBRUCH INS REICHSINNERE

Doppel-Offensive der Russen gegen Wien

Moskau, 27. März. — Zwei russische Armeegruppen, die 3. ukrainische Front, unter Marschall Tolbuchin, und die 2. ukrainische Front, unter Marschall Malinowski, dringen auf einer 150 km breiten Front in Richtung der österreichischen Grenze vor. Die Vorstöße erfolgen aus den Richtungen, vom Plattensee her bis hinauf zur Tschechoslowakei, entlang den Ufern des Gran und der Donau. Auf mehr als 120 km breiter Front haben sie das hügelige Waldgelände hinter sich gelassen und befinden sich jetzt in der großen Ebene, die sich in Richtung ihres Vorstoßes bis nach Preßburg und Wien erstreckt.

Marschall Tolbuchins Truppen eroberten am Montag Papa, 45 km von der österreichischen Grenze. Marschall Malinowskis Streitkräfte befreiten Neusohl in der Slowakei, von wo der slowakische Aufstand im Sommer vorigen Jahres seinen Ausgang nahm.

Vernichtungskämpfe in Ostpreußen

Die Vernichtungskämpfe, die Marschall Wassilewski gegen die deutschen Truppen an der Küste des Frischen Haffs in Ostpreußen führt, gehen ihrem Ende entgegen. Nach vorliegenden Frontberichten sind die noch am Frischen Haff vorhandenen deutschen Truppen auf einen Streifen von 25 km Breite und 2 km Tiefe mit dem Rücken zur Küste zusammengedrängt und stehen unter dem Feuer der russischen Maschinengewehre und Minenwerfer. Die Russen nahmen hier am Montag 21 000 Mann gefangen.

Unter Hinzufügung der 16 000 Mann, die bei der Eroberung von Heiligenbeil am Montag gefangen genommen wurden, beträgt die Zahl der innerhalb der letzten drei Tage im Raum des Frischen Haffs in Kriegsgefangenschaft geratenen deutschen Soldaten 37 000.

Bei Danzig sind die Russen in die letzte Verteidigungslinie der Stadt eingedrungen und kämpfen in Emaus, einem Vorort der Stadt selbst. Andere Einheiten Marschall Rokossowskis nähern sich Danzig vom Süden. Die deutschen Verteidigungsstellungen liegen unter dem Trommelfeuer russischer Artillerie und den ständigen Angriffen russischer Bombenflugzeuge. Am Sonntag wurden über 1300 deutsche Soldaten gefangen genommen.

Oberbürgermeister Oppenhoff von drei Nazi-Meuchelmördern getötet

Der Oberbürgermeister von Aachen, Franz Oppenhoff, fiel Sonntag nacht einem Nazi-Meuchelmord zum Opfer.

Er wurde in seiner Aachener Wohnung, zwischen 10 und 11 Uhr, von drei deutschen Soldaten durch Revolverschüsse getötet.

Die drei Attentäter entkamen und werden von den Militärbehörden gesucht.

Wie bisher festgestellt wurde, hat sich das Nazi-Verbrechen in folgender Weise abgespielt:

Der Oberbürgermeister hatte sich Sonntag abend zu einer geselligen Stunde in einer Nachbarswohnung eingefunden. Zwischen 10.30 und 11 Uhr rief Oppenhoffs Dienstmädchen durch ein offenes Fenster des nebenan gelegenen Oppenhoffschen Hauses, und verständigte ihn, daß drei Soldaten ihn sofort zu sprechen wünschten.

Oppenhoff begab sich in Begleitung eines Freundes in seine Wohnung, wo er sich zwei Nazi-Soldaten gegenüber fand. Ein dritter Nazi hielt vor der Türe Wache.

Nach Aussagen des Freundes stellten sich die Nazis als deutsche Flieger vor, die sich an ihn wandten, nachdem sie irgendwo abgestürzt waren. Sie verlangten Nahrungsmittel und Unterkunft für die Nacht. Oppenhoff erklärte, daß er ihnen Nahrungsmittel geben könnte, aber verweigerte ihnen Unterkunft. Die Nazis verlangten daraufhin die Zustellung von Zivilkleidern. Dies wurde ihnen ebenfalls abgeschlagen. Oppenhoff riet ihnen, daß er sie als Kriegsgefangene den amerikanischen Behörden ausliefern müsse.

Nach Aussage des Dienstmädchens waren die Nazis mit Gewalt in das Oppenhoffsche Haus eingedrungen während sich der Besitzer bei seinen Freunden befand. Einer der Eindringlinge stand vor dem Hause Posten und die zwei anderen begaben sich in das Schlafzimmer des Dienstmädchens. Sie bedrohten sie mit vorgehaltenem Revolver, nachdem sie festgestellt hatten, daß Oppenhoff nicht zu Hause war. Sie verlangten Oppenhoff zu sprechen, worauf das Dienstmädchen ihn durch das Fenster rief.

Während der Unterredung verließ der Freund das Haus, um den in seiner Wohnung befindlichen Frauen zu sagen, daß Oppenhoff eine kurze Zeit abwesend sein würde, und daß sie sich nicht zu sorgen brauchten.

Bald darauf erfolgte ein Schuß und der Freund kehrte ins Oppenhoffsche Haus zurück. Das Dienstmädchen erklärte, keinen Schuß gehört zu haben. Dieses ist darauf zurückzuführen, daß die abgegebenen Schüsse aus Waffen mit Schalldämpfer erfolgten. Sie hat nur ein Geräusch gehört, als ob eine Tür geschlossen würde.

Der Freund fand den Oberbürgermeister tot vor. Die Nazi-Verbrecher waren mittlerweile entflohen. Oppenhoff wurde von einer Kugel getötet, die in die linke Schläfe eindrang und auf der rechten Schläfe herauskam.

Der Begleiter des ermordeten Oberbürgermeisters kehrte in seine Wohnung zurück und benachrichtigte die Familie von der Tragödie.

Nach den Aussagen des Freundes erkannte er die Uniformen als solche, die von Angehörigen der Luftwaffe getragen werden.

Folgendes ist die Beschreibung der Verbrecher:

(Fortsetzung auf der 2. Seite!)

Montgomery vor Essen
Pattons Panzer in Bayern
Hodges in Limburg a. d. L.

Oberstes alliiertes Hauptquart., 27. März. — Das deutsche Heer im Westen erlebte gestern seinen schwarzen Dienstag. Bei den Alliierten jagt eine Siegesmeldung die andere. Patton's 3. Armee ist in Frankfurt

General Courtney H. Hodges, Befehlshaber der 1. amerikanischen Armee

eingedrungen. Hodge's 1. amerikanische Armee ist aus dem Remagen-Brückenkopf ostwärts vorgestürmt und ist in Limburg a. d. Lahn. Montgomery's 21. Armeegruppe steht im Ruhrgebiet knapp vor Duisburg und 1½ Kilometer vor Essen. Weiter im Süden ist auch Patch's 7. amerikanische Armee über den Rhein gegangen.

Die deutschen Verluste betragen in den 4 Wochen seit dem 1. März rund ein Drittel Million Mann. Der Rhein ist als Verteidigungslinie im Westen praktisch zu bestehen aufgehört und ganze Teile der deutschen Westfront sind im Zusammenbruch. Sechs alliierte Armeen stehen jenseits des Rheins und an mindestens drei Stellen brechen sie bereits tief ins Reichsgebiet ein.

Die Front in Bayern

Der Heeresbericht gibt die letzten Stellungen an dieser Front wie folgt:

Das Südufer des Main, vom Zusammenfluß mit dem Rhein bis 1 Kilometer stromaufwärts, in alliierter Hand, zwei Gegenangriffe bei Hanau und Aschaffenburg in Bayern abgeschlagen; zwischen Frankfurt und Darmstadt Wixhausen genommen und Langen erreicht. Auf dem Wege sind Rüsselsheim und Darmstadt gefallen. Mehrere Mainbrücken sind intakt in alliierter Hand.

Fulda und Würzburg, 100 Kilometer tief in Hessen bzw. Bayern, tauchen bereits in Meldungen von Kriegsberichterstattern über die Stellungen von Patton's Vorauskolonnen auf. Im Obersten alliierten Hauptquartier wurde Montag Nacht wieder eine Nachrichtensperre über Patton's Front verhängt.

In Frankfurt selbst sind Patton's Panzer im südmainischen Teil der Stadt. Die Ge-

(Fortsetzung auf der 3. Seite!)

Schwerbomber vernichten deutsche Treibstoffanlagen

London, 28. März. — Mit dem Vormarsch der alliierten Armeen ins Reichsinnere haben auch die alliierten Luftflotten ihre Angriffsziele nach dem mittleren und östlichen Deutschland verlegt.

Fliegende Festungen, die von 450 Mustangs geschützt waren, griffen Oelraffinerien und synthetische Treibstoffanlagen in Leipzig und Zeitz an. In Plauen und in Chemnitz wurden die großen Werke, die Selbstfahrgeschütze und gepanzerte Kampfwagen herstellen, mit Bomben belegt. Die Werke wurden in

(Fortsetzung auf der 3. Seite!)

Flottenverband beschießt japanische Insel Okinawa

Admiral Nimitz Hauptquartier, 27. März. — Ein starker amerikanischer Flottenverband, aus Schlachtschiffen und Flugzeugträgern bestehend, beschießt seit zwei Tagen die Insel Okinawa in der Riukiugruppe, etwa 500 km südlich von Japan. Von den Flugzeugträgern aus fliegen Marinebomber die Insel im rollenden Einsatz an. Okinawa liegt Japan am einige hundert Kilometer näher als das kürzlich eroberte Iwojima.

Admiral Nimitz hat den Japanern noch einen zweiten Schlag versetzt.

Der mächtigste amerikanische Sonder-Flottenverband, der jemals versammelt wurde, ist in die verzweigten Meeresstraßen der Inland-See zwischen den japanischen Hauptinseln eingedrungen. Der japanischen Kriegsflotte wurden in ihren eigenen Schlupfwinkeln verheerende Verluste durch Marineflugzeuge beigebracht: 17 japanische Kriegsschiffe, darunter zwei Schlachtschiffe und sieben Flugzeugträger wurden schwer beschädigt und weit über 700 japanische Flugzeuge zerstört.

Von den anderen Fernostfronten wird gemeldet:

In Birma werden die japanischen Abwehrstellungen südlich von Mandalay aufgerollt.

Auf den Philippinen wurden weitere Landungen vorgenommen. Die japanischen

(Fortsetzung auf der 3. Seite!)

Das deutsche Volk ist für die Gefahr einer Hungersnot selbst verantwortlich

Washington, 26. März. — Der amerikanische Landwirtschaftsminister Claude Wickard erklärte heute zu Deutschlands Ernährungslage: „Ob es im nächsten Winter in Deutschland zu einer Hungersnot kommen wird, liegt in der Hand des deutschen Bauern. Jetzt ist die Zeit zu säen."

Der Minister fuhr fort: „Schon aus Selbsterhaltungsgründen sollte jeder Deutsche die Fabriken, die nur noch Todesfallen sind, meiden und durch Landarbeit sich und seine Familie schützen."

„Die fruchtbares Gegenden, die jetzt Zielpunkte militärischer Operationen sind und darum brach liegen, sollten sofort, nachdem sie vom Militär geräumt wurden, von jedem deutschen Bürger, ohne Rücksicht auf seinen Vorkriegsberuf, bestellt werden. Schon jetzt weisen Hungerdemonstrationen in Königsberg auf die katastrophale Ernährungslage in Deutschland hin. Die Alliierten haben ihre eigenen Völker und Armeen zu versorgen, Deutschland „muß selbst für seine Ernährung sorgen." Der Minister schloß: „Ob Deutschland in den kommenden Monaten hungern oder zu essen haben wird, hängt von ihm selbst ab. Deutschland hat die Wahl jetzt."

Die »Aachener Nachrichten« melden am 28. März 1945 auf Seite 1 den Mord an Oppenhoff. Die Zeitung ist die erste deutsche Tageszeitung, die nach dem Kriege wieder erscheint — während in Deutschland noch gekämpft wird, wird die alliierte Zeitungslizenz Nummer 1 in Aachen erteilt.

Franz Oppenhoff

geboren am 18. August 1902

gefallen am 25. März 1945

Der Sinn für Gerechtigkeit und Recht war ihm, der einer alten Juristenfamilie entstammte, angeboren und maßgebend für Beruf und Leben. Elementar und mit geistigem Feuer stand er im Dienste der Justitia und brachte für sie das höchste menschliche Opfer.

Sein Werdegang, der mühevoll in schwerer Zeit war – sein Studium hat er sich selbst verdienen müssen – machte ihn früh mit menschlicher Not bekannt und öffnete seine Augen und sein Herz für die sozialen Fragen. Als Anwalt in seiner Vaterstadt Aachen zeigte er sich als Verwalter echter Menschlichkeit in den vielgestaltigen Aufgaben und Schwierigkeiten der Zeit.

Aus seinen Anlagen, seiner Entwicklung, seiner Liebe zur Gerechtigkeit, als Feind des Ungerechten und des Rechtsbruches und aus seinem Verbundenheitsgefühl mit den Mitmenschen sah er es als seine Pflicht an, in der schwersten Stunde der Aachener Geschichte das Amt des Oberbürgermeisters zu übernehmen. Tag und Nacht war er in Sorge und Qual, seine beinahe aussichtslose Aufgabe zu erfüllen, das Notwendigste zu tun und eine neue Ordnung zu beginnen. Am letzten Abend sagte er: „Ich gehöre zu denen, die wissen, daß es fast nicht geht und die es doch immer wieder versuchen." Was er doch getan, das wird jetzt sichtbar, wo er fehlt.

Die letzte Grundlage seines Lebens war eine echte, tiefe und starke Frömmigkeit. Er vergaß sich selbst und jeden Nutzen, wenn es um seine Idee und sein Werk ging.

Er war ein Mann, der Rat geben konnte und dem jeder sich gerne anvertraute.

Als Freund konnte man auf ihn bauen und Freundschaft bedeutete ihm: aneinander wachsen.

In seiner Familie, als Gatte seiner Frau, als Vater seiner drei Kinder, schuf er eine schöne, glückhafte Welt und Ordnung, die ihn in allem trug und die ihm das Recht gab, auch im Größeren für eine bessere und schönere Welt einzutreten.

Sein Tod ist eine gute Saat für eine gesegnetere Zukunft.

Er fiel für das Recht der Menschen und der Herzen.

»In der schwersten Stunde der Aachener Geschichte das Amt des Oberbürgermeisters übernommen«: der Totenzettel Franz Oppenhoffs.

Irmgard Oppenhoff zeigt Pressevertretern die Stelle, an der ihr Mann erschossen wurde.

Die Wiese, auf der Leitgeb, Wenzel und Hennemann die Nacht des 25. März 1945 verbrachten.

Beim Wegschaffen der Trümmer: einen großen Teil der Aufräumungsarbeiten leisten nach dem Krieg die deutschen Frauen. Links am Boden ein Gewehr.

Die Werwölfe flüchten über Simonskall (Luftbild) durch die Eifel nach Gut Hombusch bei Mechernich (Bild unten).

Werwolf-Hysterie: diese vier Frauen werden schon am 2. Oktober 1944 (vor der Einnahme von Aachen) in Kornelimünster verurteilt, weil sie sich »in verbotenem militärischem Gebiet« befunden haben.

Gut Velderhof in Stommeln in der Nähe des Rheins: hier taucht Wenzel unter und arbeitet als Knecht auf dem Hof. Die übrigen, die unvorsichtigerweise über den Rhein schwimmen, werden prompt am anderen Ufer festgenommen.

Im Juni 1945 werden in Aachen die Schulen wieder eröffnet. Die alten Bücher (Bild oben) werden gesammelt und in einem Kellerraum gestapelt. Neue Bücher druckt man in der Druckerei Cerfontaine in der Theaterstraße, wo auch die »Aachener Nachrichten« hergestellt werden.

Ein »BDM-Mädel« (Bund Deutscher Mädel). Viele von ihnen werden für die Organisation Werwolf rekrutiert, weil sie sich unauffällig im schon eroberten Gebiet bewegen können.

3. März 1945: Englands Premier Winston Churchill (zweiter von rechts) besucht den Westwall. Links außen Feldmarschall Montgomery, rechts außen der amerikanische General Simpson.

VI

Der Prozeß

Nachdem die Wehrmacht gescheitert ist – wie soll da ein Haufen Pfadfinder den übermächtigen Feind bezwingen?

General Siegfried Westphal, Generalstabschef
beim Oberbefehlshaber West,
im Mai 1945 über die »Werwölfe«

Der Prozeß gegen die Werwölfe beginnt unheilvoll genug. Denn in der Presse spricht man stets nur vom »Oppenhoff-Prozeß« statt vom Werwolf-Prozeß. Und der amerikanische militärische Geheimdienst hat nach der Tat (ähnlich wie bei der Erschießung von Jos Saive im Wolfhaag am Dreiländerpunkt) die Ermittlungen nur äußerst lax geführt.

Die Amerikaner beschränken sich darauf, den engeren Freundeskreis der Familie Oppenhoff zu verhören und dann ihren Verdacht an die Engländer weiterzugeben, in deren Zone Aachen im Mai 1945 gefallen ist: daß nämlich »Dr. Heinrich Faust irgendwie in den Fall Oppenhoff verwickelt ist«[122]).

Das ist alles! Dann bestimmen die Amerikaner noch einen Nachfolger für Oppenhoff — eine mit der linken Hand zu regelnde Sache. Einer seiner Bürgermeister, Dr. Helmut Pontesegger, wird dazu ernannt. Er bleibt es bis zur Kapitulation des Deutschen Reiches im Mai 1945.

Die Engländer geben sich nicht so leicht geschlagen. Daß der Prozeß überhaupt stattfinden kann, ist einem Mann des britischen militärischen Geheimdienstes zu verdanken: Hauptmann Walter Negus. Negus spricht fließend Deutsch, weil er direkt vor Beginn des Zweiten Weltkrieges einige Jahre in Deutschland gelebt hat. Im Sommer 1945 ist er Mitglied einer besonderen Geheimdienst-Einheit der Engländer, die unter dem Decknamen »Lager 032« in Iserlohn arbeitet. Sie ist dem Hauptquartier des 1. britischen Armeekorps direkt unterstellt.

Negus macht seine Entdeckung eher zufällig, dank seiner Intuition. Zu dieser Zeit ist SS-General Gutenberger

---

122) Dieser Vermutung begegnet man in Aachen bis heute. Einen konkreten Hinweis dafür gibt es jedoch nicht. Dies bestätigt auch Frau Oppenhoff.

zwar bereits einen Monat in Haft, aber niemand kommt auf die Idee, ihn mit dem Unternehmen Karneval in Verbindung zu bringen. Die Lösung des Rätsels kommt völlig unerwartet für die Öffentlichkeit — und sogar unerwartet für die alliierten Militärbehörden selbst.

Denn die Teilnehmer am Unternehmen Karneval leben inzwischen längst wieder unter neuem Namen ungestört in Deutschland. Dies ist eine leichte Sache im Durcheinander unmittelbar nach dem Krieg. Wenn Negus nicht wäre — niemand würde etwas über die Täter erfahren — es sei denn, einer von ihnen würde später, wenn längst Gras über die Sache gewachsen wäre (und der strafrechtliche Teil des Unternehmens verjährt), von selbst darüber sprechen.

Negus führt am 14. Juni 1945 eine normale Untersuchung wie so viele andere. Der Mann hat mit der Sache Oppenhoff überhaupt nichts zu tun. Zum Verhör erscheint ein deutscher Offizier der Grenzpolizei, der nur deshalb festgenommen worden ist, weil sein Dienstgrad hoch genug ist, um ihn routinemäßig in Haft zu nehmen.

Negus stößt beim Verhör auf nichts, was eine weitere Inhaftierung rechtfertigen könnte. Am Ende der Befragung ist er schon so weit, die Sache abzuschließen, als er rein zufällig, sozusagen als die allerletzte Frage, wissen möchte, was der Offizier »über den Mord an Oppenhoff in Aachen« wisse. Diese Frage trifft mitten ins Schwarze!

Der Mann wird leichenblaß. Negus spürt sofort, daß da etwas sein muß. Die Befragung beginnt von vorne. Der Offizier behauptet aber steif und fest, nichts mit der Sache zu tun zu haben. Man habe ihn damals lediglich gefragt, ob er zwei Männer als Führer für das Todeskommando empfehlen könne. Das, allerdings, habe er getan.

Und der eine der beiden empfohlenen Grenzpolizisten habe ihm sogar gerade vor ein paar Tagen erst eine Postkarte geschickt. Der Kamerad habe sich mit Erfolg eine neue Identität verschafft, unter anderem Namen — und glücklicherweise hat er den neuen Namen sogar im Kopf. Er hat eine Stelle im Kasino der britischen Streitkräfte bei der Royal Air Force in Bückeburg, dem »Malcolm Club«.

Ein paar Stunden später schon ist Walter Negus in Bückeburg — und Hennemann ist nicht nur »safely in the bag«[123]), wie Walter Negus sich noch heute triumphierend erinnert, sondern auch geständig, was seinen Anteil am Unternehmen Karneval betrifft[124]).

Negus hat ab jetzt alle Hände voll zu tun. In den nächsten Tagen fährt er alle Stationen der Flucht des Werwolf-Kommandos ab: Aachen, Monschau, Schleiden, das Krankenhaus, in das Ilse Hirsch sich nach ihrer Verletzung am Knie geschleppt hat.

Obwohl Ilse dort während ihres Aufenthaltes weder ihren richtigen Namen noch ihre »Geschichte« preisgegeben hat, ist ihr doch genug an Bemerkungen gegenüber den Mitpatienten entschlüpft, um ihren Verfolger auf die Spur zu bringen: er macht das Textilgeschäft ihres Vaters in Hamm ausfindig, wo Negus sie auf der Stelle verhaften kann. Der Geheimdienstmann reibt sich die Hände: »Nummer zwei im Kasten!«

Aber Ilse ist zäher als Hennemann. Eiskalt streitet sie zunächst alles ab. Mit der Werwolf-Sache habe sie überhaupt nichts zu tun. Negus läßt sie zappeln, bis er sie am Ende des Rededuells beiläufig bittet, ihm doch einmal ihr rechtes Knie zu zeigen. Die noch ziemlich frische

---

123) »Sicher im Kasten«.

124) Also ist es nicht Erich Morgenschweiss, der die anderen preisgegeben hat, wie die Überlebenden von Unternehmen Karneval bis heute glauben!

Narbe sagt genug. Auch Ilse weiß, daß ihr Versteckspiel zuende ist[125]).

Zwei Tage später folgt die Verhaftung von Erich Morgenschweiß. Walter Negus sitzt mit seinen Eltern zusammen in der Küche der Arbeiterwohnung in Euskirkirchen und wartet darauf, daß Erich zum Mittagessen nach Hause kommt . . .

Bei den anderen drei Beteiligten hat Walter Negus weniger Glück. Leitgeb ist von der Mine während der Flucht durch die Eifelwälder getötet worden. Der zweite Grenzpolizist der Gruppe, Heidorn, wird in der russischen Zone Deutschlands vermutet und ist nicht greifbar. Und Wenzel ist verschwunden, ohne überhaupt irgendeine Spur zu hinterlassen!

Negus stört sich nicht daran — er hat genug erfahren und außerdem auch noch andere Arbeit. Als er die Protokolle der Verhöre diktiert hat, wird der Fall weitergereicht. Negus erhält als nächste Aufgabe die Erkundung aller Bunker, die für die Versorgung der Werwölfe hinter den Linien der Alliierten zwischen Kaldenkirchen im Norden und St. Vith im Süden angelegt worden sind. Er findet die Unterstände fast alle, aber nirgendwo stößt er (was er insgeheim hofft) auf einen Werwolfangehörigen. Zum Teil werden die Bunker bereits von den Ortsansässigen benutzt. Einige der Geheimverstecke sind noch in sehr gutem Zustand, besonders ein Bunker bei Elmpt an der deutsch-niederländischen Grenze. Negus findet Waffen, Minen, plastischen Sprengstoff, Notrationen, Decken und einfache, aber praktische Kochgeräte. Die angeforderten englischen Pioniere jagen alles in die Luft.

---

125) Im nachfolgenden Prozeß wird sie außer Morgenschweiss, der jedoch gar nicht angeklagt wird, die einzige sein, die ihre Rolle im Unternehmen ehrlich und offen schildert.

Danach wird Gutenberger im »Lager 032« verhört — wochenlang. Er ist ja auch an so vielen Dingen beteiligt gewesen! Wie Negus sich heute erinnert: »Zwischen den einzelnen Verhören verordneten wir ihm Beschäftigungstherapie. Er mußte alle Zellen, Treppenstufen, Küchen und zuletzt sogar Baumstümpfe säubern, die wir für ihn nur finden konnten. Er wurde ein wahrer Saubermann-Experte. Er wußte auch, daß er mit seiner großen, auffälligen Figur und der charakteristischen Hakennase kaum je wieder mit falschem Namen untertauchen können würde.«

Jedenfalls: in Aachen bekommen der dortige Major Gale und die Staatsanwälte Dr. Gierlich und Dr. Heitzer ein dickes Aktenbündel mit Informationen aus Lager 032 auf den Tisch. Jetzt können sie an den Details weiterarbeiten[126]). Heitzer erhält im Februar 1947 eine kurze Nachricht, Major Gale erwarte ihn am kommenden Donnerstag pünktlich um 9 Uhr in seinem Büro. Nähere Hinweise gibt es nicht.

Heitzer erscheint bei dem britischen Offizier. Der teilt ihm mit, man habe einige Personen ausfindig gemacht, die im Verdacht stünden, Oberbürgermeister Franz Oppenhoff getötet zu haben. Die britischen Behörden hätten NICHT die Absicht, die Leute vor Gericht zu stellen. Die Erschießung von Jos Saive in Vaals sei ein »Kriegsakt« gewesen. In bezug auf den Fall Oppenhoff habe er, Gale, die Anweisung »von oben« erhalten, lediglich diese Informationen an die deutschen Behörden weiter-

---

[126]) 1946 wird »Lager 032« aufgehoben. Sein Kommandeur kehrt nach Großbritannien ins Zivilleben zurück. Walter Negus versieht noch einige Monate lang einen ähnlichen Dienst beim britischen Hauptquartier in Düsseldorf und bei der Militärregierung, bis auch er demobilisiert wird und nach Großbritannien zurückkehrt.

zuleiten. Diese sollten selbst über den Fall entscheiden[127]).

Dr. Heitzer ist sehr interessiert daran. Noch am Tag seines Gespräches mit Major Gale notiert er sich sinngemäß: »Sobald ich über alle Unterlagen in dieser Sache verfüge, werde ich die Angeklagten und Zeugen selbst verhören, um mir ein Bild von ihrer Person und ihrer Zuverlässigkeit machen zu können. Weil die Angelegenheit nicht nur für die Militärregierung, sondern auch für das deutsche Volk große Bedeutung hat, leite ich die Sache selbst.«

Was immer man als Grund annehmen mag, warum die Engländer (plötzlich!) nichts mehr mit dem Fall zu tun haben wollen, eines muß man den deutschen Behörden in Aachen lassen: sie gehen mit großer Gründlichkeit der Sache nach. Schließlich sind es fünf dicke Akten[128]), die dem Gericht vorliegen. Kein Hinweis, kein Verdacht wird auf der Suche nach den Tätern und ihren Motiven außer acht gelassen.

Auch Heidorn, der nach der Scheidung von seiner Frau aus der von den Sowjets besetzten Zone zurück-

---

127) Dies scheint uns auch heute noch ein ganz wichtiger Aspekt zu sein — eigentlich widersprüchlich: erst bemühen sich die Engländer, die laxen Nachforschungen der Amerikaner durch gute Geheimdienstarbeit wiedergutzumachen (es war Anweisung ergangen, routinemäßig bei jedem Interview auch nach dem Oppenhoff-Mord zu fahnden). Dann machen sie — schon! — im Sommer 1945 die entscheidende Entdeckung. Schließlich dauert es zwei (!) Jahre, bis die deutschen Behörden informiert werden — und dann sagen die Engländer, sie hätten kein Interesse an dem Fall!
Haben sie in der Zeit von der Entdeckung der Werwölfe bis zur Benachrichtigung der deutschen Behörden selbst »durchrecherchiert«? Wissen sie demnach schon vor Beginn der Ermittlungen durch deutsche Stellen alles Wesentliche? Warum wird Morgenschweiss ausgerechnet auf Anweisung britischer Behörden nicht angeklagt (dies ist bewiesen), anstatt daß man ihn zum Beispiel auf Grund seiner Jugend (16 Jahre) ungeschoren läßt? Diese Frage kann uns auch Walter Negus nicht beantworten, außer: »Anweisungen von oben«.

128) Aktenzeichen 6 KS 2/49.

gekehrt ist, wird aufgespürt. Raddatz entdeckt man als Dolmetscher bei den britischen Truppen in Siegen. Oberstleutnant Neinhaus wird ebenso verhört wie Skorzeny und Stubenrauch von der Geheimen Staatspolizei, der die falschen Papiere für die Teilnehmer an Unternehmen Karneval geliefert hat.

Nur Wenzel ist noch immer wie vom Erdboden verschluckt. Mit Fantasie und Erfindungsreichtum versucht man, ihm auf die Spur zu kommen. Die Polizei der Sowjetzone wird gebeten, Verdächtige im Raum Halberstadt zu überprüfen. Hella wird gefunden, Wenzels Geliebte während seiner Zeit in Düsseldorf und auf Schloß Hülchrath — nichts! Die junge, blonde Friseuse in Hildesheim — wieder nichts! Wenzel ist und bleibt verschwunden.

Anfang 1948 erhält Dr. Heitzer einen Brief aus Bremen. Er ist von einem ehemaligen Mitglied der französischen Fremdenlegion geschrieben. Darin wird berichtet, der Absender habe einen früheren SS-Leutnant namens Wenzel in Nordafrika getroffen, der jetzt als Hauptfeldwebel im Ausbildungslager bei Sidi-Bel-Abbès sei[129]). Doch auch diese Spur verläuft im Sand. Heitzer muß sich mit einem Teil der Beteiligten begnügen.

Am 30. Juli 1949 erhebt die Staatsanwaltschaft beim Landgericht Aachen Anklage. Beklagte sind »der ehemalige Kriminalassistent der Grenzpolizei, SS-Oberscharführer Karl-Heinz Hennemann, 40 Jahre alt, jetzt Hilfsarbeiter in Bückeburg«; »der ehemalige Kriminal-

---

129) Es ist bekannt, daß jeder Freiwillige, der in die Fremdenlegion eintritt, bei der Einschreibung nicht nach »seinem Namen« gefragt wird, sondern daß die Formel heißt: »Unter welchem Namen möchten Sie sich einschreiben?« Dies geschieht, um Leuten, die mit ihrem bisherigen Leben brechen wollen (eines der häufigsten Motive neben der Abenteuerlust), den Übergang zu erleichtern. — Sidi-Bel-Abbès war in der französischen Zeit Departementshauptstadt in Nordwest-Algerien. Die Garnison wurde 1849 gegründet.

assistent der Grenzpolizei, SS-Oberscharführer Georg Heidorn, 37 Jahre alt, jetzt Maler in Bremen; »die ehemalige BDM-Hauptgruppenführerin Ilse Hirsch, 28 Jahre alt, jetzt Angestellte in Euskirchen«; »der ehemalige SS-Obergruppenführer und General der Waffen-SS Karl Gutenberger, 43 Jahre alt, damals höherer SS- und Polizeiführer West, jetzt im Zuchthaus zu Werl, wo er eine zwölfjährige Zuchthausstrafe verbüßt«; »der ehemalige SS-Standartenführer Karl Raddatz, 47 Jahre alt, jetzt Dolmetscher in Weidenau an der Sieg«; »der ehemalige Kriminalsekretär der Gestapo Johannes Stubenrauch, jetzt Handelsvertreter in Düsseldorf«.

Leitgeb, der den Schuß auf Oppenhoff abgegeben hat, »ist der irdischen Gerechtigkeit entzogen«. Erich Morgenschweiß ist außer Verfolgung gestellt. Er fällt unter das Jugendrecht und wird im Prozeß eine Art Zeuge der Anklage sein.

*

Die Hauptverhandlung wird am 17. Oktober 1949 vor dem Schwurgericht in Aachen eröffnet. Vorsitzender ist Landgerichtsdirektor Maass. Das Interesse von Presse und Öffentlichkeit ist mehr als groß. Schon geraume Zeit vor Eröffnung des Prozesses sind alle Plätze im Gerichtssaal am Adalbertsteinweg besetzt. Der Raum ist brechend voll. Die »Bundesrepublik« ist gerade entstanden. Die Deutschen sind der »Kriegsprozesse« längst überdrüssig. Aber im Fall Oppenhoff haben Deutsche einen Deutschen umgebracht. Fast jede große deutsche Zeitung oder Illustrierte ist im Gerichtssaal vertreten.

Die fünf Angeklagten, die sich auf freiem Fuß befinden, nehmen in der ersten Bankreihe in der Mitte des Saales Platz. Nur Karl Gutenberger wird in die Anklagebank geführt, da er sich bereits in Haft befindet. Neben dem Vorsitzenden Maass sind zwei Berufsrichter und sechs Geschworene anwesend. Die Anklage vertreten Oberstaatsanwalt Dr. Reuter und der Erste Staatsanwalt Lambertz.

In die Verteidigung teilen sich die Rechtsanwälte Bergs und Tonnar, der Eschweiler Rechtsanwalt Gruissem, der Essener Rechtsanwalt Dr. Lietzmann und nicht zuletzt die Hamburger Staranwältin Frau Dr. Oehlert, die aggressivste unter den Verteidigern, wie sich während des Prozesses herausstellen wird.

Die Anklage lautet auf »Beihilfe zur vorsätzlichen Tötung« bei Hennemann, Heidorn, Raddatz und Ilse Hirsch. Gutenberger, dem man »niedrige Beweggründe« vorwirft, soll der Anstifter zu der Tat gewesen sein. Als Täter der Tötungshandlung selbst müsse Heinrich Himmler gelten, der sich dank seiner militärischen Befehlsgewalt der Mithilfe seiner Untergebenen bedient habe.

Am ersten Tag gibt es keine Sensationen. Die Angeklagten werden aufgerufen, Staatsanwalt Lambertz verliest die Anklage. Dann stellt der Vorsitzende die Fragen zu Person und Lebensweg. Gutenberger, der immerhin sieben Jahre lang Polizeipräsident in Duisburg gewesen ist und im Bereich der SS und Polizei Gerichtsherr war, beruft sich darauf, Himmler habe ihm durch Kurier den Befehl zur Beseitigung Oppenhoffs übermittelt. Er habe das Unternehmen als »legal gerechtfertigt« angesehen.

Hennemann erklärt, er habe nur den Auftrag gehabt, die Gruppe zu führen, weiter nichts. Heidorn argumentiert ähnlich. Er habe Wenzels wahre Absichten zu spät erkannt. Auch sei es möglich, daß Wenzel oder Leitgeb Oppenhoff tatsächlich vor der Erschießung »das Urteil mitgeteilt« hätten. Weder das Gericht noch die Zuhörer im Saal scheinen diesen Erklärungen Glauben zu schenken.

Anders ist es bei Ilse Hirsch. Aufgeweckt, klar und sofort umfassend beantwortet sie alle Fragen des Vorsitzenden und des Anklagevertreters. Sie sei überzeugt gewesen, daß es sich um eine gesetzmäßige Vollstrekkung eines Todesurteils gegenüber einem Verräter gehandelt habe. Dahingehend sei sie auch von Raddatz informiert worden, als dieser sie für das Unternehmen dienstverpflichtet habe.

Anton Veltrup, der frühere Arbeitgeber Oppenhoffs, erklärt im Zeugenstand, Oppenhoff habe durch seinen Gegensatz zu Kreisleiter Schmeer im Laufe der Zeit nicht weniger als vierzehn Gestellungsbefehle zur Wehrmacht erhalten. Bei jeder Einziehungswelle sei er mit bei den ersten gewesen, da er den Nationalsozialisten unliebsam gewesen sei. Er, Veltrup, habe immer wieder UK-Stellungen erwirken können.

Dr. Breuer als Mitglied von Oppenhoffs Stadtverwaltung widerspricht mit Nachdruck der These der Verteidigung der Angeklagten, Oppenhoff sei ein Werkzeug der Amerikaner und deshalb doch ein Verräter gewesen. Dazu müsse man feststellen, daß der Oberbürgermeister in Abwesenheit der Amerikaner nur von Deutschen gewählt worden sei.

Er sei sogar für die Amerikaner »denkbar unbequem« gewesen und habe mehrfach vor seiner Entlassung durch die Militärbehörden gestanden. Niemals seien wissentlich oder unwissentlich deutsche Interessen oder die Belange der Wehrmacht durch Oppenhoff gefährdet worden — das genaue Gegenteil habe er immer wieder von den Mitgliedern seiner Stadtverwaltung gefordert und selbst eingehalten[130]).

---

130) Franz Oppenhoff wird von den Amerikanern zum Oberbürgermeister ernannt. Ihm obliegen aber zusätzlich vor allem diejenigen Tätigkeiten, die heute ein Oberstadtdirektor auszuüben hat.

Die Aussage Heidorns, er habe die Absichten des Unternehmens nicht gekannt, wird erschüttert, als seine geschiedene Frau Aenne Heidorn in den Zeugenstand tritt. Sie hat sich selbst gemeldet. Bei einem Heimaturlaub in Hildesheim, so berichtet sie, habe ihr damaliger Mann ihr eine größere Summe Geldes und einen falschen Paß gezeigt, der auf den Namen Kordes ausgestellt gewesen sei[131]).

Schon bald, habe er auf ihre Fragen erklärt, starte in Hildesheim ein amerikanisches Flugzeug, aus dem er mit anderen bei Köpfchen abspringe, um »eine große Tat« zu vollbringen. Wenn das gelinge, sei vieles gewonnen. Auf ihre Frage nach der Art der Tat habe er geantwortet, davon werde sie gewiß noch hören. Er habe also vor Gericht nicht die Wahrheit gesagt, als er leugnete, vom Zweck des Unternehmens zu wissen.

Stubenrauch erschwert die Position der Verteidiger, als er von einem Gespräch mit Wenzel berichtet, in dem dieser darüber geklagt habe, daß er »einen sehr unangenehmen Auftrag erhalten« habe: »Ich würde lieber einen feindlichen Befehlsstand mit Handgranaten in die Luft jagen, als fünf Menschenleben wegen dieses Schurken (gemeint ist Oppenhoff) aufs Spiel zu setzen.«

Auch Erich Morgenschweiß wird in den Zeugenstand gerufen. Öffentlich sagt Staatsanwalt Lambertz dem jungen Mann, daß er nicht angeklagt sei, sondern als Zeuge vernommen werde. Morgenschweiß macht detaillierte Angaben über die Einlassungen der Angeklagten in bezug auf die vorgesehene Erschießung, und zwar schon in Hildesheim!

Staatsanwalt Lambertz faßt die Quintessenz aus den Aussagen von Morgenschweiß später dahingehend zusammen, daß er weiterhin behaupte, daß alle Angeklag-

---

131) Hennemanns falscher Ausweis ist auf den Namen »Hermann« ausgestellt.

ten das Ziel des Unternehmens kannten: »Alle konnten wochenlang darüber nachdenken. Es ist unwahrscheinlich, daß sie ihr Unternehmen nicht durchgesprochen haben.«

Unruhe im Saal gibt es, als Rechtsanwältin Dr. Oehlert auftritt. Sie ist die einzige der Verteidiger, die die Anklage überhaupt bestreitet. In ihrer Heimatstadt Hamburg ist sie auf die Verteidigung angeklagter Nationalsozialisten spezialisiert. Sie bittet Op de Hit und Faust in den Zeugenstand und stellt unangenehme Fragen, die darauf zielen, Oppenhoff als Verräter hinzustellen. Kann man ihn nicht als Deserteur bezeichnen? War er nicht noch Soldat, als er sein Amt übernahm? Hatte er nicht einen Wehrpaß bei sich?[132])

Ihre Art, diese und ähnliche Fragen wie eine Gewehrsalve auf die Zeugen abzuschießen, schockiert das Gericht. Frau Dr. Oehlert ist aber keineswegs irritiert wegen der ablehnenden Reaktionen der Zuschauer im Gerichtssaal, die eindeutig auf der Seite Franz Oppenhoffs stehen.

Wie Dr. Breuer es vorbringt: »Wir alle wollten uns auf die bestmögliche Art und Weise für die Bevölkerung einsetzen. Wir haben nie daran gedacht, für die Amerikaner zu arbeiten oder etwa Spionage für sie zu betreiben. Oppenhoff hat mir gesagt, daß er nie eine Uniform besessen hat.«

An dieser Stelle des Prozesses wartet Frau Dr. Oehlert mit einer Sensation auf, als sie Rechtsanwalt Lennertz aus Aachen in den Zeugenstand bittet, den Sachbearbeiter der Kriegssachschäden-Feststellungsbehörde. Er gibt zu Protokoll, Franz Oppenhoff sei etwa zwei Tage von der Räumung Aachens (am 12. September 1944) bei ihm gewesen — in Infanterieuniform.

---

132) Dies ist paradox. Den Wehrpaß erhält man gerade **dann**, wenn man entlassen wird!

Im Saal gibt es einen Tumult! Die Aussage ist deshalb so sensationell, weil sie einen Kernpunkt des Verfahrens berührt und zu den Aussagen der übrigen Zeugen in völligem Widerspruch steht. Wenn Oppenhoff tatsächlich Soldat gewesen ist, nämlich vereidigt und in Uniform, dann ist er auch als Verräter anzusehen. Oder zumindest als Deserteur, der unter den herrschenden Umständen sogar ohne Gerichtsverhandlung standrechtlich hätte erschossen werden können! Und dies ist genau die Entschuldigung, die alle Angeklagten zu ihrer Rechtfertigung vorgebracht haben.

Irmgard Oppenhoff wird in den Zeugenstand gerufen. Die Oberbürgermeister-Witwe sagt aus: »Mein Mann war damals aus der Wehrmacht entlassen. Es kann sein, daß er wegen seiner Feindschaft mit dem Kreisleiter als Urlauber galt. Er ist aber nie als Soldat vereidigt worden und hat nie eine Uniform besessen.« Dann erklärt sie, wie ihr Mann als Verteidiger vor dem Volksgerichtshof in Berlin, wo er oft genug Freisler gegenüberstand, von Anfang an die Entwicklung der Konzentrationslager habe verfolgen können, wenn er zum Beispiel einen der freibekommenen Juden dort abgeholt habe, etwa in Dachau. So habe er früh die verbrecherischen Absichten des Regimes erkannt.

In Aachen habe man ihm dies in vertraulichen Gesprächen nicht abnehmen wollen. Selbst allerengste Freunde seien ungläubig geblieben. Er habe ihr mehrfach erklärt, das Soldatsein an sich sei kein Problem für ihn. Allerdings werde er den Eid auf Hitler nicht leisten, was immer auch kommen möge, und wenn er dafür an die Wand gestellt werde[133]).

---

133) Nach der deutschen Niederlage der bei Stalingrad eingekesselten Neunten Armee und der Aufgabe von Paulus werden die Rekruten nicht mehr auf die Wehrmacht, sondern auf Adolf Hitler persönlich vereidigt.

Auf ihren Einwand, ein solcher Eid gelte doch nichts unter derartigen Umständen des Zustandekommens, und auch dieses Regime und der Krieg gingen einmal vorüber, habe ihr Mann ihr einen längeren Vortrag über die Unantastbarkeit und Heiligkeit eines einmal geleisteten Eides gehalten. Deshalb könne er ihn auch nicht »pro forma« leisten.

Frau Dr. Oehlert beharrt darauf, daß er (Oppenhoff) »ein Werkzeug in den Händen des eindringenden Feindes war, das dessen militärische Ziele und Pläne unterstützte, und dies alles zu einer Zeit, als noch viele Aachener in den Reihen der Deutschen Wehrmacht sterben mußten«. Die Rechtsanwältin triumphiert. Die Presse hat ihre Sensation. Die Anklage ist erschüttert[134]).

Aber Frau Dr. Oehlert triumphiert zu früh. Staatsanwalt Lambertz bezeichnet die gesamte Verteidigung in seinem Anklage-Plädoyer als »sechs forensische Scharfschützen, darunter eine Diana, deren Pfeile uns mehrfach an den Köpfen vorbeigeflogen sind«. »Trompetenstößen der Verteidigung« wolle die Staatsanwaltschaft die »Fanfare der Gerechtigkeit« gegenüberstellen.

Oberstaatsanwalt Dr. Reuter untersucht eingehend die Frage, ob die Erschießung Oppenhoffs rechtswidrig gewesen sei. Grundsätzlich sei eine hinterlistige Tötung stets rechtswidrig. Oppenhoff sei kein Feind im Sinne des Kriegsrechtes gewesen, auch nicht Soldat einer feindlichen Macht, sondern im Rahmen der Haager Landkriegsordnung als Verwaltungsbeamter für die deutsche Bevölkerung eingesetzt worden. Er habe sich nur um das Wohl der Bevölkerung bemüht. Obwohl

---

[134]) Rechtsanwältin Frau Dr. Oehlert soll ihren angriffslustigen Ton noch bereuen; es dauert nämlich noch einige Jahre, bis die Stadt Aachen ihr das zustehende Honorar und die Reisekosten erstattet. Sie bekommt es schließlich erst, nachdem sie gegen die Stadtverwaltung prozessiert hat — wegen Nichteinhaltung ihrer Verpflichtungen. Das Geld wir ihr zugesprochen.

Oppenhoff Grund gehabt hätte, auf die Taten der Nationalsozialisten hinzuweisen, habe er in seinem ersten Aufruf nichts dergleichen getan, sondern lediglich vom Wiederaufbau und der Arbeit gesprochen.

Sei Oppenhoff ein Deserteur gewesen, nur weil er sich von den Amerikanern in Eupen überrollen ließ? Hätte er denn überhaupt noch aus Eupen heraus und nach Aachen gekonnt?[135]) Nach seiner, Reuters Überzeugung, sei »einwandfrei erwiesen, daß er ordnungsgemäß UK gestellt war und nicht mehr der Wehrmacht angehört hat. Ob er UK gestellt oder beurlaubt war, ist im übrigen völlig belanglos. Er hat sich jedenfalls nicht unerlaubt von der Truppe entfernt«.

Wenigstens Gutenberger habe wissen müssen, daß Himmlers Schreiben mit dem Satz »Der Oberbürgermeister von Aachen ist zum Tode verurteilt« nicht aufgrund eines ordentlichen Gerichtsspruches zustande gekommen sei, sondern daß Himmler einfach von sich aus verfügt habe.

Der Oberstaatsanwalt: »Selbst wenn das Urteil irgendeines obskuren Gerichtes vorgelegen hätte, wäre die Erschießung rechtswidrig gewesen. Jede Vollstrekkung setzte gewisse Formvorschriften voraus. Es war ausgeschlossen, daß jemand heimlich zum Tode verurteilt wurde. Und ebenso ausgeschlossen war es, daß das Opfer meuchlings erschossen wurde, ohne daß ihm das Urteil bekanntgegeben worden wäre.«

---

135) Wie die älteste Oppenhoff-Tochter Monika, damals acht Jahre alt, sich erinnert, kommen die ersten amerikanischen Spitzen an einem sehr sonnigen Septembertag nach Eupen, als Vater Oppenhoff bei seiner Familie in Eupen, nicht in Aachen ist. Monika berichtet heute: »Wir gingen im Wald im Langesthal spazieren, unweit der Wesertalsperre. Es kam so, daß wir beiden ältesten Kinder der amerikanischen Vorhut in ihren getarnten Jeeps begegneten und in einem der Jeeps ein Stück mitfuhren — zum Schrecken der Eltern, die uns so ankommen sahen.«

Die Erschießung Oppenhoffs bezeichnet Dr. Reuter als eine »heimtückische Tat«, weil sich die Täter arglistig das Vertrauen des Oberbürgermeisters erschlichen hätten. »Weil aber Leitgeb tot und Wenzel verschollen ist, erscheint es bedenklich, aufgrund gewisser Indizien Mord anzunehmen.« Deshalb nehme die Anklage Totschlag an. Die maßgeblichen Fäden habe Gutenberger in der Hand gehabt. Darum sei er auch als Anstifter zur Tat anzusehen. Dabei sei es unerheblich, daß hinter Gutenberger Himmler gestanden habe. Gutenberger sei es gewesen, der bestimmend auf die Täter eingewirkt habe.

Der Erste Staatsanwalt Lambertz führt an, Hennemann und Heidorn hätten sich ohne weiteres in Aachen noch vor Ausführung der Tat den Amerikanern stellen können. »Nicht Franz Oppenhoff, sondern der Oberbürgermeister von Aachen sollte getötet werden« (zumal man den Namen des Oberbürgermeisters vor dem Absprung noch nicht kannte). Ein Mädchen und einen Jungen habe man bei diesem »Naziteufelsstück vor Toresschluß« zu Henkersknechten gemacht. Hennemann sei inzwischen ein Schatten seiner selbst; Heidorn sei ohne moralische Kraft und haltlos, er könne sich gut verstellen. Unter Ilse Hirsch habe man sich vielleicht eine SS-Bestie vorgestellt. »Das ist sie nicht, auch keine Amazone!«

Alle sechs Verteidiger plädieren ausnahmslos auf Freispruch. Sie vertreten den Standpunkt, die Angeklagten seien von der Rechtmäßigkeit eines Todesurteils gegen Oppenhoff ausgegangen. Auch die Art der Vollstreckung sei rechtmäßig gewesen.

*

Am Samstag, dem 22. Oktober 1949, nachmittags um 15.20 Uhr, wird das Urteil verkündet. Wenn das überhaupt noch geht, dann hat sich der Gerichtssaal noch mehr als an den Verhandlungstagen zuvor mit Neugierigen gefüllt. Zum letzten Mal sind die Mitglieder der Werwolfgruppe zusammen — außer Wenzel und Leitgeb natürlich.

Raddatz kommt in Begleitung seiner Frau. Ilse Hirsch sitzt zwischen ihrer Schwester und ihrem Verlobten. Hennemann, Heidorn und Stubenrauch sind allein. Gutenberger sitzt wieder separat von den anderen hinter der Schranke. Keiner von ihnen würdigt Morgenschweiß eines Blickes ...

Nach sechs Verhandlungstagen verkündet Dr. Maass das Urteil: Die Angeklagten Ilse Hirsch und Johannes Stubenrauch werden freigesprochen. Gutenberger erhält vier Jahre Zuchthaus und drei Jahre Ehrverlust, Karl Raddatz drei Jahre Gefängnis, Heinz Hennemann ein Jahr und sechs Monate Gefängnis, Georg Heidorn ein Jahr Gefängnis.

Heidorn, Hennemann und Raddatz werden mildernde Umstände zugebilligt. Hennemanns Strafe gilt aufgrund der Internierungshaft als verbüßt. Heidorn soll die Untersuchungshaft auf das Strafmaß angerechnet werden.

In der Urteilsbegründung verdeutlicht Maass, Ilse Hirsch sei damals jung gewesen und gemäß ihrer Erziehung gutgläubig in die nationalsozialistische Denkweise hineingewachsen. Dadurch sei sie gegenüber dem wirklichen Recht blind geworden. In ihrem jugendlichen Idealismus habe sie das »Todesurteil« für Oppenhoff für rechtens gehalten. Stubenrauchs Freispruch erfolgt mangels Beweises, weil nicht nachgewiesen werden kann, daß er beim Ausstellen der Dokumente schon über den tatsächlichen Verwendungszweck der Ausweise Bescheid gewußt hat.

Den anderen vier Angeklagten, Gutenberger, Hennemann, Raddatz und Heidorn, glaubt das Gericht ihre zur Schau gestellte Naivität nicht. Sie hätten genügend

Überblick besessen, um zu wissen, was gespielt werde. Außerdem hätten sie Gelegenheiten gehabt, sich von Unternehmen Karneval abzusetzen, dies aber nicht getan. Da eine militärische Unterordnung unter Himmler bestanden habe, sei das Gericht zu dem Schluß gekommen, es könne nicht auf Mord, sondern nur auf Beihilfe zum Totschlag erkennen.

Zu Dr. Oehlerts Anschuldigung, Oppenhoff sei ein Verräter gewesen, erklärt Dr. Maass: »Seine Arbeit im Dienst seiner leidenden Mitbürger darf nicht von diesem Verdacht überschattet werden.« Und weiter: »Die Erschießung Franz Oppenhoffs hat damals wie heute die Verachtung und den Abscheu aller anständig denkenden Menschen hervorgerufen.« Die Erschießung sei in jedem Falle gesetzeswidrig gewesen.

Der Prozeß ist zu Ende — aber nicht für lange.

*

Die Verteidigung legt sofort Revision ein. Der Bundesgerichtshof hebt das Urteil am 19. Juni 1952 auf. Daraufhin geht die Staatsanwaltschaft in Revision. Allerdings hat der Bundesgerichtshof nur den Straf**ausspruch** aufgehoben: der Vorwurf des »Verbrechens gegen die Menschlichkeit« solle wegfallen.

Die zweite Hauptverhandlung erster Instanz beginnt am 22. September 1952 vor dem Aachener Schwurgericht. Sie führt zu milderen Strafen: für Hennemann und Heidorn nur noch acht Monate Gefängnis, für Raddatz eineinhalb Jahre. In einem allerletzten Verfahren am 10. Dezember 1952 wird Gutenbergers Strafe auf zwei Jahre und sechs Monate Zuchthaus abgemildert.

Aber auch diese Strafe wird schließlich (nach dem Straffreiheitsgesetz von 1954) erlassen, »weil die Tat unter dem Einfluß außergewöhnlicher Verhältnisse während des Zusammenbruchs aufgrund eines Befehls begangen wurde und weil es dem Täter nach seiner Stellung und Einsichtfähigkeit nicht zuzumuten war, die Straftat zu unterlassen«.

»Befehl ist Befehl« — und so war es geblieben.

Aachener Volkszeitung

Verlag und Schriftleitung: Aachen, Adalbertstraße 20/28, Fernsprecher 35351, Vertriebs-Abteilung und Anzeigen-Abteilung 35354

Tageszeitung für Demokratie und Christentum

Bankkonten: Bankverein Westdeutschland, Filiale Aachen, Nr. 5328; Kreissparkasse Aachen, Konto Nr. 4070, Postscheckkonto Köln Nr. 153173

ahrgang — Nr. 143 | Dienstag, 18. Oktober 1949 | Einzelpreis 15 Pfennig

Oppenhoff-Prozeß hat begonnen

Die Erschießung des ersten Aachener Oberbürgermeisters vor den Geschworenen — Ehemaliger SS-General Gutenberger: Ich hielt das Todesurteil für rechtmäßig — Himmler mahnte zweimal zur Vollstreckung — Der Fallschirmabsprung am Dreiländerblick — Ilse Hirsch wollte keine Pistole

(AVZ) Aachen, 17. Oktober.

Der mit Spannung im In- und Ausland erwartete große Schwurgerichtsprozeß, in dem die Mordtat der SS aus dem Frühjahr 1945 an dem damaligen Aachener Oberbürgermeister Oppenhoff wenigstens teilweise Sühne finden soll, nahm am Montagvormittag seinen Anfang. Die besonderen tatsächlichen und juristischen Schwierigkeiten des Prozeßstoffes bedingen es, daß sich die Verhandlungen voraussichtlich noch über die zunächst vorgesehenen drei Tage hinaus erstrecken werden. Der erste Tag war der Vernehmung von vier Angeklagten gewidmet. Am Dienstag werden die Zeugenvernehmungen folgen. Für Mittwoch wird mit der Möglichkeit eines Lokaltermins am Tatort gerechnet.

Schon eine ganze Weile vor dem Beginn des Prozesses waren alle für die Presse, die Behördenvertreter und das Publikum unter äußerster Ausnutzung des Raumes verfügbar gemachten Plätze besetzt. Fünf Angeklagte, die sich auf freiem Fuß befinden, nehmen in der ersten Bankreihe in der Mitte des Saales Platz. Nur der sechste, der Hauptangeklagte Karl Gutenberger, der sich zur Zeit zur Verbüßung einer zwölfjährigen Zuchthausstrafe in Strafhaft befindet, wurde in die eigentliche Anklagebank geführt.

Die Prozeßbeteiligten

Das Gericht setzt sich unter Vorsitz von Landgerichtsdirektor Maaß aus drei Berufsrichtern und sechs Laienrichtern (Geschworenen) zusammen. Die Anklage wird von Oberstaatsanwalt Dr. Reuter und dem Ersten Staatsanwalt Lambertz vertreten. In die Verteidigung teilen sich die drei Aachener Rechtsanwälte Bergs, Kutsch und Tonner, der Eschweiler Rechtsanwalt Gruissem, der Essener Rechtsanwalt Dr. Lietzmann und die bekannte Hamburger Rechtsanwältin Dr. Oehlert.

Eine Tat der SS

Nach dem Aufruf der Angeklagten und der Verlesung der Anklage durch den Ersten Staatsanwalt Lambertz wurden die Angeklagten zunächst vom Vorsitzenden zur Person vernommen. Sie schilderten kurz ihren Lebensweg, der bei keinem der Angeklagten irgendwie sensationelle Züge aufweist. Vier der Angeklagten hatten der SS angehört. Rangmäßig weitaus die Spitze hielt Karl Gutenberger, der es als Höherer SS- und Polizeiführer West zum Rang eines SS-Obergruppenführers und Generals der Waffen-SS gebracht hatte. Ihm folgte mit einigem Abstand Karl Raddatz, der immerhin SS-Standartenführer war, übrigens der einzige Angeklagte mit akademischer Vorbildung. In den Händen dieser beiden lag gewissermaßen die „höhere Befehlsführung" in der Angelegenheit. Die übrigen waren mehr oder weniger ausführende Organe.

Die beiden Angeklagten Karl-Heinz Hennemann und Georg Heidorn hatten es als ehemalige Kriminalassistenten der Grenzpolizei nicht weiter als bis zum SS-Oberscharführer gebracht.

Der irdischen Justiz entzogen

Der noch nicht ermittelte Leiter des eigentlichen „Exekutionskommandos", Wenzel, war SS-Untersturmführer. Er hatte seinerzeit unter Skorzeny an der Befreiung Mussolinis mitgewirkt. Der eigentliche und unmittelbare Täter, der den tödlichen Schuß auf Oberbürgermeister Oppenhoff abgab, der aus Oesterreich stammende SS-Unterscharführer Leitgeb, wurde der irdischen Justiz dadurch entzogen, daß er kurz nach der Tat auf der Flucht durch eine Minenexplosion ums Leben kam. Der fünfte männliche Angeklagte, Johannes Stubenrauch, ehemaliger Kriminalsekretär bei der Gestapo, behauptete, niemals der SS angehört zu haben. Die einzige weibliche Angeklagte, die 28jährige Ilse Hirsch, ist hauptamtlich als BDM-Hauptgruppenführerin tätig gewesen, u. a. in der Eifel und von April bis September 1944 in Aachen.

Das SS-Element war also bei der Aktion beherrschend und ausschlaggebend, zumal sie auf einen Befehl Himmlers zurückging. So vermitteln die diesem Prozeß zugrunde liegenden Vorgänge ein getreues Spiegelbild dessen, was man als SS-Staat bezeichnet hat. Mit welcher Brutalität und Schonungslosigkeit die Aktion durchgeführt werden sollte, ergibt sich u. a. aus der bezeichnenden Tatsache, daß man selbst Ilse Hirsch nach ihrer eigenen Erklärung eine Pistole in die Hand drücken wollte, die sie jedoch ausdrücklich unter Hinweis darauf, daß sie als Frau keine Waffe tragen wolle, abgelehnt haben will.

(Weiterer Bericht im Innern des Blattes.)

…uman soll Regierung bilden

Jules Moch gab auf

Paris, 17. Oktober. (dpa)

…es Moch hat den Versuch, eine neue …ösische Regierung zu bilden, nach mehr…en Bemühungen aufgegeben. „Ich bin …alle möglichen Schwierigkeiten gesto…" sagte Moch, als er Montag abend das … des Staatspräsidenten verließ. Mon…mittag war bereits gemeldet worden, … habe Erfolg gehabt und ein Kabinett …det.

…atspräsident Auriol hat nunmehr den …igen Außenminister Robert Schuman …er Bildung einer neuen französischen …rung beauftragt.

Der Rest National-Chinas

Hongkong, 17. Oktober. (Nach ap)

…ch den Vormarsch der kommunisti… Truppen ist National-China jetzt …isch in drei Teile aufgespalten worden, … Zentren weit voneinander entfernt …. Die Truppen Mao Tse Tungs be…chen drei Viertel des Riesenreiches. …erbliebenen 500 000 Mann der Kuomin…Armeen stehen einer mindestens vier… Uebermacht gegenüber. Eines ihrer …verteidigungszentren ist die neue …stadt Tschungking, wo neue Aufrufe „Kampf bis zum Letzten" erfolgten. …dwestlich von Kanton steht die natio…Kerntruppe in Stärke von 200 000 Mann … General Pat Tschung Hsi. Sie hält …e Rückzugswege nach Süden und Süd…n zum Golf von Tongking offen.

„Hauptfestung" Insel Formosa

„Hauptfestung" der Kuomintang… ist die Insel Formosa. Um diese zu …en, müßten die Kommunisten mit … Kräften die Formosa-Straße über… und ständen dann schätzungsweise … Mann Nationaltruppen gegenüber. …zelnen Provinzen unterstützen die …er die Nationalregierung nicht mehr, …n regieren ihr Gebiet allein. Marschall …ngkaischek soll sich, wie es heißt, …in Tschungking, sondern auf Formosa …den.

150 Millionen Amerikaner

Washington, 15. Oktober. (dpa)

…Einwohnerzahl der USA einschließ… Streitkräfte im Ausland wird nach … Vorausberechnung des Amtes für …zählung noch im Laufe des Oktobers …50-Millionen-Grenze erreichen und …reiten. Seit der Volkszählung im 1940 hat die amerikanische Bevölke…um mehr als 18 Millionen zu…men.

Folgenschweres Unwetter über Guatemala

Guatemala, 17. Oktober. (dpa)

…ersonen haben nach bisher vorliegen…richten bei großen Ueberschwemmun… Tod gefunden, von denen die mit…ikanische Republik Guatemala in den … Tagen heimgesucht wurde. Das seit … zurückgehende Hochwasser war …wolkenbruchartige Regenfälle — sie … die schwersten seit 15 Jahren und …über 14 Tage an — hervorgerufen …

…em Verlust von 20 Prozent der Kaf…e — Kaffee ist der wichtigste Aus…kel des Landes — muß gerechnet …. Auf den Bananenplantagen wurden …e schwere Schäden angerichtet. Die …ahnverbindungen sind unterbrochen. …samte Verkehr ist für mindestens 14 …lahmgelegt.

Mord aus Mitleid

Kopenhagen, 17. Oktober (dpa).

…Kopenhagenerin hat ihren wegen …schwäche seit längerer Zeit in einer …stalt untergebrachten 17jährigen …aus Mitleid" ermordet. Sie wurde in …genommen und soll untersucht werden. … die Gerichtsverhandlung gegen sie …st. Die Kopenhagenerin hatte ihren …us der Irrenanstalt geholt, als sich …Besserung seines Leidens zeigte. Sie …m Schlaftabletten und öffnete den … in der Küche.

…htem Nebel stürzte Samstag bei Mandal …orwegen ein britisches Flugzeug ab …lerg …h. Die drei an Bord befindlichen …en und ein Norweger kamen vermutlich …den. (ap)

„Separatfrieden für Bonn"

„Le Monde" mit Sensations-Leitartikel

Paris, 17. Oktober. (dpa)

Für die Ersetzung des Besatzungsstatuts durch einen vorläufigen Friedensvertrag mit Westdeutschland setzte sich am Montag die einflußreiche Pariser Zeitung „Le Monde" in einem aufsehenerregenden Leitartikel ein. Der Abschluß eines Separatfriedens mit der Bonner Regierung war vor einigen Tagen auch von der führenden Londoner Wochenzeitschrift „Economist" gefordert worden.

„Le Monde" erklärte im Hinblick auf das Vorgehen Stalins in Ostdeutschland, die Westmächte müßten jetzt die psychologischen Auswirkungen ihrer Maßnahmen in stärkerem Maße in Rechnung stellen, als sie es bisher getan haben. „Das erst wenige Monate alte Besatzungsstatut muß durch einen vorläufigen Friedensvertrag ersetzt werden, der Westdeutschland gewisse wesentliche Rechte gibt."

„Es versteht sich", schreibt das Blatt, „daß sich Stalins Worte nicht nur an das kleine Deutschland von 18 Millionen Einwohnern richten, die in dem neuen Ostdeutschland wohnen, sondern an das wiedervereinte Deutschland. Ziel der Sowjetpolitik ist es, jenes Bündnis wieder herzustellen, das von Bismarck vorausgeschaut, in Rapallo skizzenhaft entworfen und zwischen Molotow und Ribbentrop am 23. August 1939 abgeschlossen wurde. Diesmal würde es allerdings ein Vertrag zwischen einem besiegten und abgerüsteten Deutschland und der ersten Militärmacht der Welt sein."

Hamburg wählte

Hamburg, 17. Oktober. (dpa)

Aus den am Sonntag abgehaltenen Bürgerschaftswahlen in Hamburg ging die SPD mit 337 676 oder 42,8 Prozent von 811 439 abgegebenen Stimmen als stärkste Partei hervor. An zweiter Stelle folgte der Vaterstädtische Bund (Wahlblock CDU/FDP/DKP) mit 272 000 oder 34,5 Prozent. Es schließen sich an die KPD mit 7,4, die RSF mit 2,0, die DP mit 13,3 Prozent. In der letzten, im Oktober 1946 gewählten Bürgerschaft, die aus 110 Sitzen bestand, hatten die SPD 83, die CDU 16, die FDP 7, die KPD 4 Sitze.

Der Hamburger Bürgermeister, Max Brauer, sagte zum Wahlausgang, der Aufbau der Stadt sei nun gesichert. Der gesunde Sinn der Hamburger habe sich bewährt.

In einer gemeinsamen Erklärung der CDU, FDP und DKP zum Wahlausgang wird bedauert, daß sich die SPD, gegen die hauptsächlich der Wahlkampf habe geführt werden müssen, den Staatsapparat in einer in Hamburg bisher nicht bekannten Weise dienstbar gemacht habe. Die wahre Meinung der Hamburger Bevölkerung zeige die Tatsache, daß die marxistischen Parteien bei der Wahl der Bezirksverordneten nur in zwei von sieben Stadtbezirken die Mehrheit erlangt hätten. Schwere Nachteile für Hamburg können nach Ansicht der VBH nur durch eine erfolgreiche, von den drei Parteien getragene Regierungspolitik in Bonn abgewendet werden.

Eine Mutter-Gottes-Erscheinung?

Nürnberg, 17. Oktober. (ap)

Etwa 15 000 Menschen strömten am Sonntag in das kleine fränkische Dorf Thurn, um einer von Kindern berichteten Erscheinung der Mutter Gottes beizuwohnen. Einige 10- bis 13jähr. Kinder des Dorfes hatten behauptet, seit einigen Tagen regelmäßig zwischen 18 und 19 Uhr am Waldrand die Mutter Gottes mit dem Jesuskind zu sehen. Jedes der Kinder gab an, die Erscheinung allein und unabhängig zu sehen. Am Sonntag waren zum ersten Male der Pfarrer des Ortes und ein Vertreter des Erzbischofs von Bamberg anwesend. Eine offizielle Kommission der katholischen Kirche wird sich am Dienstagabend mit den Vorgängen in Thurn befassen.

Die Menge hatte sich am Sonntag in der Nähe des Waldrandes zu kirchlichen Gesängen und Gebeten versammelt, als plötzlich die Kinder ausriefen: „Die Mutter Gottes ist wieder da, sie schwebt über den Birken". Als der Pfarrer die Kinder fragte, was die Erscheinung gesagt habe, antworteten sie: „Wir sollen beten".

Linke Aktionsgruppe in der SPD

Sozialdemokratische Oppositionelle fordern Linkskurs

Frankfurt, 16. Oktober. (Nach dpa)

Eine linksoppositionelle Gruppe innerhalb der Sozialdemokratie, die sich „sozialdemokratische Aktion" nennt, trat am Sonntag in Frankfurt auf einer Pressekonferenz zum ersten Male an die Oeffentlichkeit. Die Gruppe wirft der SPD „Verbürgerlichung und Verspießung" vor und ruft ihre Mitglieder auf, sich wieder zum „kämpferischen Sozialismus" zu bekennen.

Der frühere Oberbürgermeister von Nürnberg, Hans Ziegler, betonte vor der Presse, daß die Gruppe linkssozialistisch eingestellt sei, „denn sonst säße ja Carlo Schmid an unserem Tisch". Die Gruppe wolle sich jedoch nicht von der SPD abspalten, sondern vielmehr versuchen, sie zu reformieren und zu verjüngen.

Ein Bund aller werktätigen Deutschen wird gefordert, der „über den Staat Herr werden" müsse. Deutschland müsse seinen Platz objektiv und nüchtern zwischen West und Ost suchen. Wenn dies nicht geschehe, werde es niemals gelingen, sich vom „westlichen Monopolkapitalismus" zu lösen. Weiter verlangt die Gruppe u. a., daß die Diffamierung von Kommunisten aufhören müsse.

Ueberraschungen angekündigt

Zu ihren Anhängern zählt die „sozialdemokratische Aktion" angeblich auch führende Gewerkschaftler und Abgeordnete des Bundestages, deren Namen jedoch nicht genannt werden sollen, damit die „standrechtlichen Ausschließungen aus der Partei" nicht noch zahlreicher würden. Ziegler erklärte, man werde erst dann im vollen Licht der Oeffentlichkeit arbeiten können, wenn innerhalb der SPD eine Diskussion wieder zugelassen sei. In der nächsten Zeit werde es jedenfalls an Ueberraschungen nicht fehlen.

Dr. Schumacher: „Trojanische Esel"

Als eine „Tagung trojanischer Esel" bezeichnet der erste Vorsitzende der SPD, Dr. Kurt Schumacher, am Montag die Sitzung der „sozialdemokratischen Aktion" vom Sonntag in Frankfurt.

Kardinal Frings: „Antichristlicher Wind"

Leverkusen, 16. Oktober. (dpa)

Anläßlich der Einweihung des Christkönigs-Bundeshauses der katholischen Schützenbruderschaften Deutschlands in Leverkusen-Bürrig erklärte am Sonntag der Kölner Erzbischof Kardinal Frings, der antichristliche Wind wehe „nicht nur aus der kommunistischen Ecke". Es gebe einen Liberalismus, der ein genau so schlimmer Feind wie der Kommunismus sei. Die Feinde würden aber auf Granit beißen, wenn sie den Glauben verdrängen wollten. Der Vorsitzende der katholischen Schützenbruderschaften, Fürst zu Salm-Reifferscheidt, erklärte, Dr. Adenauer habe den Vertrauensbeweis der christlichen Wählerschaft nicht wegen seiner sozialen Marktwirtschaft erhalten, sondern als Ausdruck des Willens zur christlich-sozialen Ethik.

Für Flughäfen in Nordrhein-Westfalen sind im Etat des Verkehrsministeriums in Düsseldorf 1,5 Millionen DM vorgesehen. Mit dem Ausbau von Verkehrsflughäfen würden, so sagte Ministerpräsident Arnold, wichtige deutsche Interessen im Flugwesen gewahrt (dpa)

Frankfurt/Oder zählte 122000 Heimkehrer

Keine Zahlen aus Rußland — Die Rolle der „Umgeschulten"

Berlin, 17. Oktober. (ap)

Noch viele zehntausende deutscher Kriegsgefangener in der Sowjetunion müßten in den nächsten Monaten nach Deutschland zurückkehren, wenn die sowjetische Regierung ihre vor einiger Zeit gegebene Ankündigung, alle deutschen Kriegsgefangenen bis Ende 1949 zu entlassen, wahr machen will. Nach einer Addition der laufend eingehenden Meldungen über die in Frankfurt/Oder eintreffenden Heimkehrertransporte sind seit dem 1. Juli dieses Jahres 122 117 deutsche Gefangene aus Rußland zurückgekehrt.

Von kommunistischer Seite wird jede Schätzung der sich noch in Rußland befindenden Zahl an Kriegsgefangenen abgelehnt. Die Gesellschaft für sowjetisch-deutsche F…schaft hat in der Ostzone eine besondere Abteilung für ehemalige Kriegsgefangene eingerichtet, die bereits eine Mitgliederschaft von 50 000 aufweisen soll. Im Gegensatz zu früheren Jahren sind die Heimkehrer jetzt auch vielfach besser ernährt und gekleidet. Viele haben in Rußland kommunistische Schulungskurse absolviert.

In Moskau teilweise ohne Bewachung

Viele Kriegsgefangene sind, wie ap aus Moskau meldet, in der Sowjetunion noch mit Wiederaufbauarbeiten beschäftigt. Die in Moskau und Umgebung Arbeitenden seien im allgemeinen gut ernährt und gesund. Sie würden auf ihren Arbeitsstellen nicht bewacht, und manchmal sehe man sie sogar in den Straßen ohne Begleitmannschaft. Es bestehe nur ein geringer Zweifel daran, daß die meisten dieser Gefangenen nach ihrer Rückkehr „Anhänger der neuen ostdeutschen demokratischen Regierung" sein würden. Ausländische Beobachter sind der Ansicht, daß sie eine wichtige Rolle in Deutschland spielen sollen.

Größere Transporte zu erwarten

Rußland-Heimkehrer aus den Lagern Kriwoirog, Dnjepropetrowsk und Minsk berichteten in Helmstedt, daß in der nächsten Zeit mit der Rückkehr vieler Kriegs- und Zivilgefangener gerechnet werden könne. 40 000 seien bereits auf dem Wege nach Kowel, wo in einem großen Sammellager die Heimkehrertransporte zusammengestellt würden.

Wahlsieg der ÖVP in Oberösterreich

Wien, 17. Oktober (nach dpa).

Bei den am Sonntag in Oesterreich abgehaltenen Gemeindewahlen war die christliche österreichische Volkspartei in 80 v. H. der oberösterreichischen Gemeinden siegreich. 357 ÖVP-Kandidaten wurden gewählt, während die Sozialisten 51 und der Verband der Unabhängigen 12 Sitze erhielten. Die Kandidaten des Linksblocks konnten in keinem Fall die erforderliche Mehrheit erlangen.

Russischer Schiffsbau im Geheimen?

London, 17. Oktober. (Nach dpa)

…Sowjetunion treibe das Schiffsbau…m für ihre Kriegsmarine ebenso „im …genen" voran wie ihre Arbeiten an …wicklung der Atombombe, berichtete …ockholmer Korrespondent der Lon…„Daily Mail" am Montag. Das Blatt …teine Meldung auf die Angaben …scher Sachverständiger.

… auch in der sowjetischen Presse …fort über diese Dinge zu lesen sei, … das Blatt, so hätten diese Sachver…en erfahren, daß ein oder zwei 8000…-Kreuzer der neuen verbesserten Klasse, die in Leningrader Werften …werden, an den letzten Manövern …en Flotte in der Ostsee teilgenommen hätten. Zwei weitere Kreuzer dieser Klasse sollten noch gebaut werden. Außerdem verlaute in Schweden, daß die Sowjetunion den Bau von fünf neuen Schlachtschiffen von je 35 000 Tonnen plane, von denen bereits zwei auf Kiel gelegt worden seien.

„300 kampfstarke Divisionen"

General Omar Bradley, Vorsitzender des gemeinsamen VS-Generalstabsausschusses, hat, wie aus Washington verlautet, vor dem Haushaltsausschuß des Senats die Ansicht vertreten, die Sowjetunion sei in der Lage, innerhalb von 60 Tagen 300 Divisionen auf Kriegsstärke zu bringen. Wenige Monate später schon könne sie über 502 kampfstarke Divisionen verfügen.

„Sowjets steuern neuen Kurs"

US-Presse: Westmächte müssen Trumpfkarte ausspielen — „Bonn braucht Gleichberechtigung"

Washington, 17. Oktober. (dpa)

„Drei Dinge können die westlichen Alliierten den Deutschen geben: ein repräsentatives Regime in Bonn, Schutz für die Bundesrepublik in ihrem Streben nach Autorität und Unabhängigkeit und eine gleichberechtigte Stellung in der europäischen Gemeinschaft", schrieb die „Washington Post" am Montag in einem Leitartikel, der sich mit den künftigen Aufgaben der Besatzungspolitik in Deutschland befaßte.

Diese Karte, meint das Blatt, sollten die Alliierten ausspielen, statt müßige Angriffe gegen das Verhalten der Sowjetunion bei der Bildung der Sowjetzonen-Republik zu richten. Die Alliierten hätten so lange gezögert, diese Karte zu ziehen, daß die Deutschen, obwohl in ihrem Wesen Europäer, inzwischen zu Nationalisten geworden seien. Die letzte Möglichkeit, den Deutschen eine europäische Gleichberechtigung zu geben, habe sich in Straßburg geboten. Churchill habe damals darauf bestanden, Deutschland in den Europarat einzuladen, doch habe man in Großbritannien und Frankreich diesem Wunsch kein Gehör geschenkt.

„Stalin gab das Zeichen . . ."

New York, 17. Oktober. (dpa)

„Das unverhüllte Angebot Stalins an Deutschland ist das offizielle Zeichen für den Beginn der großen politischen Auseinandersetzungen des nächsten Jahrzehnts", schreibt die „New York Times". Das Blatt zieht daraus den Schluß, daß der Westen „der neuen Strömung nicht durch Stillhalten entgegenwirken" könne.

„Es wäre Wahnsinn anzunehmen", heißt es in dem Leitartikel weiter, „daß die Lage in Deutschland, ob im Westen oder im Osten, die gleiche sein wird, wie vor Errichtung des Rivalenstaates. Es zeigt sich bereits, daß die sowjetische Politik einen neuen Kurs steuert, und daß von nun an das Bestreben, die Anhängerschaft der Deutschen zu gewinnen, vor den Bemühungen zu reißen und zu bestrafen rangieren wird. Je mehr rebellische und mißmutige Stimmen auf dem Balkan laut werden, desto mehr werden die Sowjets ihre Hoffnungen auf das … deutliche, fleißige und leicht zu lenkende deutsche Volk setzen, und desto mehr werden sie es zu überzeugen versuchen, daß es im Sowjet-Imperium eine gehobene Stellung einnehmen wird."

US-Note an Moskau

Protest gegen Volkspolizei und Oststaat

Washington, 17. Oktober. (ap)

Die amerikanische Regierung hat am Montag den Sowjetprotest gegen die Bonner Regierungsbildung zurückgewiesen und ihrerseits gegen die Schaffung des ostzonalen Staates protestiert. Die Sowjets hätten in ihrer Zone, so heißt es in einer in Moskau übergebenen Note, „eine starke, zentralisierte Polizeimacht" geschaffen, die militärisch gut ausgerüstet sei und von früheren deutschen Wehrmachtsoffizieren geführt werde.

Die Note gibt der Hoffnung Ausdruck, daß die Sowjetunion, anstatt den Deutschen in ihrer Zone ihren despotischen Willen aufzuzwingen, mit den Westmächten zusammenarbeiten werde, damit alle Deutschen in die Lage versetzt würden, ihr politisches Schicksal ohne Bevormundung in demokratischer Handlungsfreiheit festzulegen.

Die »Aachener Volkszeitung« berichtet am 18. Oktober 1949 vom Beginn des Werwolf-Prozesses.

Nach den Schüssen auf Jos Saive am Dreiländerpunkt werden die alliierten Kontrollen dort verschärft. Rechts auf dem Bild vom 8. Januar 1945 der Stein, der den Berührungspunkt von Deutschland, Belgien und den Niederlanden markiert.

Das Aachener Dreiländereck ist traditionell ein Tummelplatz für Schmuggler. Hier hat die niederländische Zollfahndung einen »Schmuggelkreuzer« nach der Verfolgungsjagd gestellt.

Im Gerichtssaal während des Prozesses: von links Hennemann, Heidorn und Ilse Hirsch.

Unruhe im Gerichtssaal gibt es, als die Hamburger Rechtsanwältin Frau Dr. Oehlert als Verteidigerin auftritt. Sie ist die einzige unter den Verteidigern, von der die Anklage grundsätzlich in Frage gestellt und bestritten wird.

Oben: Erich Morgenschweiß ist »Zeuge der Anklage« im Prozeß.
Oben rechts: Hennemann mit Frau Dr. Oehlert.

Nebenstehend: Gutenberger (sitzend) mit seinem Verteidiger Litzmann während des Prozesses.

VII

So leben sie heute

Nur in einem sind das Christentum und wir gleich: wir fordern den ganzen Menschen!

Roland Freisler, Präsident des »Volksgerichtshofes«, Berlin 1944

»Franz Oppenhoff (Klinkeshöfchen), Fliegergeschädigter.«

So lautet die lapidare Eintragung mit Bleistift, die wir im Stadtarchiv Eupen 1981 fanden — in einem der vergilbten abgelegten Folianten des Einwohnermeldeamtes der belgischen Grenzstadt.

Tragisch genug wurde Franz Oppenhoff zum »Fliegergeschädigten« in zweifacher Hinsicht: vor den Bomben der alliierten Flugzeuge brachte er seine Familie nach Eupen in Sicherheit — durch die Hand Deutscher, die sich als Flieger ausgaben, wurde sein Leben ausgelöscht. Nicht so aber die Erinnerung an ihn.

Sein Grab liegt in Aachen auf dem Friedhof am Adalbertsteinweg, einen Steinwurf vom Gerichtsgebäude entfernt, in dem er so oft als Rechtsanwalt sein Plädoyer hielt.

Auch die Wilhelmstraße, in der sein Büro stand und die noch immer die Straße der Anwälte (und Ärzte) in Aachen ist, liegt ganz in der Nähe — und die »Oppenhoffallee«. 1947 hat Aachen, die alte Kaiserstadt, ihre »Kaiserallee« nach Franz Oppenhoff umbenannt.

Zum 25. Jahrestag seiner Ermordung am 25. März 1970 wurde ein Gedenkstein enthüllt. Er steht am Beginn der Oppenhoffallee, wo sie mit der Brabant- und Schloßstraße zusammenkommt. Auf der Vorderseite liest man: »Franz Oppenhoff, geboren 8. 8. 1902, gestorben 25. 3. 1945«.

Die Rückseite des 1,70 Meter hohen Steines aus afrikanischem Granit berichtet mit einem Satz das, was der Inhalt dieses Buches ist: »Am 25. 3. 1945 wurde Franz Oppenhoff, Oberbürgermeister der Stadt Aachen seit dem 31. Oktober 1944, von Schergen der nationalsozialistischen Gewaltherrschaft ermordet.«

Es ist ein naßkalter Tag im März 1970, als der Gedenkstein enthüllt wird. Für die alten Mitarbeiter aus

Oppenhoffs Stadtverwaltung spricht Helmut Pontesegger. Die Familie Oppenhoffs ist dabei.

Irmgard Oppenhoff lebt noch immer im Haus Eupener Straße 251, an dessen Kellertreppe damals der verhängnisvolle Schuß fiel. Die Stadt Aachen hatte direkt nach dem Tode Oppenhoffs einen Ehrensold für die Familie ausgesetzt, der 1960 in die Pension eines höheren städtischen Verwaltungsbeamten umgewandelt wurde, auf Vorschlag des amtierenden Oberstadtdirektors Dr. Anton Kurze.

Jedes Jahr am 25. März treffen sie sich alle, zusammen mit ein paar alten Freunden aus jenen bewegten Tagen, zu einer Messe für Franz Oppenhoff in der Kirche St. Gregorius, in deren Pfarrbezirk Irmgard Oppenhoff wohnt. Ihre drei Töchter sind verheiratet. Monika, die älteste, hat wie ihr Vater Jura studiert — das würde Franz Oppenhoff freuen — und lebt mit ihrem Mann heute in Düren. Sie ist Richterin am Amtsgericht. Ihr Mann ist auch Jurist.

Christa, die mittlere Tochter, hat ihr Examen als Dolmetscherin für Französisch gemacht. Sie hat einen Diplomingenieur geheiratet, der bei den Rheinisch-Westfälischen Elektrizitätswerken arbeitet. Sie wohnen in Krefeld, und Christa ist Hausfrau. Das Nesthäkchen Irmgard schließlich, genannt »Muck«, wurde medizinisch-technische Assistentin und heiratete einen Arzt. Mit ihm lebt sie in Ludwigshafen, ebenfalls als Hausfrau.

Hegt die Familie irgendwelchen Haß gegen die Mörder von Franz Oppenhoff? »Nein, gar nicht«, ist die spontane Antwort, »davon wird der Vater auch nicht wieder lebendig.« Die Zeit hat manche Wunden geheilt. Die anfängliche Bitterkeit ist gewichen.

Auch das (relativ milde) Strafmaß war in der Familie nie ein Thema — die Revision gegen das Urteil haben die Verteidiger betrieben, weniger die Oppenhoffs.

»Das schlimmste war damals«, meint Monika, »daß unsere Mutter vor Gericht gezerrt wurde. Das war eine schwere Belastung für sie, so kurz nach den Ereignissen.«

Und die anderen? Elisabeth Gillessen hat das Haus der Oppenhoffs im Jahr nach dem Mord verlassen. Hin und wieder denkt sie noch an jene Nacht im März 1945, in der sie frierend und voller Angst auf dem Speicher hinter dem Boiler hockte, »aber alles ist auch schon sehr lange her«.

Noch immer steht sie in loser Verbindung mit Frau Oppenhoff. Sie erinnert sich sehr gut an jedes Detail von damals. Sie wohnt in Siersdorf und ist mit ihren 60 Jahren Rentnerin wie ihr Mann. Die beiden Kinder sind schon aus dem Haus.

An den durch die Schüsse im Grenzwald niedergestreckten Jos Saive erinnert heute ein Gedenkstein auf dem Bergrücken. Er steht an einem Weg, an dem viele Wanderer vorbeikommen. Jos Saives Grab ist auf dem Friedhof von Vijlen in der Gemeinde Vaals, keine vierhundert Meter von der Touristenpension entfernt, die sein Bruder W. G. Saive am Vijlenerberg führt. Er sagt: »Jos hat einen Auftrag erfüllt, von dem er nicht mehr zurückgekommen ist . . .«

Tiny Straat, die damalige Freundin von Jos Saive, hat einen Eisenbahner geheiratet und zwei inzwischen erwachsene Töchter. Sie wohnt noch immer in Gemmenich, im Schatten der Kirche, auf der belgischen Seite am Fuße des Hügels, auf dem die Schüsse fielen — keine zwei Kilometer vom grenskantoor Wolfhaag entfernt, in dem Jos Saive verblutete.

Walter Negus, der durch sein Verhör den Prozeß gegen die Werwölfe in Aachen erst ermöglichte, heißt in Wirklichkeit natürlich anders. Er bestand darauf, daß nur sein damaliger Deckname verwendet werden dürfe — getreu der großen Vorsicht und Schweigsamkeit, die ehemalige britische Geheimdienstbeamte in acht nehmen.

Nicht ohne Stolz weist Negus uns darauf hin, »daß das Buch ja nur geschrieben werden kann, weil ich damals aufgepaßt habe — sonst wüßte noch heute niemand etwas über die Täter, es sei denn, einer würde zu reden anfangen, nachdem die Sache verjährt ist«. Negus lebt in Schottland in der Nähe von Edinburgh und ist dort Rektor an einem College. Sein wirklicher Vorname ist Henry — und damit genug.

Und die Teilnehmer am Unternehmen Karneval selbst? Sie leben alle noch, mit Ausnahme von Karl Gutenberger, der 1961 starb — nachdem er vorher einen blühenden Brennstoffhandel aufbaute, den seine Frau weiterführt.

Ilse Hirsch hat geheiratet und lebt im Kreis Euskirchen. Die 63jährige hat zwei erwachsene Kinder. Karl Raddatz beendete sein berufliches Leben in der Schule — wie Gutenberger es 1945 vorausgesagt hatte: er ist Oberstudienrat i. R. und stolz auf seinen Titel. An einen anderen Karl Raddatz möchte er nicht gerne mehr erinnert werden. Auch Hennemann ist im Ruhestand, ebenso Heidorn. Nur der geheimnisvolle Wenzel ist spurlos verschwunden . . .

Erich Morgenschweiß sieht trotz seiner 54 Jahre eigentlich so jugendlich wie immer aus. Er lebt im Kreis Düren und ist Pendler. Eine Zeitlang war er Margarinevertreter, aber diese Arbeit gefiel ihm nicht.

»Zuviel Hetze und Aufregung, das war nicht gut für mich«, erzählt er in der lebhaften Art des Rheinländers in seiner kleinen Mietwohnung[136]).

---

136) Nach Ende des Oppenhoffprozesses kam Erich Morgenschweiss' Mutter zu Irmgard Oppenhoff und bat um die Ausstellung eines »Persilscheins« (Unbedenklichkeitserklärung im Nachkriegsdeutschland, die von manchen Stellen und Arbeitgebern bei Aufnahme einer Tätigkeit verlangt wurde). Irmgard Oppenhoff schweigt darüber, was sie damals getan hat.

Denkt er manchmal noch an die verhängnisvollen Tage, als er bei den Werwölfen war? Erich schüttelt energisch den Kopf mit den schütter gewordenen blonden Haaren. »Am liebsten nicht. Ich weiß nur, daß ich nie abseits der Wege in den Wäldern der Eifel spazieren gehe. Sie sind wegen der Minen noch immer gefährlich«[137]).

Ob er so etwas noch einmal machen würde, fragen wir ihn nach einem »Köppelchen«, das man so gern im Rheinland trinkt[138]).

Erich Morgenschweiß streicht sich mit der Hand über sein Gesicht. Dann schüttelt er langsam den Kopf.

»Nein, ich würde nie mehr so etwas tun. Ich würde nie mehr einer Organisation wie den Werwölfen beitreten. Überhaupt keiner Organisation würde ich mehr beitreten, außer vielleicht ...«

Außer was?

»Außer dem Anglerverein. Da kann man seiner selbst sein und ist allein. Da hat man seine Ruhe.«

Vielleicht hat Erich Morgenschweiß recht — er, der Angehörige einer ganzen Generation, die wie Ilse Hirsch und viele andere als Jugendliche von älteren für eine Sache begeistert wurden, die »den ganzen Menschen forderte«. Und dies auch noch zu einer Zeit, als die Verführer selbst sich daran machten, den Absprung zu finden, der Rechnung zu entgehen.

Einer Rechnung, die sie ihrerseits mit Franz Oppenhoff begleichen wollten — und die sie auf so schreckliche Weise tatsächlich beglichen haben.

---

137) In der Gemeinde Hürtgenwald im Kreis Düren arbeitet noch heute die P. H. Röhll KG an der »Kampfmittelbeseitigung«.

138) Koppel: ein Paar, also ein »Pärchen«, und zwar ein Bier und ein Schnaps.

Im März 1970 wird in der nach Oppenhoff umbenannten früheren »Kaiserallee« ein Gedenkstein für Franz Oppenhoff enthüllt. Rechts der damalige Aachener Oberbürgermeister Hermann Heusch. — Unten: die Tafel mit dem Hinweis auf Franz Oppenhoff in der Oppenhoffallee.

Zweimal fast die gleiche Stelle: die »Kaiserallee« am 19. Oktober 1944 mit Aachenern, die in das Lager Brand gehen. Unten das Mahnmal für Franz Oppenhoff in der »Oppenhoffallee«, 1982. Auf beiden Bildern ist im Hintergrund die Dreifaltigkeitskirche zu sehen.

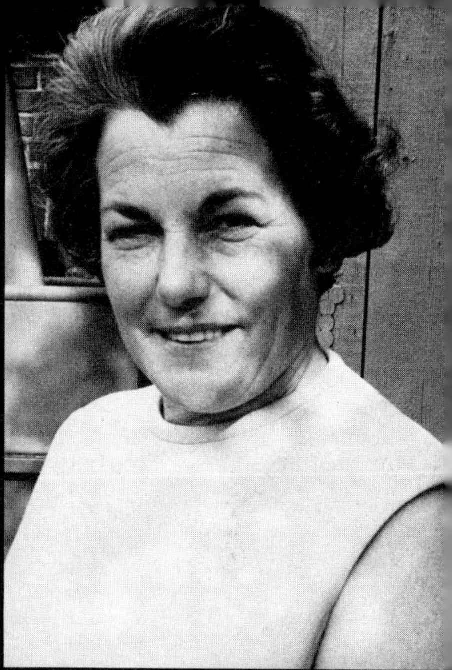

Augenzeugen von damals heute: links Tiny Straat mit ihren Töchtern, rechts Elisabeth Gillessen, 1945 Haushälterin bei Familie Oppenhoff.

Das Grab von Franz Oppenhoff auf dem Friedhof am Adalbertsteinweg, unweit des Gerichtsgebäudes in Aachen.

Der Gedenkstein für Franz Oppenhof am Mahnmal in der Oppenhoffallee in Aachen.

Ortsverzeichnis

F

G

H

I

J

K

L

M

N

O

P

Q

R

S

Bildnachweis

Archiv Aachener Nachrichten 104 u., 279, 311 o., 312 (3); Archiv Aachener Volkszeitung 309; Autoren 33 (2), 34, 37 (2), 38 u., 40, 103 u., 161, 162 (2), 164 (3), 165 (2), 168 (2), 233 u., 224 u., 225, 226 u. r., 281 (2), 284 u., 311 u., 321 u., 322 u., 323 (3), 324; Becker 283 u.; Call 321 o.; Hansen 35; Privat 9, 36 (2), 38, 103 o., 104 o., 105, 166 o., 224 o., 226 o., 286 o.; Sammlung Trees 97 (2), 98 (2), 99 (2), 100, 101, 102 (2), 106—109, 166 u., 167 (2), 233 o., 280, 282, 283 o., 284 o., 285 (2), 286 u., 310 (2), 322 o.; Stadtarchiv Aachen 163, 226 u. l.; Widdershoven 39. Zeichnung Titelseite: Franz Hellebrand; Titelgestaltung: Leo Dünnwald; Karten: Wolfgang Wennmacher.

Die Autoren

Charles Whiting, Jahrgang 1926, ist Engländer. Er diente als siebzehnjähriger Panzerspäher von 1944 bis 1948 in einem britischen Regiment in Frankreich, den Niederlanden, Belgien und Deutschland. Mit einer deutschen Frau verheiratet, studierte er in London, Leeds, Köln, Kiel und Mainz. Als Dozent unterrichtete er in Bradford (GB), Maryland (USA) sowie in Saarbrücken, Bielefeld und Trier. Sechs Jahre lang Deutschland-Korrespondent von »Times Educational Supplement«.

Sein erstes Buch, einen Roman, veröffentlichte Charles Whiting bereits als Schüler. Inzwischen veröffentlichte er über vierzig Romane und Sachbücher in der Bundesrepublik Deutschland, England, Amerika und Belgien. Preisträger der National Book League, Sir George Dowty Price for Literature.

*

Wolfgang Trees wurde 1942 als Sohn eines Arztes in Koblenz geboren und wuchs in Aachen auf. Nach dem Abitur am Kaiser-Karls-Gymnasium studierte er in Freiburg im Breisgau und Aachen Politische Wissenschaften, Soziologie und Psychologie. Stipendiat der Konrad-Adenauer-Stiftung, Abschluß mit dem Magisterexamen. Nach dem Studium Volontariat, Redaktionsmitglied der »Aachener Volkszeitung« und einige Jahre Chefreporter. Anfang 1982 Wechsel in die Abteilung Presse und Öffentlichkeitsarbeit eines Industrieunternehmens.

Trees schrieb seit 1973 vierzehn Bücher in deutscher, englischer und niederländischer Sprache. Europapreis der Stadt Lüttich für die beste Reportage, »Jahrbuch der Stadt Maastricht« auf Einladung der Stadtverwaltung. Seit 1978 Träger des Ritterkreuzes im Orden von Oranien-Nassau.

Hinweis auf weitere Bücher

Schlachtfeld Rheinland

Das Ende des Krieges zwischen Maas und Rhein, September 1944 bis März 1945. Ein Bildband mit erschütternden Dokumenten über die Schlacht um das Rheinland zwischen Kleve und Luxemburg, der Maas und dem Rhein. Eine menschlich packende Anklage des Krieges und seiner zerstörenden Wirkung, geschrieben von Wolfgang Trees. 3. Auflage, im 23. Tausend.

160 Seiten, 200 Abbildungen und acht ganzseitige Karten, Format 21 x 25 cm, Orts- und Personenregister, Harteinband mit Leinenrücken, 29,— DM. (ZVA) ISBN 3-921691-02-8

Hölle im Hürtgenwald

Die Kämpfe vom Hohen Venn bis zur Rur September 1944 bis Februar 1945. Eine minutiöse Darstellung jener Schlacht in der Eifel bei Düren und Monschau, in der die Amerikaner mehr Tote als im Vietnamkrieg zu beklagen hatten. Die erste umfassende Schilderung »Meter für Meter«, die alles verfügbare deutsche und alliierte Material in Wort, Bild und Karte vereint. Mit einem Vorwort von Charles B. MacDonald, ehemals Chefhistoriker der US Army. Geschrieben von Adolf Hohenstein und Wolfgang Trees. 4. Auflage, 11. Tausend.

Format DIN A 4, 320 Seiten, 450 Fotos, 26 ganzseitige Karten, Orts-, Personen- und Truppenregister, Leinen, gebunden, 53,— DM. (TRIANGEL Verlag) ISBN 3-922974-01-5

St. Vith im Schatten des »Endsiegs«

Augenzeugen berichten vom großen Treck durch die Eifel 1944/45. Kurt Fagnoul schildert das Schicksal der Stadt des Heiligen Vitus, die nach 99prozentiger Zerstörung zum »Hiroshima der Ardennen« wurde. In einem mühsamen Treck zogen die St. Vither über den Rhein und wurden bis ins Hannoveranische verschlagen. — Das Buch wurde zweimal prämiiert.

175 Seiten, 171 Abbildungen und zahlreiche Karten, Format DIN A 4 (21 x 30 cm), Orts- und Personenregister, Harteinband, 43,— DM. Erhältlich bei: Kurt Fagnoul, Bleichstraße 11, 4780 St. Vith/Belgien.

Drei Jahre nach Null

Geschichte der britischen Besatzungszone 1945—1948. Ein Bild-Text-Band aus jenen drei Jahren, als Deutschland in Trümmern lag. Zahlreiche unbekannte Dokumente und Bilder aus den Regionen Aachen, Eifel, Niederrhein, Köln und Ruhrgebiet. Geschrieben von Wolfgang Trees, Charles Whiting und Thomas Omansen. 2. Auflage.

224 Seiten, 301 Abbildungen, Format 21,5 x 27 cm, Leinen, Schutzumschlag, Ortsregister, 46,— DM. (Droste Verlag) ISBN 3-7700-0497-6

Krieg ohne Sieg

Grenzlandschicksale 1935 bis 1945

Geschildert werden achtzehn europäische Schicksale, die beispielhaft für das Erleben von Millionen Menschen vor, im und direkt nach dem Zweiten Weltkrieg sind. Es war ein Krieg ohne Sieg für die Deutschen, aber auch ein Krieg ohne Sieg für »die Sieger«. Auf der Strecke blieben: Menschlichkeit, Tote, die Jugend und die Zukunftshoffnungen einer ganzen Generation.

Aus dem Inhalt

AC-Brand: 10 Jahre, tot für eine Büchse Erbsen.

Eduard van Zuid, der Spion aus Maastricht.

Der Mann, der Adenauer finden sollte.

Die Russen kommen, heim nach Aachen!

Der Spion aus Übach-Palenberg.

Jülich '45: Lkw's voll Entlausungsmittel.

Marlene Dietrichs Porträt in Maastricht.

Der Bomber, der bei Düren runterkam.

Wie Belgiens Staatsarchiv gerettet wurde.

Joseph Luns während des Krieges.

Ein Italiener, Zwangsarbeit in Aachen.

Anton Schrägers Tod im Lager Rennes.

In Euskirchen, und Blutbad überlebt.

Paul Demez, Todeskandidat aus Verviers.

Die Flucht vor den Bomben nach Hauset.

Der Panzervorstoß auf den Mückenhof.

Ein Jabo-Angriff bei Schloß Bleijenbeek.

Mädchen zur Stunde Null in Aachen.

Aus der Presse

Ein unkonventionelles Geschichtsbuch.

Westdeutsche Zeitung, H. S., 12. 6. 1980

Lang ist die Liste der Männer und Frauen, die damals, zum Teil noch als Kinder, Tatzeugen und beinahe Opfer von Europas schlimmsten Jahren waren. Trees versteht es auch hier wiederum, mit dem Mittel der Reportage Zeitgeschichte lebendig werden zu lassen.

Kölnische Rundschau, f. r. 19. 6. 1978

»Krieg ohne Sieg«, das ist ein Versuch, die Geschichte mit Hilfe von Geschichten zu erzählen, ohne den Anspruch, Geschichte zu schreiben. Genau dem wird Wolfgang Trees gerecht.

WDR-Hörfunk, Walter Först, 28. 10. 1978

Erneut ist dem Autor zu bescheinigen, daß es ihm gelingt, mit dem Stilmittel der Reportage Vergangenes gegenwärtig zu machen und »Geschichte mit Hilfe von Geschichten« zu schreiben.

Neues Rheinland, Juli 1978

Trees vorherige Bücher haben ihn als Spezialisten auf diesem Gebiet ausgewiesen. Das vorliegende Werk zeugt erneut von genauem Quellenstudium. Hier wurde nichts dem Zufall überlassen. Kurz gesagt, ein Buch vor allem der Lokal- und Regionalgeschichte, mit einem Blick auf Europa.

Grenz-Echo, Eupen/Belgien, 12. 7. 1978

Facetten des Zweiten Weltkrieges, durch die regionale Optik gesehen. Jedes Kapitel für sich eine spannende Geschichte.

De Limburger, Maastricht/NL, Jan Hendriks, 3. 6. 1978

Trees wächst an seinem Werk, der Mikro-Geschichtsschreibung einer kritischen Periode im Grenzland. Seine Dokumentationen gewinnen immer mehr an Tiefe.

Limburgs Dagblad, Heerlen/NL, J. R., 15. 7. 1978

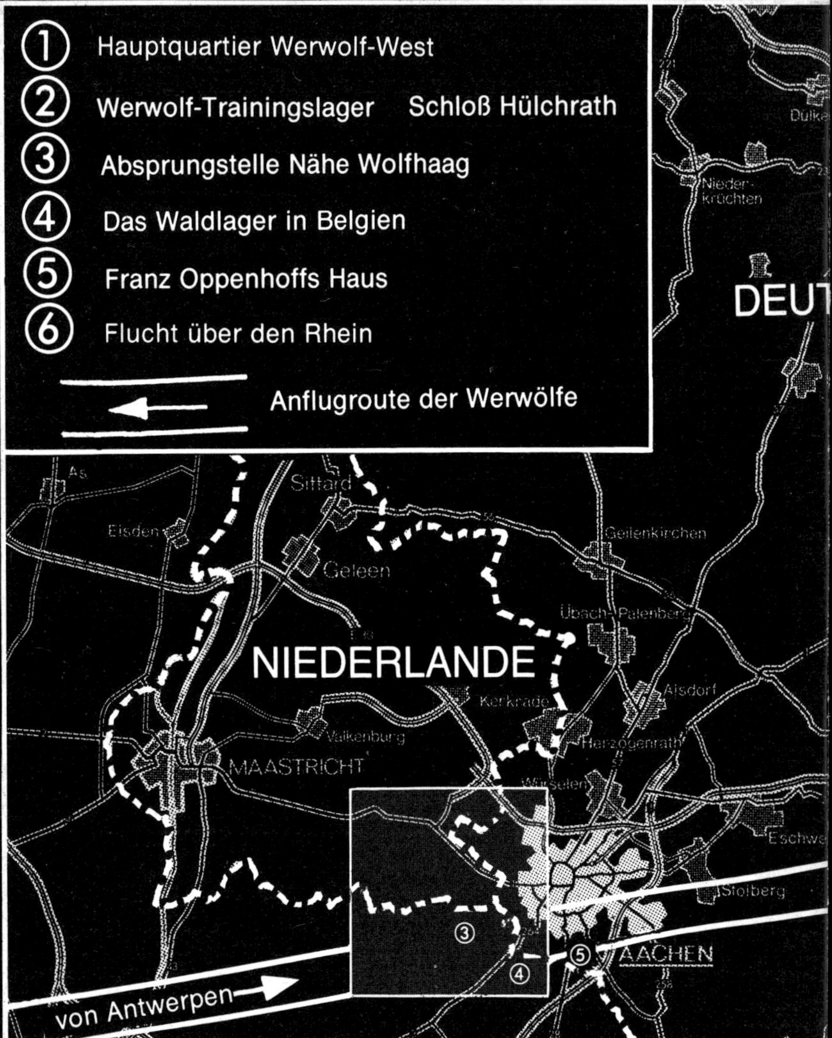

Unternehmen Karneval und sei
einzelnen Stationen, März 194

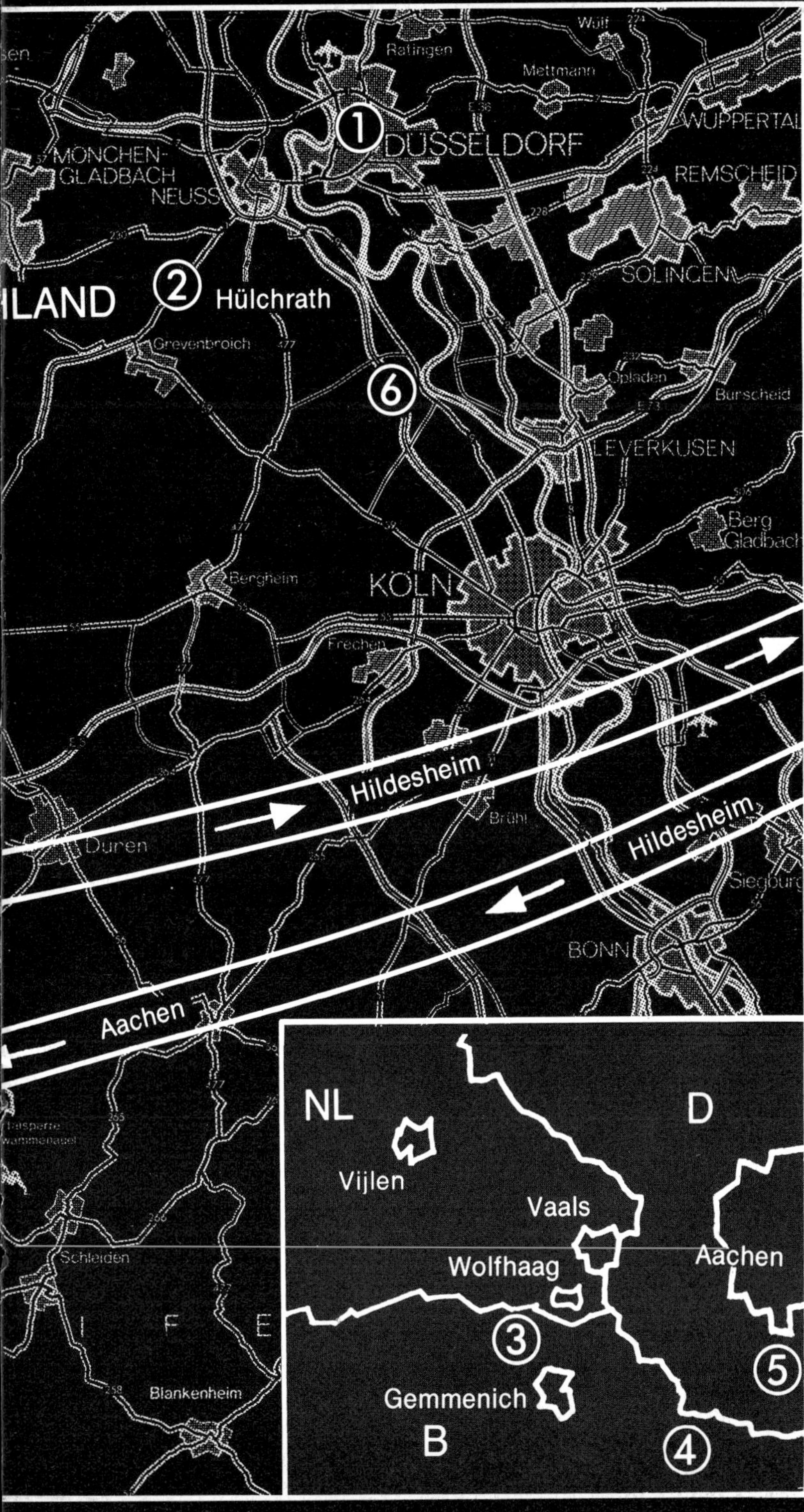
Ratingen
Mettmann
WUPPERTAL
DÜSSELDORF
MÖNCHEN-GLADBACH
NEUSS
REMSCHEID
SOLINGEN
HLAND
Hülchrath
Grevenbroich
Opladen
Burscheid
LEVERKUSEN
Berg Gladbach
Bergheim
KÖLN
Frechen
Hildesheim
Brühl
Düren
Hildesheim
Siegburg
BONN
Aachen
Schleiden
Blankenheim
NL
D
Vijlen
Vaals
Wolfhaag
Aachen
Gemmenich
B
1
2
3
4
5
6